Stay
The
Course

Stay
The
Course

스테이 더 코스

John Bogle

존 보글 지음
조성숙 옮김

 존 보글의 흔들림 없는 투자

이콘

헌사

내 인생에는 도움을 준 소중하고 멋진 사람들이 무수히 많다. 전통으로 이어진 가족에게, 핏줄로 이어진 가족에게, 나의 스승들과 멘토들에게, 내 긴 사회생활 내내 지원을 아끼지 않았던 동료들에게, 내게 영감을 주었고 (월급도 준!) 뱅가드 주주들에게, 그리고 남녀노소와 빈부귀천에 상관없이 내 친구가 되어준 모두에게 이 책을 바친다.

90세를 맞이하며

내가 이 지구상에서 산 세월도 어언 90년을 향해 다가가고 있다. 그러나 스코틀랜드 출신 가수이자 코미디언이었던 해리 로더 경 Sir. Harry Lauder의 진심 어린 충고를 따르려는 마음은 여전하다.

길 끝까지 계속 나아가

모든 인생길은 길고도 길어.
너는 네게 가장 소중한 것을 갈망하며
여행을 하겠지.
그러면서 기뻐할 일도 슬퍼할 일도 많을 거야.
부도 얻고 사랑도 얻겠지.
그래도 우리는 앞으로 나아가야 해.

길고 가파른 언덕에서는 마음을 굳세게 먹어.

그곳에 오르면 웃을 수 있을 거야.

좋은 생각을 하면서 목표를 잊지 않는다면

수 마일도 단숨에 갈 수 있을 거야.

그러니 매일 용기를 내.

용기를 너의 길잡이별로 삼아.

길 끝까지 계속 나아가.

끝까지 계속 나아가.

길이 아득할지라도 마음을 강하게 먹어.

머뭇거리지 말고 계속 나아가.

끝나지 않는 여정에 힘들고 지치겠지만

마침내 너의 행복한 집에 도착하면

그곳에 네가 꿈꿔온 모든 사랑이 다 있을 거야.

그 집은 길 끝까지 가야 나와.

목차

1부. 뱅가드의 역사

2부. 뱅가드 펀드들

3부. 투자 운용의 미래

4부. 개인적 고찰

이 책은 내가 펀드 산업에 어떻게 몸을 담게 되었는지, 그 세계에서의 생활을 왜 갑자기 중단해야 했는지, 그리고 다시 펀드 산업으로 돌아와서 어떤 일이 생겼는지에 대한 이야기이다. 이 책은 창의와 혁신, 승리와 패배, 웃음과 눈물, 순수한 우연과 순전한 행운, 고결한 가치를 지키려는 헌신적 노력, 결연한 의지와 꺾이지 않는 결심과 단호한 고집에 관한 이야기이기도 하다. 이런 내 모든 행동은 투자자를 돕기 위해서였다. 거액 투자자도 소액 투자자도, 우리 펀드에 직접 투자한 주주도, 직장인 저축 프로그램을 통해 간접적으로 우리 펀드에 투자한 주주도, 근검절약으로 돈을 모은 모든 사람이 금융시장의 수익에서 정당한 자기 몫을 가져가기를 바라는 마음에서 나온 행동이었다.

이 책은 '혁명'에 대해서도 말하고 있다. 다만, 화염병을 던지는 급진 주의자가 아니라, 인덱스 뮤추얼펀드The Index Mutal Fund(이하 인덱스펀드)라는 아이디어 하나로 금융 세계를 완전히 뒤집은 한 남자가 등장한다. 인덱스펀드는 등장하자마자 들불처럼, 종교처럼 번져나갔다. 그것은 '인덱스펀드 혁명The Index Revolution'이었고 혁명의 선봉자는 뱅가드Vanguard였다.

언제부터인지는 모르겠지만, 나는 오래전부터 "흔들리지 마라Stay the Course"라는 말을 자주 썼다. 투자자는 장기적인 관점에서 투자해야 하고 주식시장에서 매일 들리는 잡음이나 소란에 동요해서는 안 된다는 것을 강조하기 위해서였다. "흔들리지 마라", 이 말은 내가 뱅가드를 세우고, 장기적인 사업 전략을 굳건히 유지하고, 그 어떤 역경과 고난도 다 극복하고 우리를 높이 올라가게 해주었던 내 인생의 좌우명이기도 했다.

책의 구성

이 책의 핵심은 1부 '뱅가드의 역사'이다. 내가 블레어 아카데미Blair Academy와 프린스턴대학교에 다니던 시절부터, 사회 초년생으로 웰링턴 자산운용사Wellington Management Company에 입사하고 경영자까지 되었다가 실패의 내리막을 걸은 시절과, 1974년 뱅가드를 세워 사회생활 제2막을 시작하고 곧이어 1975년에 인덱스펀드를 만든 시절의 이야기가 순서대로 나온다. 뱅가드의 상호소유구조Mutual structure와 지수연동투자Indexing 전략은 관습에 대한 정면 도전이었고, 오늘날 뱅가드를 세계 최대 종합 뮤추얼펀드 회사Mutual fund complex(이하 종합펀드 회사)로 올려준 일등 공신이었다.

읽다 보면 여러 차례 '이정표'가 등장할 것이다. 이정표에 나오는 사안들은 뼈대만 있었던 초기의 뱅가드가 다른 펀드 회사들과 동등하게 경쟁하기 위해 반드시 완수해야 할 핵심 조건이었다. 뱅가드는 펀드의 경영지원, 마케팅, 유통, 그리고 투자 운용까지 다 할 수 있는 완전한 종합펀드 회사로 발전해야만 했다. 이정표라는 변신의 순간을 통과하지 못했다면 뱅가드는 오늘날 거대해진 인덱스펀드 산업 전체에 스며든 가격경쟁에 발을 디디지도 못했을 것이다.

2부에서는 웰링턴 펀드Wellington Fund와 뱅가드의 여러 인덱스펀드들, 윈저 펀드들Windsor Funds, 프라임캡 펀드들PRIMECAP Funds과 채권형 펀드를 비롯해 뱅가드 주요 펀드들의 역사를 설명한다. 3부 '투자 운용의 미래'에서는 투자 운용의 미래와 더불어 앞으로 벌어질 만한 굵직한 변화 및 그에 대한 고찰을 담았다. 4부 '개인적 회상'은 금융이라는 주제를 벗어나 내 인생과 내가 최선을 다해 일했던 기관들, 그리고 내 뇌리에 영원히 못 박힌 특별한 인용구들을 개인적으로 추억하는 회고록이다. 형식이 앞의 내용과 다소 달라도 이해해 주기를 바란다.

나는 『스테이 더 코스』가 투자자, 금융사, 모든 분야의 기업가, 경영인, 학자, 학생들에게, 그리고 개연성과 해피엔딩을 동시에 갖춘 훈훈한 이야기를 원하는 모든 독자에게 흥미로운 읽을거리가 되기를 바란다.

정확성을 기하기 위한 노력

내가 뱅가드와 인덱스 혁명의 역사에 대한 책을 쓴 것은 평생을 선봉에 서서 그 혁명을 이끌었기 때문이기도 하지만, 뱅가드의 긴 대장정에 대해 얘기할 수 있는 사람이 나 빼고 거의 없기 때문이기도 하다. 객관성을 지키고 사실만을 담으려고 최선을 다하기는 했다. 내가 가진 서류철에서 찾아낸 것도 있고 기억으로만 남은 일도 있다. 모자라다 싶은 부분은 내가 오랫동안 간직해 온 메모장들을 뒤져서 보강하기도 했다.

이제 와 말하는 바이지만, 나는 이 책을 쓸 때 회사의 공식 자료를 볼 수 없었다. 나는 내가 뱅가드 회장으로 재직하는 동안 기록된 법인 의사록을 열람하고 싶다고 회사에 요구했지만 거절당했고, 이사회 최종재가도 거절이었다. 이 이해하기 힘든 상황에 일순간 저술을 포기하려는 마음도 들었다. 하지만 나는 흔들리지 않기로, 나 혼자 힘으로라도 해보자고 결심했다.

이 책이 세상에 나오기까지 마이클 놀런Michael Nolan, 에밀리 스나이더Emily Snyder, 케이시 융커Kathy Younker 등 많은 분들의 도움이 있었다. 편집에서도 귀한 조언을 여러 번 받았다. 클리프 애즈니스Cliff Asness, 앤드루 카셀Andrew Cassel, 앤드루 클라크Andrew Clarke, 레이프 새걸린Rafe Sagalyn, 빌 폴룬Fill Falloon, 특히 모니 하드윅Monie Hardwick과 수전 케라Susan Cerra에게 감사한다.

마지막으로 꼭 하고 싶은 말이 있다. 『스테이 더 코스』에서 말하는 것들은 지극히 내 개인적이고 솔직한 의견들이다. 현 뱅가드 경영진의 뜻을 대변하는 것이 아님을 알아주기 바란다.

즐거운 일독이 되기를 바란다!

– 2018년 9월 1일 , 존 C. 보글John Clifton Bogle.

*추신: 이 책의 자료가 되는 모든 기본 정보는 www.johncbogle.com에서 확인할 수 있다.

뱅가드라는 독보적이고 특별한 금융기관의 역사를 담은 책에 추천 서문을 쓰게 되어 무한한 영광이다. '뮤추얼펀드'를 자처하는 많은 금융회사는 사실 말로만 뮤추얼일 뿐이지만■, 잭 보글■■이 세운 뱅가드는 실제 기업 경영에 있어서도 뮤추얼이다. 뱅가드는 돈을 맡긴 펀드 주주들, 즉 펀드 투자자들을 진짜 주인으로 여기며, 모든 기업 경영에 있어서도 투자자들의 이익만을 염두에 둔다. 수수료를 차감한 모든 '이익'은 이들에게 귀속된다. 새로운 투자 상품도 투자자들에게 이익이 된다고 보증할 수 있을 때만 출시된다.

나는 28년 동안 뱅가드 이사회의 이사였다. 이사회에 상정된 모든 정

■　　주주가 소유 지분만큼 기업 운영과 이익에 대한 권리를 가지듯, 뮤추얼펀드 소유자도 펀드 지분만큼 펀드 운영에 대한 권리를 가진다는 것이 뮤추얼펀드의 본질적인 정의이다. 따라서 뮤추얼펀드 투자자는 투자자인 동시에 수수이다. (역주)

■■　　존 보글은 잭 보글이라고 불릴 때도 많다 (역주)

책을 결의하는 기준은 단순했다. 이 정책이 개인 주주들에게 득이 되는가, 해가 되는가? 잭 보글이 '개인투자자들에게는 그전까지 없던 최고의 친구'라고 불리는 것도 이상하지 않다. 잭을 칭송하는 표현은 많지만, 나는 그중에서도 그의 투자 아이디어 전파에 누구보다도 앞장서는 추종자 집단인 '보글헤드Bogleheads'가 한 말이 가장 마음에 든다. "일부 뮤추얼펀드 설립자들은 수십억 달러를 버는 것을 선택했지만, (잭은 뱅가드를 세움으로써) 차이를 만들어냈다".

이 차이는 소소한 차이가 아니었다. 높은 수수료로 악명이 높은 펀드 산업에서 뱅가드는 변함없이 최저 수수료를 유지했다. 이게 끝이 아니다. 뱅가드의 운영 목표는 규모의 경제에서 나오는 모든 이익을 주주들에게 가능한 많이 배분하기 위해 최대한 수수료를 낮추는 것이었다.

수수료가 투자 수익의 가장 중요한 결정 변수라는 사실은 잭이 직접 수행한 조사에서도 명백하게 드러났다. 투자 수익이 상위 25% 이내인 뮤추얼펀드를 소유하고 싶다면, 가장 가능성이 높은 방법은 수수료가 하위 25% 이내인 펀드를 매수하는 것이다. 잭 다음과 같이 말하며 앞날을 정확히 예견했다. "이 산업에서는 지불하지 않은 만큼 얻게 될 것이다".

뱅가드가 오늘날 운용자산 5조 달러가 넘는 거대 자산운용사로 성장하게 된 데에는 여러 이유가 있고, 낮은 수수료는 그런 이유 중 하나에 불과하다. 뱅가드는 다른 다양한 투자자들을 돕기 위해 다양한 환경과 목표의 혁신적인 금융상품들을 무수히 출시했다. 뱅가드는 비과세 채권형 펀드를 3개의 만기로 구분해서(단기, 중기, 장기) 최초로 출시한 기업이었다. 그리고 이 개념을 과세형 채권형 펀드로도 확대하며, 뱅가드는 최초의 종합채권시장 인덱스펀드VBTLX를 출시했고 이어서 채권시장과 주식시장 전체에 투자하는 최초의 혼합형 인덱스펀드Balanced Index Fund를 출시했다. '애드머럴 펀드Admiral Fund' 시리즈도 수수료를 계속해서 낮춘다는 목표를 추구하면서 내놓은 것이었고, 오늘날 인기가 높은 팩터 펀드Factor Fund의 한 분야인 '가치주' 펀드 역시 뱅가드가 1992년에 처음 만들었다.

그러나 이 모든 업적을 합친 것보다 중요한 혁신이 있다. 투자자가 시장 전체에 투자하는 것을 가능하게 해주는 인덱스펀드야말로 뱅가드가 이뤄낸 가장 중요한 업적이자 혁신이다. 특히 내가 보기에 개인투자자에게 있어 인덱스펀드는 무엇보다도 중요한 금융 혁신이다.

금융 혁신을 보는 시선은 곱지 않다. '금융 혁신'이라는 말에 대해선, 만든 사람조차도 이해하지 못하고 신용평가사와 투자자를 호도하기 딱 좋은 금융공학이나 복잡한 파생상품을 떠올리기도 한다. 투자자들과 글로벌 금융기관들에게 재난과 같은 결과를 안겨준 거품들이 그 주인공이다. 복잡한 주택저당증권MBS의 경우도 탄생과 함께 주택 거품을 끝도 모르게 키우며 비극을 만들었다. 거품이 꺼지자 급격한 경기 침체가 뒤따랐고 그 충격파에 세계 금융시스템 전체가 동시다발로 내려앉았다. 그러니 금융 혁신이라면 경기를 일으키며 싫어하는 것도 이해가 간다. 오죽하면 "지난 세기 유일하게 가치 있는 금융 혁신이라고는 ATM밖에 없다"라는 말이 있을 정도이다.

금융 혁신이 전부 유익한 것은 아니며 어떤 혁신은 독이었다는 주장에는 이견의 여지가 없다. 그러나 모든 금융 상품이 있으나 마나라고 생각하거나, 백해무익하다는 낙인을 씌우는 치명적인 실수는 저지르지 말아야 한다. 우리 시대의 가장 중요한 금융 혁신을 뽑자면, 나는 주저 없이 인덱스펀드를 택할 것이다. 안전한 노후를 위해 저축하고 투자하는 개인투자자들에게 인덱스펀드가 큰 도움이 되었다는 사실에는 모두 동의할 것이다.

인덱스펀드의 개념 자체는 단순하다. 주식시장 지수와 연동해서 모든 주식을 사서 보유하는 단순한 투자 방법으로, 투자자들에게는 시장 수익률을 보장해 준다. 포트폴리오 회전율이 거의 제로에 가까우므로 거래비용은 최저이고 세금 효율적이다. 인덱스 뮤추얼펀드와 상장지수 펀드 Exchange Traded Fund 는 거래비용이 거의 0에 수렴하기 때문에 개인투자자들은 시장이 주는 수익을 처음으로 온전히 가져갈 수 있게 되었다.

스탠더드 앤 푸어스 Standard and Poors (이하 S&P) 조사에 따르면, 2017년까지 15년 동안 액티브 운용 펀드(이하 액티브 펀드) 중 90% 이상은 벤치마크 지수보다 저조한 실적을 보여줬다. 액티브 펀드들의 연평균 수익은 벤치마크 지수보다 1%포인트를 하회했다. 반면 인덱스펀드는 투자자들에게 평균을 넘어 상위 10%의 수익률을 안겨주었다. 인덱스펀드는 개인투자자가 저축을 투자해 최고의 수익을 낼 수 있는 이상적인 금융 상품이라는 것을 입증했다.

잭 보글이 1975년에 지금의 뱅가드 500 인덱스펀드 Vanguard 500 Index Fund, VFINX 인 퍼스트 인덱스 인베스트먼트 트러스트 The First Index Investment Trust 를 만들었을 때 자산운용 전문가 집단은 대놓고 비아냥거렸다. 이 펀드에 붙은 별명도 하나같이 "보글의 실수"나 "실패의 지름길" 또는 "비미국적인 펀드" 등이었다.

그러나 이런 수식어들이 무색하게도 퍼스트 인덱스 인베스트먼트 트러스트와 그것의 자매 펀드인 토털 스톡 마켓 인덱스펀드Total Stock Market Index Fund, VTSMX가 뮤추얼펀드 산업에서 자산 가액 기준 세계 최대 1위와 2위를 나란히 차지했다. 잭마저도 이런 놀라운 결과는 예상하지 못했을 것이다.

잭은 자신이 만들어가는 혁신이 평범한 개인투자자에게 공평한 기회를 줄 것이라고 확신했다. 또한, 뱅가드라는 조직의 운영 철칙을 돈을 맡긴 사람들의 이익을 조금이라도 더 늘리는 것으로 삼는다면, 수백만 투자자들이 염원하는 재무적 안전 달성에도 한 발짝 바싹 다가서게 될 것이라고 자신했다.

뱅가드 500 인덱스펀드 초창기인 1977년 말에 중위 소득수준의 투자자가 500달러를 투자했고, 매달 적립식으로 100달러를 꼬박꼬박 불입했다고 가정해 보자. 다음의 표는 이 사람이 2017년까지 벌게 되는 수익률 현황을 보여준다. 소액을 투자했을 뿐이지만, 75만 달러라는 거액을 손에 쥐게 된다. 매달 150달러씩 넣었다면 최종 금액은 100만 달러를 가뿐히 넘겼을 것이다. 인덱스펀드가 "투자자가 얻을 수 있는 최고의 친구"라고 불리고, 잭이 "펀드 산업에 은총을 내리려고 강림한 지상 최고의 투자자측 변호인"이라는 별명을 얻은 것은 당연한 일이었다.

뱅가드 500 인덱스펀드 수익률 현황

연도(12월 31일 기준)	투자원금 누계($)	취득한 펀드 주식의 총 가치($)
1978	1,600	1,669
1979	2,800	3,274
1980	4,000	5,755
1981	5,200	6,630

연도(12월 31일 기준)	투자원금 누계($)	취득한 펀드 주식의 총 가치($)
1982	6,400	9,487
1983	7,600	12,783
1984	8,800	14,864
1985	10,000	20,905
1986	11,200	25,935
1987	12,400	28,221
1988	13,600	34,079
1989	14,800	46,126
1990	16,000	45,803
1991	17,200	61,010
1992	18,400	66,817
1993	19,600	74,687
1994	20,800	76,779
1995	22,000	106,944
1996	23,200	132,768
1997	24,400	178,217
1998	25,600	230,619
1999	26,800	280,565
2000	28,000	256,271
2001	29,200	226,622
2002	30,400	177,503
2003	31,600	229,524
2004	32,800	255,479
2005	34,000	268,933
2006	35,200	312,318
2007	36,400	330,350
2008	37,600	208,941
2009	38,800	265,756
2010	40,000	306,756
2011	41,200	313,981
2012	42,400	364,932
2013	43,600	483,743
2014	44,800	550,388
2015	46,000	558,467
2016	47,200	625,764
2017	48,400	762,690

뱅가드 500 인덱스펀드에 매달 100달러씩 적립했을 경우의 투자 수익. 출처: 뱅가드.

2016년에 투자자들은 액티브 뮤추얼펀드에서는 3,400억 달러를 인출했고, 인덱스펀드에는 5,000억 달러가 넘는 돈을 투자했다. 2017년과 2018년에도 같은 추이가 이어졌고, 투자 운용 펀드의 45% 이상이 인덱스펀드가 되었다. 펀드 산업계에 지각 변동이 일어나자, 액티브 펀드 운용사들은 더는 벤치마크보다 높은 실적을 낸다는 소리를 하지 못하게 되었다. 그들은 이제 인덱스펀드와 싸우기 위해 새로운 비난을 만들고 있다. 인덱스펀드에게는 주식시장은 물론이고 경제 전체에 심각한 위해가 된다는 새 혐의가 씌워졌다.

월스트리트 유수의 리서치 회사인 샌포드 C. 번스타인Sanford C. Bernstein은 2016년에 "농노제도로 가는 조용한 길: 패시브 투자가 마르크시즘보다 더 나쁜 이유"라는 자극적인 제목으로 47페이지짜리 보고서를 발표했다. 이 보고서에서 그는 투자자들이 인덱스펀드를 통해 수동적으로 투자하는 자본주의 시장은 정부가 모든 자본 투자를 직접 통제하는 중앙계획경제보다도 나쁜 것이라고 했다. 또한 인덱스펀드는 투자자들이 수익성이나 성장 기회 등 여러 중요한 요건과 무관한 투자 상품에 돈을 투자하게 만들지만, 새로운 정보가 주가에 적절히 반영되었는지를 확인하는 사람은 액티브 펀드 매니저이다. 보고서의 내용은 대략 이러했다.

모두가 인덱스펀드에만 투자한다면, 시장의 모든 종목이 과평가되는 사태가 일어나지는 않을까? 혹은 기업들의 전망이 주가에 제대로 반영되었는지를 확인하기 어려워지지 않을까? 누가 주식을 사고팔고 하면서 주식시장을 효율적으로 움직이게 만들 수 있을까? 인덱스펀드 투자의 모순은 여기에 있다. 주식시장에는 새 정보를 분석하고 그 결과에 따라 행동하는 적극적인 트레이더들이 있어야 한다. 그래야 효율적으로 주가가 정해지고 시장 유동성도 충분해져서 투자자들의 매매가 활발해지기 때문이다. 증권 가격 결정에서도 자본 배분에서도 적극적인 트레이더들은 대단히 지대한 역할을 한다.

액티브 매니저들은 거액의 운용수수료가 있기에 펀드를 적극적으로 운용할 수 있다. 그들은 자신들에게는 시장을 이기게 해주는 평균 이상의 통찰력이 있으므로 운용도 얼마든 잘할 수 있다고 주장할 것이다. 하지만 풍자 작가 개리슨 케일러Garrison Keillor는 그들이 '워비곤 호수Lake Wobegon'에 사는 사람들이 아니라고 밝혔다.■ 그러니 액티브 매니저라고 해서 무조건 시장 평균을 넘는 수익률을 달성하는 것은 아니다. 또한 액티브 매니저의 비율이 크게 줄어서 전체 펀드매니저의 10%나 5%에 불과하게 될지라도, 이 숫자만으로도 정보가 주가에 반영되기에는 충분하다. 오히려 지금은 액티브 운용이 너무 많아서 탈이지 너무 적어서 문제가 아니다.

다른 방식으로도 생각해볼 수 있다. 모두가 인덱스펀드 투자를 하는 탓에 개별 종목에 새 정보가 반영되지 않는다면 어떻게 될 것인가? 예를 들어 한 제약회사가 매출액과 순이익을 두 배로 올려줄 암 치료제를 개발했는데, 이런 호재에도 주가가 오르지 않는다면? 그러나 자본주의 체제에서 이런 기회를 놓칠 리가 없다. 트레이더나 헤지펀드가 주가를 끌어올리지도 않고 잘못된 주가에서 이익을 취하지도 않는다는 것은

■　개리슨 케일러는 한 라디오 쇼에서 마을 사람들 모두가 외모도 능력도 성적도 평균 이상인 가상의 마을인 '워비곤 호수'를 만들어냈다. (역주)

생각할 수도 없는 일이다. 인덱스펀드 투자자가 얼마나 많은지와 상관없이 자유시장 체제가 유지되는 한, 이윤을 추구하는 시장 참가자들은 언제나 차익거래할 준비가 되어 있을 것이다.

시장의 벤치마크 지수보다 수익이 저조한 액티브 매니저들의 수가 점점 늘고 있다. 간혹 시장을 이기는 액티브 매니저가 있기는 해도, 지수연동투자가 증가하는 데도 주식시장의 효율성이 (줄어드는 것이 아니라) 늘고 있다는 것이 엄연한 진실이다. 다음의 그래프가 그 사실을 입증하고 있다.

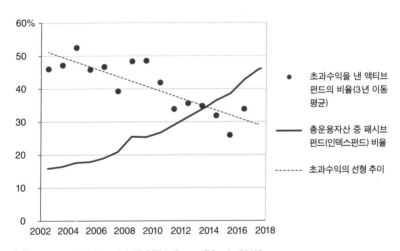

출처: Strategic Insight and S&P SPIVA Report(March, 2018).

실선은 지수연동투자의 성장 추이 및 주식형 뮤추얼펀드 중 인덱스펀드의 비율이다. 각각의 점은 벤치마크인 S&P 1500 종합지수[**]보다

■■　　S&P 500, S&P 600, S&P 400의 종목들을 모두 합친 주가지수이디. (역주)

높은 수익을 낸 액티브 운용 주식형 펀드들의 비율이다. 해당 그래프는 2017년 말까지의 액티브 펀드 수익과 인덱스펀드 수익을 비교한 2018년 S&P 보고서의 자료를 토대로 3년 평균을 계산한 것이다. 종합지수인 S&P 1500보다 높은 수익을 내는 액티브 주식형 펀드의 비율은 줄고 있는 반면에 패시브 운용 펀드(인덱스펀드)의 비율이 늘고 있다는 것이 한눈에도 드러난다.

이렇게 말하긴 그렇지만, 인덱스펀드 투자자는 무임승차자이다. 그들은 적극적 매매에서 나오는 단물은 얻지만 표값은 부담하지 않는다. 그리고 타인의 행동이 만들어내는 가격 신호에 무임승차하는 것은 자본주의 체제의 오류가 아니라 오히려 당연히 해야 할 일이다. 자유시장 경제에서 우리 인덱스펀드 투자자들은 타인이 결정하는 시장가격에 몸을 맡김으로써 이익을 보게 된다.

인덱스펀드에 가해지는 두 번째 비난은, 지수연동투자로 인해 록펠러 독점 대기업 이래로 사라졌던 건강하지 못한 소유권 집중이 재등장했다는 것이다. 2개의 학술 논문, 1개의 법률 논평, 한 유명 신문의 칼럼 기사는 동종 업종 기업들의 지분을 다 보유한 공동주주Common Ownership는 경쟁을 제한하는 바람직하지 않은 결과를 유발할 것이라고 가정하면서, 경제 전체의 손실을 예방하기 위해서라도 치료책 마련이 불가피하다고 주장했다.▪

호세 아자르José Azar, 마틴 C. 슈말츠Martin C.Schmalz, 이사벨 테쿠Isabel Tecu는 공동주주로 인해 경쟁의 유인이 줄어들 수 있다고 주장한다. 만약 공동주주인 자산운용사가 모든 항공사의 최대 주주라면, 항공사들의 치열한 가격경쟁으로 인해 항공업 전체의 이익률이 줄어드는 것을 그 운용사가 가만히 지켜볼 리가 없다는 것이다. 논문의 저자들은 항공업의 지분이 한 운용사로 집중되면서 반경쟁 유인이 강해졌고, 그 결과로 항공사들의 최대 주주가 서로 다른 실체였을 때보다 항공권 가격이 3~5% 정도 올랐다고 말한다. 아이너 엘로지Einer Elhauge는 기관투자자들의 수평적 주식보유Horizontal Shareholdings**를 막기 위해서는 민간만이 아니라 감독 당국도 고소인이 되어 반독점 제소를 해야 한다고 제안했다. 에릭 포스너Eric Posner 등이 쓴 논평기사에서는 기관투자자가 동업종 기업들의 주식을 보유한다면 그 지분율은 해당 산업 총주식의 1%를 넘기지 못하도록 제한해야 한다고 말한다. 이런 정책이 발효된다면 뱅가드와 같은 인덱스펀드 회사들은 펀드 주주들을 모으는 데 심각한 치명타를 입을 것이다.

공동주주가 시장 경쟁을 저해할 수 있다는 말은 그럴듯하다. 그러나 공동주주가 어떻게 제품 가격을 올리게 만든다는 것인지에 대한 직접적인 증거는 하나도 없다. 공동주주가 등장해서 경쟁이 저해되었다는 식의 경험적 증거는 전면적인 공동주주 제한책의 근거로는 한참이나 부족하다. 게다가 이 논문들은 저비용 인덱스펀드가 사라졌을 때 발생할 피해에 대해서는 고려조차 하지 않는다.

■　　T. F. Bresnahan and S. C. Salop, "Quantifying the Competitive Effects of Production Joint Ventures," 〈International Journal of Industrial Organizations〉 4, no. 2 (1986): 155-175; J. Azar, M. C. Schmalz, and I, Tecu, "Anti-Competitive Effects pf Common Ownership," 〈Competition Policy International〉 1, no 3 (2016); E. Elhauge, "Horizontal Shareholding," 〈Harvard Law Review〉 129 (March 10, 2016): 1267-1317; E. Posner, E. S. Morton, and G. Weyl, "A Monopoly Trump Can Pop," New York Times, December 7, 2016.
■■　　같은 산업에서 경쟁하는 기업들의 지분을 취득하는 행위. 위의 공동주주와 같은 의미. (역주)

나는 오랫동안 뱅가드 이사회에 있었지만, 반경쟁 행동을 조장하는 의결이 행해진 적은 단 한 번도 없었다. 블랙록BlackRock과 스테이트 스트리트State Street 등 다른 거대 인덱스펀드 회사들 역시 한 산업에 속한 여러 대기업의 주식을 다수 보유하고 있지만 공동주주의 입장에서 반경쟁 행동을 조장했다는 증거는 하나도 없다. 그래봤자 펀드 이익에도 도움이 되지 않는다.

이 펀드 회사들이 상장된 모든 대기업의 대주주인 것은 맞다. 항공사들에게 항공권 가격 인상을 종용하면 항공주 수익에는 도움이 될 것이다. 하지만 그러면 펀드 포트폴리오에 속한 다른 모든 기업의 출장비가 올라가게 된다. 인덱스펀드가 특정 산업을 다른 산업보다 편애할 이유가 전혀 없다. 사실 인덱스펀드는 절대 실적보다는 상대 실적에 기반해서 기업 경영진에게 보상을 주는 정책을 선호해왔기 때문에, 기업들의 무한 경쟁을 노골적으로 부추긴다.

인덱스펀드는 개인투자자에게 진정으로 좋은 친구였다. 경쟁과 규모의 경제는 시장 전체에 투자하는 인덱스펀드의 비용을 0에 가까운 수준으로 끌어내렸다. 개인투자자들은 인덱스펀드라는 효율적인 분산투자 포트폴리오 상품을 통해 그 어느 때보다 효율적으로 노후 준비를 할 수 있게 되었다. 뱅가드가 개척한 지수연동투자는 다른 여러 투자 목표를 달성하는 데에도 도움을 주었고, 수백만 투자자에게 혁명 같은 경험을 선사했다. 또한 사회 전체에도 이견의 여지가 없는 큰 도움을 주고 있다.

일반 시민의 장기적인 재무 목표 달성이라는 광범위한 정책을 세울 때는 모든 이해당사자의 이익을 다 고민해야 한다. 이런 요건을 충족해야만 좋은 공공정책이 될 수 있다. 역사상 가장 소비자 친화적인 금융 혁신의 잠재적 비용과 효익을 대조하면, 순효익이 누구에게 돌아갈지가 분명하게 드러난다. 그것이 혹여 기관의 수평적 주식보유가 시장 경쟁을 저해하는 것이 사실로 드러날지라도, 뱅가드 인덱스펀드와 같은 펀드들의 근간을 파괴하는 정책이 만들어지는 일은 없어야 할 것이다.

1부

뱅가드의
역사

1장

1974

예언

1974년 7월, 나는 로스앤젤레스에 있는 아메리칸 펀드 American Funds 본사에서 내가 한 번의 미국자산운용협회 총재직과 두 번의 이사장직을 역임하면서 사귄 친구들을 만나고 있었다. 아메리칸 펀드 창업자인 조너선 벨 러브레이스 Jonathan Bell Lovelace 의 아들이자, 회장 존 러브레이스 Jon Lovelace 가 들어오며 내게 다급히 논의할 사항이 있다고 했다.

존은 누구나 인정하는 진실하고 독립적이고 지혜로운 사람이었기에 나도 그와 얘기를 나누고 싶었지만, 나는 아메리칸 펀드 방문을 마치고 곧바로 저녁 약속이 잡혀 있었다. 또, 다음 날에는 아침 7시 30분 비행기를 타고 필라델피아로 돌아갈 예정이었다. "그러면 아침 6시에 LAX 조찬실 카운터에서 보기로 하죠"라며 존이 약속을 잡았다.

다음날 내가 도착했을 때 존은 이미 카운터에 앉아 있었다. 짧게 인사를 나눈 후 그가 곧장 본론으로 들어갔다. "진짜 '뮤추얼'인, 그러니까 펀드 주주가 회사 주주도 되는 새로운 형태의 종합 뮤추얼펀드 회사를 세울 계획이신 것 같습니다". 나는 그런 회사를 세우는 게 희망이라고 대답했지만, 그의 반응은 아무리 좋게 포장해도 반기는 기색은 아니었다. 나는 그때 그가 싸늘한 어조로 했던 말을 정확히 기억한다. "그런 상호소유구조 Mutual Structure 의 회사를 차린다면 이 산업을 파괴하는 겁니다".

그때부터 40여 년이 지난 지금 생각해 보면 존 러브레이스는 무언가를 감지한 것이 틀림없었다. 그가 자신의 암울한 예언을 고칠 기회가 있었다면 아마도 "'지금 우리가 뮤추얼펀드 산업이라고 아는' 산업을 파괴하는 겁니다"라고 고치지 않았을까 싶다. 그런 예언이었다면 그의 정확한 예지력에 모두가 감탄했을 것이다.

구조와 전략

그때에는 그랬다. 증시가 침체장도 모자라 최악의 바닥이었던 1974년에 세워진 신생 펀드 회사가 모든 역경을 극복할 것이라고는, 단순히 살아남는 것을 넘어 뮤추얼펀드 산업을 지배하게 될 것이라고는 아무도 예상하지 못했다. 펀드 주주가 회사의 주주도 되며, "실비at-cost"로 영업하는 상호소유구조▪를 시도한 펀드 회사는 이전에는 하나도 없었다.

우리는 이사회의 반대를 꺾지 못한 채 과거 실적이 좋지 못한 외부 투자자문사와의 계약을 유지해야 했다. 우리는 아직 펀드에 대한 경영지원만 가능했고, 포트폴리오 운용이나 펀드 주식 유통에 대한 권한을 가져오지 못했다. 그러다 얼마 후 우리는 어떤 회사도 시도하지 않았던 '투자자문사의 운용에 의존하지 않는 주식 포트폴리오를 구축한다'는 전략에 회사의 미래를 걸었다.

우리는 책임을 넓히는 데 만족하지 않고 더 과감하게 나갔다. 그래서 회사 이름도 **'뱅가드'**라고 지었다.

새로운 조직은 최초의 상호소유구조 뮤추얼펀드 조직으로, 실비로 회사를 운영하겠다는 각오를 내세웠다(그리고 지금도 유일한 상호소유구조의 펀드 회사이다). 자신들의 주주를 위해 고수수료를 부르는 외부 자문사가 아니라 펀드 회사가 직접 운용사가 되고 더 나아가 펀드 주주가 회사 주주가 되는 조직을 만들기로 했다. 우리는 이런 뮤추얼펀드 지배구조에 "뱅가드 실험Vanguard Experiment"이라는 이름을 붙였다(그림 1.1 참조).

▪ 여기서 '상호' 소유는 A 상장법인이 발행한 주식을 B 상장법인이 소유하고, A는 그 대가로 B의 주식을 소유하는 식의 원칙적으로 금지된 상호주 소유와는 다른 개념이다. (역주)

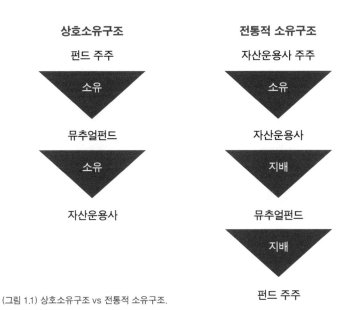

(그림 1.1) 상호소유구조 vs 전통적 소유구조.

2018: 예언의 완성

그 후 수십 년 동안 뱅가드는 독특한 소유구조와 세계 최초의 인덱스 뮤추얼펀드를 만든다는 전례 없는 전략으로 뮤추얼펀드 산업의 성격을 영원히 뒤바꿔 놓았다.

뱅가드는 창조적 파괴이기도 하고 파괴적 혁신이기도 하다. 엄청난 행운이기도 하고, 누군가의 말처럼 내 경력을 구원한 일생일대의 한판 승이기도 하다(틀린 말은 아니다). 그러나 무엇보다도, 타이밍이 기막히게 가미된 훌륭한 카르마였다. 어쨌거나 투자의 세계에서는 시간이 흐를수록 진실이 점점 드러나게 되어있다. 펀드 비용을 제외한다면, 투자자의 수익은 곧 시장의 수익과 같아야 한다는 진실을 말이다.

당연히 비용을 제하고 나면 투자자에게 돌아가는 수익은 시장 수익보다 낮다. 결국 답은 하나이다. 뮤추얼펀드에 투자한 1억 가구가 조금이라도 많은 몫을 챙겨가려면 펀드 비용을 최소화해야 한다. 1776년 미국 독립선언문에 빗대 말한다면 "우리는 이것을 자명한 진실로 생각한다". 뱅가드는 투자 비용을 낮추는 일에서 선봉장 역할을 자처했고 결국에는 세계 최저비용Lowest-cost의 종합뮤추얼펀드 회사가 되었다.

뱅가드: 투자 비용은 낮을수록 좋다

1974년에 창립된 이래로 투자 비용을 낮추기 위한 뱅가드의 노력은 한 번도 멈추지 않았다. 그 노력의 결과로 탄생한 것이 지금의 뱅가드라는 거대한 펀드 제국이다. 뱅가드는 전 세계 시장에서 5조 달러가 넘는 자산을 운용하고 있고, 고객은 개인과 기관을 합쳐 2,000만이 넘는다. 이는 최대 경쟁사 두 곳을 합친 것보다도 큰 운용 규모이다. 장기 뮤추얼펀드의 시장점유율은 자산가액 기준 거의 25%로, 과거에 다른 세 회사가 시장을 이끌고 있었을 때의 최고 점유율인 15%의 거의 두 배에 달한다. 또한 2013년 기준 5년 동안 뮤추얼펀드 산업의 순현금유입 점유율에 있어서도 65%라는 전무후무한 기록을 세웠다.

2018년 기준 최근 몇 년 동안 투자자들이 뱅가드에 예탁한 자산은 1영업일당 평균 10억 달러였다. 투자 산업 역사상 최고치를 기록한 이 금액은 투자 대중이 뱅가드를 그만큼 신뢰한다는 증거로 보인다.

인덱스전략은 상호소유구조를 따른다

뱅가드가 시장에서 인정받은 이유는 무엇일까? 존 러브레이스가 그토록 걱정한 상호소유구조와 거기에 수반되는 전략이 그 성공의 근간인 것만은 분명하다. 우리의 구조에서는 비용이 거의 제로에 가까우므로, 뱅가드 펀드의 투자자이며 회사의 주주이기도 한 사람들에게 돌아가는 장기 수익은 대개 업계 최상위권을 차지한다. 그러나 뱅가드 초창기 몇 년 동안은 폭풍우와도 같은 불확실한 장세가 이어졌기에, 시장의 인정을 받는 날이 올 것이라고는 상상하기도 힘들었다. 실제로도 초기에는 83개월 연속으로 '순현금유출'이 발생했다.

그리고 우리가 꿈꾸는 상호소유구조를 추진하려면 인덱스펀드 중심의 전략을 설계해야 한다는 것도 처음에는 생각도 하지 못했다. 뱅가드를 시작할 때만 해도 인덱스펀드라는 것은 존재하지 않는 개념이었다. 하지만 "전략은 구조를 따른다"라는 것은 천재가 아니어도 깨달을 수 있는 진실이었고, 뱅가드를 세우고 1년도 지나지 않아서 우리는 세계 최초의 인덱스 뮤추얼펀드를 만들었다.

벌거벗은 임금님의 옷

1924년 미국 최초의 뮤추얼펀드가 탄생하고 거의 한 세기가 지났지만, 뱅가드가 입증한 자명한 진실을 투자자들이 완전히 수용하게 된 지는 채 20년에 불과하다. 뮤추얼펀드 임금님은 자신이 '전문 운용'이라는 옷을 입고 있다고 자랑하고 다녔지만, 실제로는 벌거벗고 있었다. 그리고 벌거벗은 것은 뮤추얼펀드 임금님만이 아니었다. 뮤추얼펀드 제국 전체가, 다시 말해 전문 자산운용사들이 펀드 투자자에게 고수익을 안겨줄 것이라는 약속이 하나같이 지켜지지 않았다는 점에서 뮤추얼펀드 산업 전체가 벌거숭이나 마찬가지였다.

한때 펀드 운용사가 고객의 부를 늘리는 데 보탬이 되지 못한다는 말은 이단처럼 여겨졌지만, 지금 거의 모두가 인정하는 진실이다. 이는 뮤추얼펀드 산업에 인덱스펀드가 주도하는 파괴적 혁명을 불러일으켰고, 뱅가드가 그 선봉장이었다.

뱅가드는 만들 때도 쉽지 않았고, 처음 10년은 생존하기도 버거울 정도였다. 뮤지컬 〈미스 사이공〉에 나온 대사를 인용한다면 뱅가드는 "지옥에서 잉태되고 역경 속에서 태어났다". 뱅가드는 웰링턴 자산운용사 지배권을 두고 꼴사나운 싸움을 벌이던 내가 CEO 자리에서 내려오고, 불만족스러운 타협을 맺으면서 탄생했다. 자랑스럽게 여기던 자산운용 세계에서의 내 경력도 끝나는 것 같았지만, 생각지도 못했던 행운이 연속으로 겹쳐서 내게 찾아왔고, 나는 귀환할 수 있었다.

이후 결과는 누구나 다 안다. 2018년 중순, 뱅가드는 5조 달러가 넘는 자산을 운용하고 낮은 수수료와 훌륭한 투자 수익, 그리고 윤리적 가치로 대중의 존경을 받는 세계 최대 뮤추얼펀드 회사가 되었다. 이 성공의 기회가 어떻게 다가왔는지 알려면, 처음부터 되짚어봐야 한다.

2장

1945~1965

배경-블레어, 프린스턴,
〈포천〉, 웰링턴 자산운용사

이야기는 아주 오래전, 내가 뉴저지주 명문 사립학교인 블레어 아카데미로 전학을 간 1945년 9월부터 시작한다. 나는 블레어 아카데미에서 3~4학년을 다녔다. 장학금을 받기는 했지만, 웨이터로 일하다가 나중에는 웨이터의 장이 되는 등 아르바이트도 많이 했다. 블레어에서는 우수한 대학 예비과정을 받을 수 있었고, 반에서 2등으로 졸업을 하며 "가장 전도유망한 학생"으로도 지목받았다.

힘들게 공부하며 우수한 성적으로 블레어 아카데미를 졸업한 것은 1951년 졸업 기수 예정자로서 프린스턴대학교에 합격하는 데에 큰 도움이 되었다. 이때에도 장학금과 아르바이트로 학비와 생활비를 충당했지만, 프린스턴에서의 학부 초년 생활은 만만치가 않았다. 2학년인 1948년 가을, 첫 경제학 수업을 들었을 때가 가장 바닥이었다. 교과서는 폴 새뮤얼슨Paul Samuelson 박사의 『경제학Economics: An Introductory Analysis』이었다. 솔직히 말해서 책장이 잘 넘어가지도 않았다. (나한테는) 완전히 생소한 분야였기에, 내 첫 경기는 시작한 즉시 완패로 끝났다.

2학년 초의 내 경제학 중간고사 점수는 D+였다. 이대로 학기를 마쳤다가는 장학금을 유지하지 못할 것이 분명했다. 장학금 지원이 없으면 돈이 나올 구멍이 없었기 때문에 프린스턴도 계속 다닐 수가 없었다. 그래서 나는 악착같이 노력했고, 다행히 C-로 학기를 마칠 수 있었다. 찜찜한 승리였지만 어쨌거나 이기기는 했다.

1949: "큰돈이 몰리는 보스턴"

운명은 1년 후에나 내게 미소를 지어주었다. 졸업 논문을 쓸 때가 오자, 나는 지금까지 어떤 학생도 다루지 않은 주제로 써야겠다고 결심했다. 고로 애덤 스미스, 카를 마르크스, 존 메이너드 케인스는 후보에서 탈락이었다. 그러면 내게 어떤 주제가 있었는가? 내 인생에서 행운은 다양한 모습으로 찾아왔고, 3학년 말에도 그러했다. 나는 그때 신축한 파이어스톤 도서관 열람실에서 〈포천〉 1949년 12월호를 대충 뒤적이고 있었다. 그러다가 116쪽에 상상하지도 못했던 산업을 설명하는 기사가 눈에 들어와 읽기 시작했다. "큰돈이 몰리는 보스턴"이라는 제목의 기사였다. 나는 드디어 논문 주제를 찾았다.

제목 밑 굵은 글씨의 부제를 보니 더 확신이 들었다. "매사추세츠 인베스터스 트러스트 Massachusetts Investors Trust (이하 M.I.T.) 왈, '돈이 전부가 아니다.' 소액 투자자에게 마음의 평화를 판매한 것이 사업 성공의 비결. 개방형 펀드 Open-end 발명으로 미래를 활짝 열다"라고 적혀 있었다. 이어진 기사는 열 쪽에 걸쳐서 1924년에 창립된 이래로 최초이자 최대의 "개방형 펀드" 자리를 유지하는 M.I.T.의 역사와 정책, 사업 관행 등 사실을 가감 없이 설명하고 있었다.■

까마득한 과거인 그때만 해도 뮤추얼펀드는 용어조차도 생소하던 시절이었고, 하나의 예외를 제외하면 '뮤추얼'펀드는 진정한 '상호소유'의

■　　'개방형' 펀드는 투자자가 요구할 때는 언제든 펀드 주식을 환매해주고 (일반적으로는) 계속해서 주식을 판매한다. 반대로 '폐쇄형' 펀드는 집합자본 금액이 정해져 있으며, 펀드를 수시로 판매하거나 환매하지 않는다.

펀드가 아니었다. 오히려 1940년 투자회사법 서두에 기술된 법리적 원칙과는 정반대로 당시의 뮤추얼펀드는 조직 구조도 영업 방식도, 자산 운용에서도 펀드 주주들의 이익이 아니라 펀드를 통제하는 운용사의 이익을 최우선에 두었다.

▌'상호소유구조'의 펀드

▌1964년부터 1969년까지 미국 증권거래위원회 U.S. Securities and Exchange Commission(이하 SEC) 위원장을 지낸 매뉴얼 F. 코언 Manuel F. Cohen 은 뮤추얼펀드의 상호성 결여를 명쾌하게 설명했다.

> (뮤추얼펀드의) 수수료 구조로 독창적 수완을 발휘할 절호의 기회를 얻은 펀드운용사들은 모두가 부러워할 만한 평판을 쌓아 올렸다. 어쨌거나 그곳에는 돈이 몰린다. 그리고 '뮤추얼'이라는 말을 다 갖다 쓰고 있지만, 뮤추얼펀드를 만들고 파는 주된 이유는 그것을 팔고 운용하는 사람들에게 돈을 벌어주기 위해서다.**

〈포천〉의 기사는 '뮤추얼'의 '뮤'도 언급하지 않았고 주로 '투자회사'나 '신탁' '펀드' 같은 말을 주로 사용했다. 그러나 〈포천〉은 아직 태동기

** 1968년 3월 1일 캘리포니아 팜스프링스에서 열린 뮤추얼펀드 총회, 매뉴얼 코언 SEC 위원장의 연설 "'뮤추얼' 펀드"에서 인용.

인 이 소규모 이 산업의 미래를 낙관하고 있었다. 이 작은 산업은 전체 시장에 비하면 "극히 작은 변화"에 불과하다고 묘사하면서도 "급성장하고 있으며 어느 정도는 화제의 중심에 서 있다"라고 설명했다. 더 중요하게는 "거대한 영향을 미치는 산업이 될 수 있고…… 기업 경영진과 의견이 다른 소액 주주에게는 이상적 영웅이 될 수 있다"라고 말하고 있었다.

1951: "투자회사가 경제에서 맡은 역할"

내 본격적인 사회생활이 우연으로부터 시작하게 될 줄은 나도 몰랐다. 〈포천〉 기사는 운좋게 마주친 도약대였고, 도약대에 오른 순간 나는 개방형 투자회사의 역사와 미래 전망을 주제로 한 논문을 써야겠다고 결심했다. 제목은 "투자회사가 경제에서 맡은 역할"로 정했다(앞에서도 말했지만 뮤추얼펀드는 아직 대중적인 말은 아니었기 때문에 당시에 많이 쓰는 "투자회사"라는 표현을 대신 사용했다). 자료를 조사하고 논문을 쓰는 일에 근 1년 반을 매달리다 보니 나도 모르게 어느샌가 그 주제와 미친 듯이 사랑에 빠져 있었다. 20억 달러의 "꼬맹이" 산업인 뮤추얼펀드가 언젠가는 거대 산업이 될 것이고 화제의 중심에 서게 될 것이 분명하다는 확신이 들었다. 두 가지 예상이 모두 맞았다. 오늘날 21조 달러의 거대 산업이 된 뮤추얼펀드 시장은 미국 최대 규모이자 막강한 힘을 가진 금융 부문이 되었다.

이 산업을 치밀하게 조사한 후 나는 논문 결론에 이렇게 적었다.

- "투자회사는 가능한 한 가장 효율적이며 정직하고 경제적으로 영업활동을 해야 한다".
- "판매 비용과 운용수수료를 절감한다면 미래 성장을 극대화할 수 있다".
- "펀드는 시장 평균(시장 지수)을 웃도는 수익을 낼 수 있다고 주장해서는 안 된다".
- "투자회사의 중점(활동)은 투자 포트폴리오 운용이다. 나머지는 다 부차적인 활동이다".
- "투자회사는 주주의[■]이익 증진을 주요 역할로 삼아야 한다".
- "(투자회사가) 기업 정책에 대한 영향력 행사를 삼가야 할 이유는 없다…… 이 중요한 경제적 책임을 완수하는 것은 뮤추얼펀드의 운명이다".

이상주의적 결론인 것은 나도 인정한다. 갓 십 대를 벗어난 그때의 나는 이상주의에 빠진 경제학도였다. 더해서, 〈포천〉 기사를 읽은 지 60여 년이 지났지만 내 이상주의는 거의 수그러들지 않았다. 오히려 평생을 투자 세계에 몸담았기 때문인지는 몰라도 내 이상주의는 훨씬 단단해지고 더욱 열정적이게 되었다.

내가 논문에서 언급한 가치들은 뱅가드가 놀라운 성장을 달성하는 핵심 바탕이 되었다. 그 오래전 내가 마음먹은 결심이 무엇이건, 뮤추얼펀드 주주가 공정한 자기 몫을 가져가야 한다는 것은 오해의 소지가 없

■ 투자 운용사나 펀드회사의 주주가 아닌 펀드에 투자한 펀드 주주를 의미한다. (역주)

는 논문의 대명제였다.

1951년 7월: 웰링턴 자산운용사 입사, 월터 모건

파이어스톤 도서관에서 새로운 산업을 조사하고 분석하면서 보낸 무수한 시간은 헛되지 않았다. 내 논문은 최고점을 받았고, 나는 프린스턴을 최우수 성적으로 졸업할 수 있었다. 이는 내 진로에 무척이나 도움이 되었다. 1920년 프린스턴 졸업 기수인 월터 L. 모건Walter L.Morgan이 무려 130쪽이나 되는 내 논문을 읽고 내게 필라델피아에 있는 그의 투자 회사인 웰링턴 자산운용사 입사 제안을 한 것이었다. 그는 직원들에게 이런 서한을 보냈다고 한다. "이 논문을 모르고 지나쳤더라면 보글 씨를 우리 웰링턴에 데려오지 못했을 것입니다". 그때에는 몰랐지만 웰링턴 입사는 내게 일생일대의 기회였다.

내 평생의 멘토이자 위대한 영웅인 모건은 투자 산업의 선구자였다. 그가 1928년에 만든 웰링턴 펀드는 내가 입사했을 때인 1951년 7월에 운용자산 1억 5,000만 달러의 작은 펀드였다. 이는 미국 내 125개 뮤추얼펀드 중 하나였고, 웰링턴 펀드를 포함해 상위 10개 펀드 회사가 시장의 거의 3/4을 차지하고 있었으며, 업계 총자산 규모는 30억 달러였다.

펀드 우주의 총본산은 보스턴으로, 자산 규모 상위 50개 뮤추얼펀드 중 22개 펀드와 업계 총자산의 46%가 몰려 있었다. 최대 펀드사는 M.I.T.였고, 1951년 당시 운용자산은 4억 3,800만 달러, 시장점유율은 15%였다. M.I.T.는 단순히 업계 1위인 것만이 아니라 비용-비율Expense

Ratio이 0.29%밖에 되지 않는 업계 최저비용의 펀드사이기도 했다(1961년에 비용비율이 더 내려가서 운용자산의 0.17%였다). 뒤를 이어 뉴욕 소재 펀드들의 점유율은 총자산의 17%였고, 미니애폴리스 펀드들이 13%였으며, 필라델피아 소재 펀드들의 점유율은 고작 7%였다.

운용 방식: 운용사는 하나의 펀드만 운용한다

그때에는 웰링턴 자산운용사를 포함해 대부분의 투자 운용사는 대개 단 하나의 펀드만 운용했다(더러 아주 작은 규모로 두 번째 펀드를 운용하는 곳도 있기는 했다). 예를 들어 M.I.T.의 제2의 펀드인 매사추세츠 인베스터스 세컨드 펀드 Massachusetts Investors Second Fund는 5개 수탁회사에 운용을 맡겼다(오늘날 뮤추얼펀드 마케터들이 들으면 기겁할 이름이었고, 나중에 매사추세츠 인베스터스 그로스 펀드 Massachusetts Investors Growth Fund로 이름이 바뀌었다). 이 세컨드 펀드의 자산은 M.I.T.의 총자산 4억 7,200만 달러 중 8%인 3,400만 달러에 불과했다.

1951년 7월 9일, 나는 웰링턴 자산운용사의 필라델피아 사옥으로 첫걸음을 내디뎠다. 내 사회생활의 출발점으로 그곳보다 더 완벽한 환경은 없었다. 작지만 우호적인 분위기 속에, 신출내기 대학 졸업생을 위한 온갖 기회가 가득했다. 60명 정도의 인원이 나를 반겨주고는 이내 경영지원이나 마케팅, 유통, 증권 분석, 주주 관계 등 각자의 업무에 다시 몰두했다. 내 첫 업무는 모건 씨를 대신해서 투자자들에게 보내는 서한의 초안을 작성하는 것이었고, 2년쯤 후에는 웰링턴 펀드 연차 보고서에

실을 사장의 편지를 쓰는 일을 맡았다. 10년쯤 지났을 무렵에는 모두가 나를 모건 씨의 뒤를 이을 후임으로 인정하는 분위기였다. 나는 웰링턴을 내 평생직장으로 생각했다.

웰링턴에서 보낸 시간은 기쁨과 도전의 연속이었다. 나는 우리의 혼합형 펀드를 보완하기 위한 주식형 펀드이자 훗날 윈저 펀드Windsor Fund로 이름을 바꾼, 웰링턴 에쿼티 펀드Wellington Equity Fund의 1958년 IPO 투자설명서 초안 작성을 주도할 기회가 왔을 때 냉큼 움켜잡았다.■

보수적 투자의 힘

내가 웰링턴 자산운용사에 입사하고 14년 동안 우리의 주력은 혼합형 펀드였다. 이 전략은 웰링턴의 큰 강점이 되어서 혼합형 펀드 부문에서 1위를 차지하는 데에도 도움이 되었다. 당시 뮤추얼펀드는 대부분 고우량 보통주에 분산투자하는 '보수적인' 분위기의 포트폴리오를 갖고 있었다. 웰링턴은 주식과 채권을 혼합하고 있었기 때문에 유독 더 보수주의적인 펀드라는 인식이 강했다. 그때 웰링턴 펀드가 내건 슬로건은 "완전한 투자 전략을 다 담은 상품"이었다.

그러나 내가 웰링턴 자산운용사에 기대했던 안정성은 오래가지 못했다. 내가 웰링턴 대표이사로 초고속 승진을 한 1965년 4월 즈음의 뮤추

■   나는 1960년에는 모건 씨의 웰링턴 자산운용사의 (비지배) 주식 공모를 위한 IPO 투자설명서를 준비할 때에도 팀장을 맡았다.

얼펀드 산업은 내가 프린스턴대학교 졸업 논문에서 설명했던 전통적인 뮤추얼펀드와는 크게 달라져 있었다. 좋은 쪽으로의 변화는 아니었다. '고-고Go-Go 시대'가 날개를 펼치자, 투자자들은 웰링턴 펀드 같은 보수주의 혼합형 펀드를 헌신짝 버리듯 내던지고 공격적인 주식형 펀드로 달려갔다. 투자자들은 고공비행하며 순식간에 고수익을 내는 주식형 펀드의 황홀한 노랫가락에 흠뻑 취했다. 그리고 나는 평생을 바쳐 싸우고 극복해야 할 여러 새로운 도전을 만나게 되었다.

흔들리지 마라

1949년 「큰돈이 몰리는 보스턴」라는 기사로부터 영감을 얻은 후부터, 나는 뮤추얼펀드 산업을 내 인생의 커다란 축으로 삼았다. 웰링턴 자산운용사는 내 첫 직장이었고, 1965년에는 회사 대표로 임명되었다. 누가 뭐라 해도 그 순간은 내 사회생활 1막의 정점이었다. 하지만 반대로 웰링턴의 상황은 좋지 않았다. 거의 10년 동안 투기 광풍이 몰아닥치게 되는 시장 상황에서도 웰링턴 자산운용사는 보수주의 투자를 끝내 포기하지 않았다. 이런 도전 앞에서 나는 내 버팀목이자 길잡이별이 되어줄 좌우명이 필요했다.

"Stay the Course". 흔들리지 말라는 이 말은 지금까지도 나를 지탱해준다.

3장

1965~1974

'고-고 시대', 후유증,
뱅가드 설립 구상

	12/1965	9/1974	연간 성장률
웰링턴* 자산(단위: 10억)	$2.2	$1.5	-2.6%
업계 총자산(단위: 10억)	35.2	34.1	-0.2
웰링턴* 시장점유율	6.3%	4.4%	-
			연수익률†
S&P 500 지수	92	61	-1.1%
중기 미국 국채 수익률	4.9%	8.0%	5.7%
주식 60%/채권 40%	-	-	1.9

* 뱅가드의 전신.
† 각각 배당과
  이자 포함.

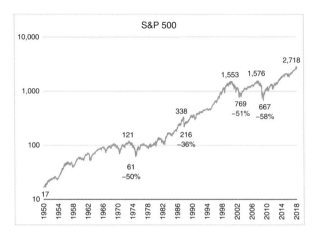

출처: 야후 파이낸스.

　뱅가드가 세워지기 전에는 주가 고공 행진이 한창인 시대였다. 위대
한 듯하지만 재무상태표가 약한(또는 아예 없는) 투기성 주식들이 시장
상승을 주도했고, 이어서는 과도한 밸류에이션이 매겨진 위대한 성장주
들이 상승장을 이끌었다. 그러나 1974년 10월 1일 시장이 50%나 폭락
하면서 강세장도 끝이 났다.

고-고 시대

1960년대 중반에 펀드 산업은 보수주의 전통을 벗어나려는 조짐을 보였다. 대호황기인 고-고 시대의 시작이었다. 새로 생긴 펀드운용사들은 상당수가 투기성 주식에 주로 투자하는 펀드를 판매하기 시작했고, 기존 펀드운용사들도 비슷한 행보를 취했다. 알맹이도, 영양가도 전혀 없는 주식에 번지르르한 말만 덧입혀졌다. '블루칩' 종목 포트폴리오로 평탄하고 무난한 길을 추구하는, 상대적으로 소수의 혼합형 펀드와 주식형 펀드가 펀드산업을 지배하던 시절은 지나갔다. 그리고 급등주 위주의 포트폴리오를 구축하는 투기성 짙은 주식형 펀드들이 우후죽순으로 생겨났다.

베이글 퇴장, 도넛 입장

음식에 비유하자면, 웰링턴 펀드는 질기고 딱딱하지만 영양가는 높은 펀드계의 '베이글'이었다. 그러나 1965년이 되면서, 펀드 산업은 영양가는 전혀 없지만 부드럽고 달콤한 '도넛'에 입맛이 들기 시작했다.[■] 도넛 가게들이 우후죽순으로 생겨나자 아무도 베이글을 사려고 하지 않았다. 우리는 1955년 40%나 되었던 혼합형 펀드의 판매 점유율이 1965년에는 17%로, 1970년에는 5%로 떨어지는 것을 무기력하게 지켜봐야 했

■   알고 보니 전통적 뮤추얼펀드 산업도 베이글도 영양성분이 과대평가되어 있었다.

다. 1975년에는 1%로 주저앉았다. 베이글 가게 주인들은 어떻게 해야 했을까? 생존 전략은 하나였다. 도넛을 팔기 시작하는 수밖에.

웰링턴도 살아남기 위해서 '인기' 도넛 가게들과 경쟁해야 했다. 피델리티Fidelity는 고-고 시대의 선두주자 중 하나였고, 피델리티의 두 펀드는 노다지였다. 하지만 피델리티 펀드 운용사에게만 금광이었을 뿐, 고객에게는 아니었다. 금융 투기꾼들은 '쓰레기'를 실은 행진 차량에 너도나도 올라탔다. 한계비용 회계 처리 기준으로 인해 펀드 회사들이 보고하는 수익률이 잠시나마 또는 가짜로 올라갔다.

그중에서도 최악은 엔터프라이즈 펀드Enterprise Fund였다. 1967년 로스앤젤레스 소재의 이 신생 펀드는 117%라는 믿기 힘든 수익률을 보여주었다. 일전에 비상장 종목을 시장가격보다 최대 50% 싸게 인수했는데, 나중에 이 종목이 상장을 하고 주가가 100% 올라서 수익률이 크게 올랐다는 것이 펀드의 높은 수익률 산정의 근거였다.

다음 해인 1968년 한 해 동안 엔터프라이즈 펀드에는 당시 펀드 역사상 최대치인 6억 달러라는 돈이 몰려들었다. 1968년 기말 엔터프라이즈 펀드의 운용자산은 9억 5,000만 달러가 되었다. 하지만 결국 시장은 제정신을 차렸고, 엔터프라이즈 펀드의 1977년 운용자산은 고점에서 84%나 줄어든 1억 5,000만 달러에 불과했다. 그리고 1970년부터 1994년까지 25년 중 22년 동안 엔터프라이즈 펀드는 마이너스의 순현금흐름을 기록하다가, 2011년 끝내 시장에서 퇴출당했다.

"내가 너무 보수적이었다"

1965년 봄에 모건 씨는 투기성 펀드의 가파른 성장세에 걱정이 컸다. 이런 추이는 그의 보수적인 투자 철학은 물론이고, 혼합형 펀드인 웰링턴 펀드에 거의 전적으로 의존하는 그의 회사(웰링턴 자산운용사)에도 심각한 위협이 될 것이 분명했다. "내가 너무 보수적이었다". 그는 〈인스티튜셔널 인베스터Institutional Investor〉의 지면을 빌려 그렇게 말했다. 예순여섯 살이 된 모건은 새로운 리더십이 필요하다고 결정하고 과감한 조치를 취했다. 그는 그해 4월 나를 자기 사무실로 부르더니 곧바로 자신의 뒤를 이어 웰링턴 자산운용사를 맡아달라고 말했다. 지금도 그의 말이 토씨 하나 틀리지 않고 기억난다. "잭, 자네가 맡아줬으면 좋겠네. 문제 해결에 필요하다면 어떤 방법이든 다 쓰게".

당시 내 나이는 고작 서른다섯(게다가 나이에 비해 동안이었다!)이었지만, 거의 15년 동안 같이 일하면서 모건 씨는 내 판단력에 대한 신뢰가 있었다. 자신감이 넘쳐흐른 나는 어렵지 않게 해결책을 찾을 수 있다고 생각했다. 앞서 말한 것처럼 당신이 베이글 가게를 하는데, 단골손님들이 당신의 가게를 등지고 길 건너 도넛을 사러 발길을 돌렸다고 생각해보자. 살아남으려면 별수 없다. 당신도 도넛을 팔아야 한다. 그게 내가 생각한 해결책이었다.

웰링턴 자산운용사의 생존을 보장하려면, 주식형 펀드로서 입지를 굳힌 펀드 회사와의 합병이 최선이라는 것이 내 결론이었다. 나는 후보 회사를 세 곳으로 추린 후 그들에게 합병을 제안했다. 세 회사 모두 고-고 시대가 총애하는 공격적 펀드는 운용하지 않았지만, 주식형 펀드가 주력인 곳이었고 어느 회사건 합병을 하면 웰링턴도 더는 하나의 혼합형 펀드에만 의존하는 일도 없게 될 것이었다.[■] 나는 이 세 회사 중 한 곳과 합병을 하고, 이 결합회사를 더 튼튼한 토대에서 키우겠다는 계획을 세웠다.

▎삼진…… 그러나 아웃은 아니다

▎내가 제일 먼저 합병을 제안한 곳은 로스앤젤레스에 소재한 명망 높은 주식형 펀드 운용사이며 당시 운용 중인 뮤추얼펀드 자산이 10억 달러인 아메리칸 펀드였다. 아메리칸 펀드는 뮤추얼펀드 산업의 시장점유율이 3%인 업계 5위의 펀드 회사였지만,[■■] 합병은 실패로 돌아갔다. 다음으로 시도한 곳은 보스턴의 독립적인 주식형 펀드 회사이자 훗날 종합펀드 회사인 퍼트넘Putnam에 인수되는 인코퍼레이티드 인베스터스Incorporated Investors였다. 이번에도 실패였다.

마지막으로 접촉한 곳은 아직 자산 규모는 1,700만 달러로 작지만 성장 가능성이 높은 종합펀드 회사인 프랭클린 커스터디언 펀드Franklin Custodian Funds였다. 물론 오너인 찰스 존슨Charles Johnson은 내가 제시한

[■] 우리는 1958년에 우리 회사 최초의 주식형 펀드인 웰링턴 이쿼티 펀드(지금의 윈저 펀드)를 시작했지만, 규모는 아주 작았다. 웰링턴 펀드는 20억 달러가 넘었지만 웰링턴 이쿼티 펀드는 9,200만 달러에 불과했다. 게다가 1965년까지 수익률도 그다지 좋지 않았다. 윈저 펀드의 역사에 대해서는 13장에 자세히 다룰 것이다

[■■] 이 펀드의 사장은 앞에 소개한 존 러브레이스였다.

인수합병을 받아들이지 않기로 했기에 실패였다. 오너로서는 현명한 결정이기는 했다. 현재 프랭클린 템플턴 인베스트먼트^{Franklin Templeton} Investments가 운용하는 이 회사의 펀드는 놀라운 성장을 거듭한 끝에 2018년에는 운용자산이 4,150억 달러가 되었다. 그리고 존슨 일가도 재산이 적어도 10배는 불어나 억만장자가 되었다.

합병

우연하게도 네 번째 후보가 눈에 들어왔다. 바로 손다이크, 도런, 페인 앤 루이스^{Thorndike, Doran, Paine & Lewis}였다. 4명의 젊은 매니저들이 파트너이자 오너인 보스턴 소재의 작은 운용사였고, 그들은 자산 규모는 1,700만 달러에 불과했지만 꽤 성공적인 고-고 펀드인 아이베스트 펀드^{Ivest Fund}를 운용했다. 별도로 연기금 투자자문도 하고 있었다. 그들이 가진 투자 실력이라면 비틀거리는 웰링턴 펀드의 포트폴리오 운용에 반전을 꾀할 수 있을 것 같았고, 우리는 합병에 동의했다.

1966년 6월 6일, 모건 씨가 합병을 승인했고, 합병 조건이 정해졌다. 대금은 현금이 아니라 웰링턴 자산운용사 지분으로 치르기로 했다. 월터 모건이 1960년에 지분을 공개했기 때문에 1966년에는 지분의 대부분이 시장에서 유통되고 있었다. 모건 씨는 보유하고 있던 지배주식인 'B' 클래스 주식을 피인수회사의 새 매니저들에게 대금으로 치렀다.

보스턴에서 온 4명의 새로운 파트너들이 보유한 지분은 총 40%로 의결권을 좌우할 수 있는 수준이었다. 내 지분은 28%였고, 나머지 32%는 소액주주 지분이었다.[■] 결합회사의 CEO가 된 나는 새 파트너들과도 잘 지내고, 우리의 투자 철학도 지키고, 유능한 선장으로서 새 함선의 항해도 성공적으로 이끌 수 있을 것이라 자신했다.

평화 달러

걱정이 없는 것은 아니었다. 합병을 기념하며 나는 새 파트너들에게 작은 은쟁반을 선물로 주었다. 쟁반 앞면에는 '평화'라는 글자를 새겨 넣은 1달러 동전이 박혀 있었는데, 이른바 '평화 달러'였다. 파트너들과의 평화로운 관계가 언젠가는 깨질 수도 있겠지만 그래도 그럭저럭 잘 지낼 수는 있을 것이라고 희망했다.

우리 다섯 명의 신동은 몇 년간 신나게 날아올랐다. 다섯 명이 〈인스티투셔널 인베스터〉의 표지를 장식하기도 했다.[■■] 그러다가 투자 풍조가 불리하게 바뀌자 사이좋게 추락했다. 고-고 시대는 지나갔고 확연하게 다른 무언가가, 훨씬 심각한 무언가가 그 자리를 대신했다. 바로 '니프티-피프티Nifty-Fifty' 열풍이었다.

미국에서 가장 고성장하는 50개 종목에 터무니없는 밸류에이션이 매겨지면서 주가가 끝도 없이 올랐다. 시장의 심리는 단순했다. "걱정하

[■]   그 당시에 나는 혹여 위임장 싸움이 전개되더라도 소액주주들이 내 편을 들어줄 가능성이 높다는 사실은 알지 못했다.

[■■]   "신동들, 웰링턴을 접수하다" 〈인스티투셔널 인베스터〉, 1968년 1월호. 커버 속의 나는 새로운 파트너들 모두에게 공을 패스하는 팔 4개를 가진 쿼터백으로 묘사되었다.

지 마. 밸류에이션이 높은 게 무슨 문제야. 순이익이 증가하면 다 해결될 텐데".

거품이 터지다

제록스, 폴라로이드, 에이본 프로덕츠Avon Products, 디지털 이큅먼트 코퍼레이션Digital Equipment Corporation 등 50개 종목의 주가가 치솟았다. 한 창 고점일 때는 주가가 순이익의 50배가 넘기도 했다. 하지만 현실이 엄습하며 이 50개 종목의 폭락을 선두로 침체장이 전개되었다. 1990년 대 후반에 있었던 '신경제' 거품이 세기가 바뀌며 마침내 터졌듯이 니프티-피프티 거품도 1973년에 결국 터지고 말았다.

거품에 뛰어든 시장 참가자들은 뮤추얼펀드 운용사들만이 아니었다. 투자 정책을 잘 바꾸지 않는 신탁회사나 보험회사, 심지어 대학 기부금펀드들을 비롯해 대다수 기관투자자들도 거품장에 발을 푹 담그고 있었다(니프티-피프티 투자의 귀재였던 로체스터대학교 기부금펀드 매니저 버트 트립Bert Tripp은 손실이라고 적힌 연간 보고서 표지를 보고 대단히 당황했다). 1973년 초의 꼭대기 미끄러져 1974년 10월 초 바닥에 닿기까지, 미국 증시는 50%나 폭락했다.

1970~1074: 강세장 뒤에는 약세장이 온다

같은 시기에 웰링턴의 새 사업모델도 실패하기 시작했다. 공격적인 매니저들이 들어오면서 같이 편입되거나 만들었던 4개의 신규 펀드 중 3개가 무너졌다. 아이베스트 펀드의 자산가치는 고점 대비 63% 떨어졌다. 나중에는 시장에서 퇴출되어 금융 역사의 쓰레기통으로 들어가는 신세가 되었다.

새 운용 파트너들이 만든 고-고 펀드들 중 2개도 실적 부진은 매한가지였고, 결국에는 판매가 중단되었다. 그중에서도 최악은 보수적 투자를 내세우던 웰링턴 펀드의 운용을, 공격적인 성향의 새 매니저들이 맡으면서 자산가치가 급락하게 되었다는 것이다. 과거 최상위권 수익을 내던 이 혼합형 펀드는 1966년부터 1976년까지 10년 동안 미국 내 혼합형 펀드 실적 중 최하위권을 맴돌았다(11장 웰링턴 펀드 참조).

웰링턴 자산운용사 오너였던 월터 모건은 1960년 IPO에서 지분의 절반 이상을 매각했다. 이제는 공개회사이므로 합병 파트너들에게는 신주 발행으로 대금을 치를 수 있었다. 하지만 합병 초기에 눈부신 성공을 거두고 있을 때조차 나는 의문이 가시지 않았다. 이런 공개소유구조 Public Ownership가 뮤추얼펀드 주주들에게, 그리고 회사의 경쟁 위치에 있어 최선의 선택이 맞는가?

두 주인에게 지는 신인의무?

단적으로 설명하면 우리 매니저들은 뮤추얼펀드 주주들과 운용사 주주들에 대해 동시에 신인의무(신의성실의 의무)를 다해야 했다. 하지만 비상장이었던 자산운용사가 상장을 하게 되면, 이해관계 충돌이 악화되기 마련이다. 나는 1971년 9월에 그 점이 우려된다고 솔직하게 말했다. 웰링턴 투자 전문가 연차 정례모임에서 나는, 할런 피스크 스톤 Harlan Fiske Stone 대법관이 1934년에 미시간대학교 로스쿨에서 했던 연설문을 인용해 내 연설을 시작했다.

> 이제 막 끝으로 들어선 금융 시대의 실수들과 중대한 오점들 대부분은 수탁자의 원칙을 준수하지 못한 것에서 그 원인을 찾아야 할 것입니다. "누구도 두 주인을 섬겨서는 안 된다"라는 것은 성서만큼이나 오래된 계율입니다…… 평소 수탁자로 일하면서도 그 돈을 맡긴 사람들의 이익은 제일 마지막에 생각하는 수탁자들을 보면, 우리가 반드시 준수해야 할 수탁자의 원칙을 얼마나 무시해왔는지가 드러납니다. ■

나는 또한, 투자 전문가와 투자회사 사이에 어떤 충돌이 발생한다면 고객 입장에서 충돌을 조정해야 한다고도 덧붙였다.

■　Harlan Fiske Stone, "The Public Influence of the Bar," Harvard Law Review 48, no. 1 (November 1934), 6.

그런 다음에 이런 충돌을 해결하는 한 가지 방법을 제시했다. "펀드가 운용사를 인수하는 상호화Mutualization나…… 아니면 적극적인 경영진이 운용사를 소유하는 내부화Internalization가 충돌 해결의 한 방법일 수 있습니다. 그리고 '원가 가산' 기준에 계약을 협상하고 수익과 효율 모두에 인센티브를 제공하되, 공모를 통한 순이익의 자본화가 가능해서는 안 됩니다". 내가 한 말이기는 했지만, 나는 3년도 지나지 않아 내가 상호화를 말만 하는 데 그치지 않고 실행으로 옮기게 되리라고는 이때 상상도 하지 못했다.

엉뚱한 희생양

1973~1974년에 시장이 내리막을 걷자, 1966년 합병으로 결성되었던 파트너 관계는 무너졌다. 시장이 침체되고 펀드 수익이 나빠지니 회사 상황도 안 좋아졌고, 웰링턴과 합병하면서 영입된 자산운용 매니저들과 나 사이에 표면상으로나마 유지되던 신뢰 관계도 힘의 정치학이 무너지면서 같이 무너졌다. 플래그십 펀드인 보수적인 웰링턴 펀드의 자산은 1965년에 20억 달러 고점을 찍은 후에는 10억 달러 미만으로, 그리고 종국에는 4,800만 달러까지 쭉 미끄러졌다. 웰링턴 자산운용사의 순이익은 1968년 주당순이익 50달러에서 1975년에는 4.25달러로 급강하했다. 당연히 주가도 크게 떨어졌다.

보스턴에서 온 내 파트너들은 곧바로 희생양을 찾아냈다. 웰링턴 펀드의 포트폴리오 매니서는 그들이었으니 처참한 수익도 그들의 책임이었지만, 그들은 그들 중에 희생양을 찾지 않았다. 그들이 선택한 희생양은 나였다. 웰링턴을 믿고 돈을 맡긴 투자자들의 수익에 그토록 큰 피해를 불러일으킨 합병에 대해서는 최고경영자인 내가 책임을 져야 한다는 것이었다. 문제는 내가 합병을 성사시키기 위해 상당 의결권을 새 포트폴리오 매니저들에게 넘겨줬다는 데 있었다. 그러다 침체장이 한창이던 1974년 1월 23일, 그들은 하나로 뭉쳐서 나를 해고했다. 그리고 나 대신에 그들의 리더인 로버트 W. 도런Robert W. Doran을 웰링턴 자산운용사의 새 CEO로 선출했다.

퇴출된 펀드 수장의 귀환

도대체 어떤 비뚤어진 논리로 그런 결과가 나오게 된 것인지 누군가 명쾌하게 설명이나 해줬으면 싶었다. 내가 사회생활을 하면서 겪은 가장 가슴이 미어지는 순간이었다. 아니, 솔직히 말하면 그렇게 복장이 터질 정도의 심경인 건 그때가 처음이었다. 나는 맞서 싸우기로 마음먹었다. 뮤추얼펀드 산업에서는 펀드 회사 이사와 운용사 이사를 겸직하는 게 일상적이었다. 그러나 법적으로 펀드 이사회에는 독립적인 사외이사가 일정 수 이상 존재해야 했다.

내가 웰링턴 자산운용사에서 해고당하고 하루 뒤인 1974년 1월 24일, 11개 웰링턴 뮤추얼펀드의 이사회가 뉴욕에서 소집되었다. 나는 이사장 자격으로 이사회를 소집했고, 그 자리에서 웰링턴 자산운용사로부터 이사회 다시 말해 펀드의 독립을 선언하고, 펀드를 상호화하고, 펀드 경영자를 직접 선출하고, 운용 전문가를 자체적으로 임명하고, 운용 전문가들에게 '실비'로 펀드의 영업활동을 할 권한을 부여하자고 제안했다.

이렇게 해서 펀드 산업 역사상 전례가 없었던 펀드와 외부 운용사와의 힘겨루기 싸움이 시작되었다. 전에도 없었고 현재도 없고 앞으로도 없을 전투가 벌어진 것이다. 〈뉴욕타임스〉도 무슨 일이 벌어진 것인지 몰라 어리둥절했다. 1974년 3월 14일 초판 기사의 제목은 '퇴출된 펀드 수장의 귀환'이었다. 중쇄에서는 나에 대한 설명이나 사진은 바뀌지 않았지만, 똑같은 제목에 큼지막하게 물음표를 붙였다는 점이 달라졌다. 다음은 기사 내용을 일부 발췌한 것이다.

퇴출된 펀드 수장의 귀환?

존 C. 보글이 웰링턴 자산운용사의 사장 겸 최고경영자로서 연봉 10만 달러를 받던 직위에서 1월 말 해임당했다. 그의 동료들은 그가 1주 안으로 예정된 다음 이사회에서 복귀전을 벌일 것이라고 예상한다…… 보글은 지금이 웰링턴 펀드를 '상호화'하거나 투자 자문 권한을 넘겨받을 적기라고 믿는 것으로 보인다.

제목에 추가된 섬뜩한 물음표는 장막 뒤에서 진행되는 싸움이 어느쪽으로 결과가 날 것인지 불확실하다는 것을 암시하고 있었다.

모든 것을 바꾼 이사회

1974년 1월 이사회에서 웰링턴 펀드 이사들은 나에게 이번 위기를 다룰 현실적인 대안을 제시하라고 요청했다. 내가 보기에도 이번 사태는 뮤추얼펀드 산업 역사에서 유례가 없는 일이기는 했다. 자체 CEO가 있는(나였다) 뮤추얼펀드 그룹과, 이 펀드 회사의 오랜 투자자문사였고 당시에 펀드 운용을 비롯해 거의 전권을 휘두르고 있던 웰링턴 자산운용사 사이의 싸움은 그만큼 희한한 상황이었다. 웰링턴 자산운용사의 새 CEO는 합병을 새로 매니징 파트너로 들어온 로버트 도런이었다.

나는 이사회가 내게 제시한 기회를 열심히 탐색했다. 내 젊은 보조인 얀 트바르도프스키^{Jan Twardowski}와 나는 기업 목표와 펀드 수익, 비용, 자문 및 유통 계약, 산업 관행, 펀드의 미래 전망을 총망라한 250페이지가 넘는 두툼한 분석 보고서를 작성했다. 보고서 제목은 "미래의 웰링턴 투자회사그룹^{Wellington Group of Investment Companies} 구조"였다.

이정표 1. 1974년 1월

"미래의 웰링턴 투자회사그룹 구조"

|

"미래의 웰링턴 투자회사그룹 구조"(이하 미래 구조) 연구 보고서는 첫머리에서 이사회에 7가지 선택안을 제시했다.

- 선택안 #1 — 현상 유지: 기존 관계를 바꾸지 않고 모두 그대로 유지함.
- 선택안 #2 — 펀드 회사가 내부 경영지원 담당.

- 선택안 #3 — 펀드 회사가 내부 경영지원 및 유통 담당.
- 선택안 #4 — 상호화: 투자자문 서비스를 포함해 웰링턴 자산운용사가 행하던 모든 펀드 관련 활동을 펀드 회사로 이전.
- 선택안 #5 — 새 외부 투자자문사와 (또는 투자자문사들과) 계약.
- 선택안 #6 — 웰링턴 투자회사그룹을 전담하는 새 외부 운용사 설립.
- 선택안 #7 — 새로운 사내 조직 구축.

우리는 가장 현실성 있는 선택안으로 #2, #3, #4를 제안하면서, 이 세 안이 '가장 완만한 변화'를 불러올 것이라고 설명했다. 그 이유인즉, '웰링턴 자산운용사의 펀드 업무팀이 처음에는 경영지원, 다음으로는 유통, 마지막으로 투자 운용 순으로 펀드에 관련된 추가 업무를 단계적으로 이양할 것이므로' 두 조직에 생길 당장의 혼란을 최소화할 수 있기 때문이었다. '상호화'를 명시한 것은 선택안 중 4번이었지만 2번에도 '상호화'가 함의되어 있었다.

'미래 구조' 보고서의 제일 앞머리에서 우리는 아래와 같은 분석 근거를 제시했다.

뮤추얼펀드 산업은 (현재의) 구조를 50년 동안 규범으로 인정해 왔다. 이제 우리는 의문을 가져야 한다. 이 소유구조는 뮤추얼펀드 산업에서 오래전부터 이어진 전통으로 인정과 함께 만족스럽다는 평을 얻었다. 그러나 그것은 이 산업이 아직은 성장기의 유치산업이기에 윤리적·법적 기준이 지금보다 엄격하지 않았던 시절의 이야기이다. 과연 지금과 미래에 그리고 웰링턴 투자회사그룹에 이런 소유구조가 최상이라고 말할 수 있는가? 아니면 웰링턴 펀드는 자신의 운명을 직접 지배함으로써 '펀드 독립'을 분명하게 표방해야 하는가?

내가 원하는 것은 펀드 영업활동의 완전한 '상호화'였고, 그러려면 웰링턴 자산운용사의 뮤추얼펀드 사업을 인수해야 했다. 다시 말해 1966년의 실패했던 합병으로 빚어진 '엎질러진 물'을 다시 주워 담고 싶었다. 상호화는 순전히 내 아이디어였고, 상호화를 이루더라도 내가 월스트리트의 무수한 군중이 그토록 열망하는 개인적인 부를 얻지 못한다는 것쯤은 잘 알고 있었다. 그러나 나는 상호화야말로 내가 펀드 회사로 돌아갈 수 있는 최후이자 최적의 기회라고 믿었다.■

하지만 아무리 합리적이고 논리적인 혁신이어도 선례가 없으면 보수적인 이사회가 승인을 해줄 리가 없다. 물론 이사회의 오랜 법률자문이고 월스트리트 변호사이며 전직 SEC 위원인 신중한 성격의 리처드 B. 스미스Richard B.Smith도 찬성 의사를 보내지 않을 것이다.

처음의 제안서는 제대로 개시도 못 해보고 사장되었지만, 이사회는 타협을 해주었다. 이것은 군이 비유하자면 1776년 영국의 13개 식민지가 조지 3세에게 선언한 것과 같은 완전한 독립은 아니었다. 그러나 펀드가 자체 경영진을 두고 영업활동을 하며, 펀드 주주의 이익을 최우선에 두며, 외부 운용사의 지배에서 자유로워야 한다는 것이 '펀드 독립'의 핵심이었다. 얼마 지나지 않아 우리는 작은 첫발을 내디뎠다. 웰링턴 펀드가 웰링턴 자산운용사에 의지하지 않고 독자적으로 영업활동을 하는, 이른바 완전한 상호화를 향한 발걸음이 시작되었다.

■ 새로운 소유구조를 만들면서 처음부터 수도 없는 장애에 부딪혔고, 5조 달러의 거대한 펀드 제국을 이루기까지 만만했던 상황은 하나도 없었다.

독립을 향한 발걸음

독립 활동이 어느 정도 소강상태로 접어든 후, 딕 스미스는 그가 이 사회에 모든 의결은 반드시 만장일치여야 한다고 조언했음을 내게 알려주었다. 어떤 결과가 나올지는 뻔했다. 이사회는 현재 상태를 최대한 유지하는 쪽으로 선택을 했다. 웰링턴 펀드는 새 자회사를 설립하되, 이 자회사는 펀드의 경영지원 업무만 맡기로 했다. 나는 펀드 CEO와 새 자회사의 CEO를 겸직하게 되었다.

펀드의 '경영지원' 업무는 펀드의 재무적 업무, 주주 관련 기록, 법적 의무 준수, 자사주매입과 환매 등의 업무를 포함하는 것으로 정해졌다. 가장 중요한 부분은 새 자회사가 웰링턴 자산운용사가 수행하는 펀드 주식 유통과 투자자문 서비스를 감독한다는 것이었다. '유통'에는 판매 조직, 광고, 기타 모든 마케팅 활동에 대한 통제가 포함되었다. '투자자문 서비스' 영역에 포함되는 업무는 증권 분석, 종목 선정, 투자 전략 세우기, 포트폴리오 감독, 기타 모든 매매 활동 수행이었다.

척 루트: 없어서는 안 될 사람

이렇게 좋은 결과가 나온 데에는 전적으로 웰링턴 펀드의 사외이사 집단 이사장이며 연기금 회사의 백전노장 경영자였던 찰스 D. 루트 2세 Charles D. Root Jr.(이하 척 루트)가 리더십을 발휘해준 공로가 컸다. 그는 내 인격과 내 리더십 능력, 그리고 펀드산업 전반에 대한 내 지식을 믿어주었다.

척 루트는 지혜와 열정, 인품, 신념을 고루 갖춘 인물이었다. 그가 없었다면 웰링턴 펀드 이사회는 업계 관행을 그대로 따랐을 것이고, 외부 자문사가 임의로 펀드 CEO를 선택해도 승인했을 것이다. 외부 자문사가 선택한 CEO도 내가 아니었을 것이다. 그렇다. 척 루트는 내가 입버릇처럼 말하는 "한 사람이 차이를 만들 수 있다"의 산증인이었다.

선택안 #2. '밍밍한 차'

'미래 구조' 보고서의 선택안 #2에서처럼. 경영지원 업무만 내부화하는 것은 나에게는 '밍밍한 차'였다. 펀드 이사회가 2번을 선택한다면 규정상 우리의 펀드 회사는 펀드 주식을 마케팅하거나 유통할 수 없으며, 독자적인 투자자문 서비스도 제공할 수 없다. 그렇기는 해도 앞으로 세울 회사가 성공을 거둔다면 그런 제약은 언젠가는 무너질 것이 분명했다.

1974년 3월 11일에 이사회에 제출한 비망록에 나는 내 생각을 가감 없이 솔직하게 토로했다.

선택안 #2로 정한다면 인원은 적게, 금액은 많이 필요하며 개념적으로는 중대한 변화가 될 것입니다. 제2의 조치가(3번의 '유통의 내부화' 추가) 더 적절해 보이기는 합니다. 그리고 지금은 안 될지라도 시간문제일 뿐입니다. 현재 뮤추얼펀드 유통이 직면한 대대적인 도전을 생각한다면 아마도 2~3년 안에는 유통도 승인하게 될 것입니다."

펀드 이사회는 웰링턴 투자회사그룹의 승인 조건으로 외부 투자자 문사를 두는 전통적 산업구조에 따라야 한다고 했지만, 위의 제2단 계로 나아가 유통을 승인한다면 그런 태도를 처음으로 재고하면서 행동을 바꾸게 될 것입니다. 그렇게 되기까지도 역시 시간문제일 뿐 입니다.

웰링턴 펀드가 완전히 독립된 세상으로 나아가려면 최종 단계가 필 요합니다. 이는 핵심 업무(투자자문), 펀드 회사의 조직구성, 임직원 배치, 펀드의 제반 비용과 성과에 대한 지배권을 가져오는 것을 말합 니다. 이때 즈음이면 웰링턴 투자회사그룹의 완전한 독립은 "하느냐, 마느냐"의 문제가 아니라 "언제 하느냐"의 문제가 될 것입니다.

"열정으로 불타오르다!"

이사회의 처음 결정은 솔로몬 왕이 한 아기를 두고 서로 자기 아이라 고 주장하는 두 여인에게 "아기를 반으로 가르라"라는 판결을 내린 것 과 비슷했다. 웰링턴 자산운용사는 펀드 투자자문과 유통에 대한 권한 을 유지하기로 했고, 나는 상호소유구조라는, 종전에 없었던 지배구조 를 가진 펀드 회사를 만들기로 했다. 그러나 새 회사에서도 내가 가진

■   '미래 구조' 비망록에서 나는 "판매수수료가 없는 노로드(no-load) 펀드 유통 시스템으로 바뀌 어 유통 수익이 완전히 사라질 가능성이 있다"고도 언급했다. 이 가능성에는 아무도 주목하지 않는 것 같 았다.

것은 최소한의 권한이었을 뿐, 펀드 투자 운용을 하거나 유통을 하는 것은 금지되었다.

우리는 28명이라는 소규모 선원을 꾸려서 긴 항해를 시작했고, 책무는 펀드의 경영지원 및 웰링턴 자산운용사의 투자 운용과 유통을 감독하는 것에 한정되었다.

펀드의 경영지원은 뮤추얼펀드 사업이라는 삼각형에서 한 변에 불과하고, 기업가적 성격도 가장 적다. 삼각형의 다른 두 변인 투자 운용과 주식유통이야말로 가치가 창출되고 성장이 이루어지는 훨씬 중요한 부분이었다. 두 분야의 권한은 여전히 웰링턴 자산운용사의 내 맞수들에게 있었다. 그래봤자 2~3년이겠지만 말이다.

새로 세울 회사의 운명이 앞으로 만들 펀드에 달려 있다는 것은 바보라도 알 수 있는 일이었다. 이 펀드가 얼마나 뛰어난 투자 수익을 내고, 어떻게 그리고 얼마나 효과적으로 펀드 주식을 마케팅하느냐가 중요했다. 그러나 우리에게는 투자 운용권과 유통권이 없고 감독권만 있었기에 앞날이 험난했다. 내 최종 목표는 책임도 권한도 종합적인 펀드 회사였다. 그렇기에 나는 웰링턴 자산운용사 CEO 자리에서 해고되었을 때도, 새로운 회사의 CEO가 되었을 때도, 포기하지 않고 전투태세에 들어갔다. 나는 말 그대로 "열정으로 불타올랐다".

도전

이사회가 회사 설립 승인 조건으로 내건 제약이 만만치 않았지만 우리는 그것을 극복할 자신이 있었다. 우리는 뮤추얼펀드 산업에서 아무도 시도하지 않았던 새로운 소유구조를 전면에 내세워 우리만의 발자국을 남기겠다는 각오로 전투에 임했다.

그런 잠재력을 단번에 드러내려면 사명社名은 무엇이 좋을까? 새로 탄생할 회사에는 '웰링턴'이라는 단어가 들어가는 게 가장 좋기는 했다. 그러나 이사회 결정에 따르면 웰링턴 펀드의 이름은 유지할 수 있지만 웰링턴이라는 단어는 웰링턴 자산운용사에 권리가 있었다.

그 바보 같고 근시안적인 결정에 나는 사임하겠다고 으름장을 놨다. 하지만 사외이사장인 루트가 제시한 새로운 도전을 듣고, 나는 사임 의사를 철회했다. "잭, 회사 이름은 원하는 대로 지으면 됩니다. 나가서 이 빌어먹을 뮤추얼펀드 산업을 통틀어 가장 멋진 이름을 찾아내요!"

그리고 나는 내가 간절히 원하던 이름을 찾아냈다.

이정표 2: 1974년 9월

"그 이름에 무슨 뜻이 있나요?"

신설 회사의 법인 신청 기한이 몇 주 앞으로 다가왔을 때에도, 아직 마땅한 이름을 찾지 못한 상황이었다. 그래도 다행히 이번에도 운명이 미소를 지어주었다. 아주 우연하게도 나는 넬슨 제독이 1798년 나일강 전투에서 탑승했던 기함인 'HMS 뱅가드호'를 접하게 되었다.

1974년 늦여름, 고서적 딜러가 내 사무실에 나폴레옹 전쟁에서 활약한 영국 함대의 전투를 묘사한 작은 판화 몇 점을 들고 왔다. 판화에는 웰링턴 공작이 이끈 위풍당당한 해군의 모습이 새겨져 있었다. 모건 씨가 46년 전 자신의 첫 뮤추얼펀드를 차리면서 차용한 게 바로 이 웰링턴 공작의 이름이었다. 내가 그 판화들을 샀더니, 딜러가 동시대 영국 해군 전투를 묘사한 비슷한 판화 몇 점을 더 보여주는 것이었다. 바다라는 영원한 신비에 언제나 매혹되었던 나는 그 판화들도 샀고, 딜러는 기뻐하면서 내게 그 판화들이 원래 담겨 있었던 책까지도 주었다.

나는 25년 전 파이어스톤 도서관에서 〈포천〉을 읽을 때처럼, 딜러가 주고 간 『1775-1815 대영제국 해전사Naval Battles of Great Britain 1775-1815』의 페이지를 설렁설렁 넘겼다. 그러다 역사적인 나일강 전투 이야기가 나왔을 때 나는 전율을 느꼈다.

나일강 전투에서 넬슨 제독의 함대는 소형 구축함 단 한 척만 자초되고, 프랑스 전함들을 거의 궤멸시켰다. 역사상 가장 완전한 승리로 기록된 해전이자, 나폴레옹의 세계 제패 야욕도 끝낸 전투였다. 영국 해군성에 승전보를 띄우면서 보내는 편지의 마지막에 넬슨은 "나일강 어귀에서, HMS 뱅가드호"라고 적고 바로 아래 서명을 했다. 그 이름을 본 나는 누구의 의견을 물을 필요도 없이 확신했다. 내가 세울 회사 사명으로 '뱅가드'만 한 것은 없었다.

뱅가드: 새 기함의 탄생

넬슨이 탄 기함의 이름인 데다, 웰링턴 공작의 승리에 견주는 명성, 넬슨 제독의 지도력이 보여준 자랑스러운 해군 전통, 게다가 단어 자체가 가진 의미까지(새로운 시대를 이끄는 리더), 뱅가드라는 이름에는 내가 싫어할 만한 요소가 하나도 없었다. 1974년 9월 24일 뱅가드 그룹 Vanguard Group이 정식 법인으로 발족했다. 이사회는 27명의 임직원을 책임지는 회장 겸 CEO로 나를 지명했다. 우리는 전례를 거부했고, 오로

지 펀드 주주들의 이익을 위해서만 영업활동을 하는 뮤추얼펀드 독립 전투에서 승리했다.

아슬아슬한 승인

당연한 일이지만, 이 이름을 새 법인의 사명으로 삼으려면 이사회 승인이 필요했다. 그러나 이사회에 승인을 요청했을 때, 나와는 다르게 열렬히 흥분하는 기색을 보여주는 이사가 거의 없었다. 펀드 경영지원만을 책임지는 특색 하나 없을 회사에 종합펀드 회사로서 전방위적 영업활동을 벌이겠다는 포부를 반영한 이름을 붙였으니 그럴 만도 했다.

이사회 승인을 얻기 위해 나는 이렇게 덧붙이자, 이사회는 내가 초라한 활동 범위에 만족할 생각이 없다는 것을 알아차렸다. "뱅가드로 사명을 정하면 큰 장점이 있습니다. 신문의 예전 그 자리에서 우리 펀드의 자산가치 목록이 소개되게 될 테니까요. 뱅가드의 'V'가 웰링턴의 'W'보다 앞에 오지 않습니까". 놀랍게도 회의 분위기가 반전되었고, 이사회는 새 사명을 승인했다. 아슬아슬했지만, 뱅가드라는 사명을 승인받은 것 자체가 대승이었다. 뱅가드라는 단어는 시류를 타지 않을 이름이기 때문이었다.

첫 전투

첫 전투를 개전하면서 웰링턴 펀드 이사회는 뜻이 맞는 두 무리로 갈라졌다. 이사 6명은 필라델피아에서 오래 재직했고 모건 씨에 의해 이사로 초빙된 사람들이었다. 3명은 모두 보스턴 출신이었고, 모두 웰링턴 자산운용사 시절의 내 전 파트너들이 지명한 사람들이었다. 3명의 '사내이사'는 웰링턴 자산운용사의 관련자들로(도런, 손다이크, 그리고 나였다), 의결권은 있었지만 '미래 구조' 안건에 대한 표결에서는 제외되었다.

이 3명을 제외하면 나머지 이사들은 다가올 전투에서 자신들의 독립성을 행사하는 데만 만족할 것처럼 굴었다. 그런데 의결 시기가 다가오니 필라델피아 출신의 이사 6명은(델라웨어에서 법률사무소를 운영하는 리처드 '딕' 코룬 Richard 'Dick' Corroon을 포함해) 나를 지지하며 펀드 상호소유구조 쪽으로 의견을 모았다. 반면에 보스턴 출신의 이사 3명은 도런과 손다이크를 지지하면서 현재 지배구조를 유지하고, 나를 CEO에서 해임했다. 웰링턴 자산운용사와의 계약 관계도 그대로 유지하는 쪽으로 입장을 모았다.

선임사외이사이자 필라델피아파인 척 루트는 펀드 상호화를 이루려는 내 꿈을 믿고 지지해 주었다. 그의 믿음을 얻으니 든든했다. 양분된 이사회가 결국에는 뜻을 모으고 내가 제안한 7개 선택안 중 하나를 승인해줄 것이라는 확신이 들었다.

게임오버?

그러나 곧이어 잠재적 문제가 발생했다. 그다음 이사회가 열린 1974년 2월 21일에 척 루트는 제임스 F. '짐' 미첼 James F. 'Jim' Mitchell이 암묵적 이사 제한 연령인 70세가 되었다고 발표했다. 척 루트는 이사회가 최종 결정을 내리기 전까지는 짐 미첼이 이사직을 연장하는 것이 좋겠다고 권했지만, 보스턴파 이사들이 강하게 반박했다. 내가 철석같이 믿었던 딕 코룬도 짐의 이사직 연장에 반대하는 보스턴파 이사들의 손을 들어주는 분위기였다. 4:4로 표가 나와 팽팽한 듯 보였고, 진짜로 그런 표결이 나면 짐이 이사회에서 물러나게 될 것이었고 펀드 회사 CEO로 계속 일하려는 내 희망도 박살이 날 것이었다. 이대로 게임이 끝날지도 모른다는 생각에 겁이 났다.

박빙의 승리

나한테 찬성하는 다수의 표가 물 건너가는 것을 보며 '졌다'라는 생각부터 들었다. 나는 휴회를 요청하려다가 우선은 딕에게 그의 결정이 불러올 결과를 설명했다. 그리고 척이 "글쎄요, 짐하고는 이미 얘기를 나눴는데 이사 자리를 유지하는 데 동의하더군요"라고 말했던 것을 알려주었다. 딕은 평소처럼 신사답게 대답했다. "그러면 제안을 철회하는 건 예의가 아니겠군요. 이사직을 연장해야겠네요". 안도의 한숨이 저절로 나왔다.

그날 우리를 살린 것은 예의였다. 워털루 전투에서 치열한 교전 끝에 나폴레옹을 이긴 웰링턴 공작의 말을 빌리면, 우리의 전투도 "박빙의 승리 a near-run thing"였다.

| 주주들이 승인하다

뱅가드는 법인 인가가 나기 엿새 전인 1974년 9월 18일에 영업활동을 개시했다. 그리고 SEC는 1975년 2월 19일에야 우리의 조직 개편안이 기술된 위임장권유신고서 Proxy Statement를 허가했다. 우리는 허가를 받은 위임장권유신고서를 펀드 주주들에게 우편으로 발송해 그들에게 펀드 조직 개편안과 웰링턴 자산운용사에 지급하는 자문 수수료의 5% 인하안에 대한 승인을 요청했다.

1975년 4월 22일, 펀드 주주들의 압도적 대다수가 제안서를 승인했다. 1975년 5월 1일 자로 뱅가드의 펀드가 웰링턴 자산운용사에 지급하는 자문 수수료를 인하하는 새로운 자문서비스 계약이 발효되었다. 이후 10년 동안 뱅가드의 입지가 강해지면서 수수료는 최대 90%가 낮아졌다. 우리는 무턱대고 수수료를 인하하는 바보가 아니었으므로, 우리는 펀드 자산이 크게 성장할 때마다 거기에 맞춰 잠재적으로 수수료를 낮추는 인하안을 제시했다(5장 참조).

뱅가드의 설립은 언론의 주목을 끌지 못했다. 오늘날 누군가가 당시에 금융전문지가 이 신생 펀드 회사 탄생에 주목하지는 않았는지 자료를 뒤적여도 나오는 게 없을 것이다. 하물며 그 신생 펀드 회사가 전통적인 뮤추얼펀드 규칙을 파괴했다는 사실을 언급한 언론은 더더욱 찾지 못할 것이다.

전방위적 종합뮤추얼펀드 회사의 탄생

내 예언은 정확히 들어맞았지만, 일의 진행 속도는 내 예상이 무색할 정도로 빨랐다. 뱅가드를 설립하고 딱 1년 만인 1975년 9월에 펀드 이사회는 뱅가드 내부에서 경영지원을 하고 "운용이 필요 없는unmanaged" 세계 최초 인덱스 뮤추얼펀드 설립을 승인했다.

그로부터 1년 반 뒤인 1977년 2월에는 뱅가드는 펀드의 판매수수료를 모두 없애고 마케팅과 유통도 직접 하기 시작했다. 그리고 1980년 3월 에는 마침내 채권형 펀드와 머니마켓펀드Money Market Fund, MMF를 직접 운용하기 위해 사내 투자자문팀도 구성했다.

회사를 세우겠다는 마음을 먹은 지 5년도 지나지 않았는데, 뱅가드 는 벌써부터 전방위적 종합펀드 회사가 되어 있었다. 우리는 특유의 상호소유구조와 독창적인 인덱스 전략을 통해 펀드 산업에 큰 족적을 남길 생각이었고, 그러기 위한 준비도 의지도 능력도 열의도 충분했다. 상호소유구조와 인덱스 전략, 이 두 가지 특징의 결합으로 세상을 놀라게 하는 창조적 파괴의 물결이 시작되었고 그때까지 알고 있던 펀드 산업에는 지각 변동이 일어났다.

"두 집안 모두 역병에 걸렸나?"

우리가 세간의 관심을 끌기는 했지만, 유쾌한 관심은 아니었다. 〈포브스〉는 1975년 5월에 우리의 새로운 상호소유구조를 조롱하는 기사를 실었다. 「로미오와 줄리엣」의 대사를 인용한 "두 집안 모두 역병에 걸렸나?"라는 기사 제목에서도 알 수 있듯이, 웰링턴 자산운용사와 뱅가드 둘 다를 비꼬고 있었다.

그때 〈포브스Forbes〉의 편집자였던 윌리엄 볼드윈William Baldwin은 수십 년이 지나서 이 악의적인 기사에 대해 한 번도 아니고 두 번이나 사과를 표했다. 첫 번째 사과를 한 것은 1999년 2월 8일이었다. "지금에서야 깨달았지만 우리는 뱅가드 그룹을 그렇게 조롱하는 기사를 올리지 말아야 했다". 그리고 2010년 8월 26일자 기사에도 또 한 번 사과문을 적었다. "1975년 5월에 〈포브스〉에 실었던 기사를 공식적으로 철회하고 싶은 심정이다. 보글은 비용 절감을 누구보다도 열심히 목청껏 전도했던 사람이다. 그는 투자자들에게 지난 세기 그 어떤 재무 전문가들보다도 많은 것을 해주었다".

기억에 남는 두 가지 반응

다른 뮤추얼펀드 회사들이 뱅가드 창립에 보인 반응은 1975년의 〈포브스〉 기사와 비슷했다. 다만 그들은 뱅가드 탄생을 대놓고 무시했다(그들은 자신들이 처한 운명을 의심조차 하지 않았다). 투자자문사와는 독립된 우리의 새로운 펀드 소유구조에 대해 경쟁사들이 언급조차 거의 없다 보니, 내 기억에 남는 말은 두 가지가 고작이었다. 하나는 이 책의 서문에 인용했던, 로스앤젤레스의 존 러브레이스 아메리칸 펀드 CEO가 우리의 상호소유구조가 "펀드 산업을 파괴할 것이다"라고 말한 경고성 발언이었다.

두 번째 언급은 웰링턴 펀드 투자위원회 전직 위원이었고 깊은 혜안과 폭넓은 시각으로 명성이 드높은 베테랑 투자자인 브랜던 배링거 Brandon Barringer의 말이었다. 배링거는 1974년 펜실베이니아 병원에 입원 중일 때 뱅가드 그룹이 세워졌다는 소식을 듣고는 내게 전화를 걸었다. "뮤추얼펀드 산업에 일대 혁명을 일으키셨네요, 잭. 대단한 일을 해내셨습니다". 바야흐로, 뮤추얼펀드의 지배구조를 바꾸기 위한 뱅가드 실험

이 막을 올렸다.

결국에는 러브레이스의 말도, 배링거의 말도 옳았다.

첫 전투가 끝난 전장에는 연기가 매캐했지만, 우리는 흔들리지 않았다. 우리에게는 '뱅가드라는 존재'가 쥐어졌다. 이제 곧 있을 다음 전투를 준비해야 했다.

"흔들리지 마라"

"흔들리지 마라". 나는 이 좌우명을 길잡이 삼아 다시 한번 난관을 극복할 수 있었다. 고난과 실망의 연속이었던 1965~1974년의 긴 터널을 헤쳐 나가는 동안 나를 붙들어준 것은 흔들리지 않겠다는 굳건한 결심이었다. 길고 고된 전투였지만, 언젠가는 뮤추얼펀드 산업에 혁명을 일으킬 뱅가드라는 창공의 신성을 얻었다.

지금 생각하니 그 전투의 압박감 속에서 내가 어떻게 냉정을 유지할 수 있었는지 나도 모르겠다. 그러나 키플링의 표현대로 나는 성공도 실패도 똑같이 협잡꾼 대하듯 다루었다. 나는 내가 무엇을 이루고 싶은지 알고 있었다. 그리고 뱅가드의 혁신적인 상호소유구조 펀드가 무언가 중요한 것을 탄생시킬 결정적 열쇠가 되리라는 것도 잘 알고 있었다. 그게 바로 세계 최초의 인덱스 뮤추얼펀드였다.

4장

인덱스펀드 혁명

탄생에서 지배까지

	12/1975	6/2018	연간 성장률
인덱스펀드 자산	$1,100만	$6.8조	37.4%
뮤추얼펀드 산업 자산	459억	18.3조	15.8
인덱스펀드 시장점유율	0%	37%	
			연간 수익률
S&P 500 지수	90	2,718	11.5%
미국 중기 국채 수익률	7.2%	2.1%	6.9
60% 주식 / 40% 채권	–	–	10.0

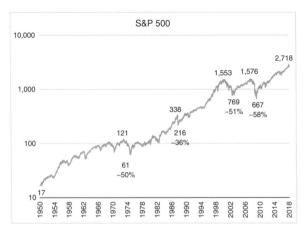

출처: 야후 파이낸스.

이 인덱스펀드는 뱅가드가 처음으로 출시한 펀드이다. 최초의 인덱스펀드 출시는 우리 뱅가드 역사에 획을 긋는 사건이었다. 그러므로 이번 4장 전체를 할애해 이와 관련된 이야기를 털어놓을 것이다.

이 차트는 뱅가드의 인덱스펀드가 단순히 살아남는 것을 넘어, 주가지수 전체가 장기적으로 오르는 동안 연간 11.5%라는 성공적인 수익을 거두었다는 것을 보여준다. 이 수치는 S&P 500 지수가 탄생하고 74년 동안 거두었던 9.6%의 수익률보다도 22%나 높은 수익률이었다.

1951년: 파종

지수연동투자라는 아이디어가 처음 떠오른 것은 1951년 프린스턴에 다닐 때였다. 나는 졸업논문에 "뮤추얼펀드는 시장 평균보다 뛰어난 수익을 낸다고 주장하기가 힘들다"라고 적었다. 이후 웰링턴 펀드가 겉보기만이라도 뛰어난 수익을 낸 펀드들을 찾는 힘겨운 조사를 할 때 나도 깊숙이 참여하면서 액티브 펀드 매니저들에 대한 내 최악의 두려움은 점점 사실로 드러났다. 그리고 합병 파트너들이 고수익을 지속할 수 있을 것이라는 내 희망도 부질없는 희망이 되어버렸다.

액티브 투자 운용을 코앞에서 지켜보면서 한 가지 교훈을 얻었다. '대다수 투자 대중이 이기는 펀드운용사를 찾는다는 전략을 쓰면 고생만 하다가 아무 보상도 없이 끝날 수 있다.' 나는 노벨경제학상을 수상한 폴 A. 새뮤얼슨Paul A.Samuelson 교수가 1974년 10월 초 〈저널 오브 포트폴리오 매니지먼트Journal of Portfolio Management〉 창간호에 기고한 "판단에 대한 도전Challenge to Judgment"을 읽으면서 이 교훈을 다시금 되새겼다. 새 펀드 회사를 차린 직후에 이 심오한 기사를 읽은 것은 지금 생각해도 놀랍고도 행복한 우연의 일치였다.■ 기가 막힐 정도로 완벽한 타이밍이었다.

■　　그렇다. 25년 전 프린스턴 대학생이던 내가 무슨 말인지 도무지 이해할 수 없었던 그 교과서의 저자가 새뮤얼슨 박사이다.

새뮤얼슨 박사는 펀드매니저들이 '반복적으로 지속해서' S&P 500 지수를 초과하는 수익을 체계적으로 달성할 수 있다는 것을 입증한 '명백한 증거'를 하나도 발견하지 못했다. 누구라도, 어느 펀드 회사라도 S&P 500을 모델링한 인덱스펀드를 시작해야 한다는 것이 그의 핵심 주장이었다. "그러나 시장 전체를 흉내 내고, 판매수수료를 요구하지 않고, 자문수수료와 회전율, 운용수수료를 사실상 최소한도로만 유지하는 편리한 펀드는 존재하지 않는다"라고도 덧붙였다.

동기와 기회

새뮤얼슨 박사의 도전적인 발언은 번개처럼 나를 후려쳤다. 신생펀드인 뱅가드가 패시브 운용의 저비용 인덱스펀드를 차린다면 적어도 몇 년은 그 시장은 우리만의 것이 될 수 있다. 이렇게나 독특하고도 놀라운 기회는 만나기 힘들다는 확신이 들었다. 어떤 경쟁사들도 우리처럼 '실비' 수준에 가까운 저비용 뮤추얼펀드는 내켜 하지 않았다. "전략이 구조를 따른다"라는 말이 사실이라면, 명목상의 비용만 받는 인덱스펀드야말로 우리 회사만이 가질 수 있는 완벽한 펀드였다.

인덱스펀드를 시작할 수 있는 기회는 모든 펀드 회사가 다 가지고 있었지만, '기회'와 '동기'를 다 가진 회사는 우리 뱅가드가 유일했다. 어쨌거나 대다수 펀드운용사가 이른바 뮤추얼펀드를 만드는 목표는, 운용자사를 늘리고 자문수수료를 더 많이 받음으로써 회사의 이익을 높이는 것이다.** 이것은 좋고, 나쁨의 문제가 아닌, '미국식 사업방식'에 불과하다.

하지만 운용사와는 독립적인 신생 회사인 뱅가드는 투자자문사에 지급하는 과도한 수수료를 대기업과 주의 연기금 수수료보다도 훨씬 낮은 수준으로 내리고자 했다. 그게 인덱스펀드인 경우 더 좋다. 그러면 투자자문사가 필요 없으므로 자문수수료도 들어가지 않게 되니 말이다.

이런 투자 개념을 발전시키고 인덱스펀드의 마케팅 플랜을 짤 수 있는 사람은 단 셋이었다. 사실 이 인원이 뱅가드 전략팀의 전체이기도 했다. 프린스턴과 펜실베이니아대학교 와튼스쿨을 갓 졸업했고 훗날 프랭크 러셀 증권사Frank Russell Securities Company의 사장이 된 얀 M. 트바르도프스키, 마찬가지로 와튼스쿨 출신이며 나중에 T. 로 프라이스T.Rowe Price의 부회장이 된 제임스 S. 리프, 그리고 나였다. 우리는 S&P 500지수를 모델링한 인덱스펀드의 당위성을 입증하는 작업을 시작하면서, 이것을 9월 이사회에 제시하기 위한 공식 기안서를 준비했다.

비용의 중요성

뱅가드를 창립하기 전의 행동만 봐도, 내 주장의 타당성에 이사회가 의문을 제기할 것이 분명했다. 그래서 나는 타당성을 입증할 자료 앞에 새뮤얼슨 박사의 논문에 실린 '보기 A'를 집어넣었다.

그다음으로 지수연동투자가 좋은 효과를 거두었음을 보여주는 강력

■■ 2장에 인용된 1968년 매뉴얼 F. 코헌(Manuel F. Cohen) SEC 의장의 말을 참조하기 바란다.

한 증거를 보기로 배치했다. 나는 주식형 뮤추얼펀드의 1945~1975년까지 30년 치 연평균 수익률을 보여주는 표를 만들고 그것의 단순평균을 계산해서 S&P 500에 비교했다.

결과로 S&P 500 지수의 연평균 수익률은 11.3%. 주식형 펀드의 평균 수익률은 9.7%였다. 지수연동투자가 매년 1.6%포인트씩 더 높은 수익률을 거둔다는 뜻이었다. 이로써 액티브 펀드보다는 패시브 투자인 인덱스펀드의 수익이 더 높다는 것을 통계적으로 입증한 '명백한 증거'가 나왔다. 이 데이터는 내가 24년 전, 일회성 증거 하나만으로 내렸던 졸업 논문의 결론이 틀리지 않았음을 확인해주고 있었다.[■■■]

"이건 '운용이 필요 없는' 펀드입니다"

나는 연금계좌에서는 인덱스펀드가 유리하다는 것을 이사회에 보여주기 위해 목돈 100만 달러를 넣은 가상 계좌를 설정했다. S&P 500 인덱스펀드 계좌의 최종 가치는 2,502만 달러였고, 주식형 뮤추얼펀드의 평균 최종 가치는 1,639만 달러였다. 인덱스펀드가 무려 863만 달러나 더 늘어나 있었다. 이것보다 더 설득력 있는 자료가 어디 있으랴 싶었다.

■■■ 지수와 주식형 펀드의 수익률 차이는 단순히 일시적으로 나타난 통계적 일탈이 아니었다. 나는 2016년 1월에 《파이낸셜 애널리스트 저널(Financial Analysts Journal)》에 게재한 논문에서도 똑같은 방식으로 1985~2015년까지의 수익률을 비교했다. 연평균 수익률에 있어서 S&P 500 지수가 대형주 위주 액티브 펀드보다 1.6%포인트 더 높았다. 1965년 뱅가드 이사진에게 보여주었던 것처럼 이번에도 인덱스펀드의 수익률이 더 높았다. 두 경우 모두 아마도 인덱스펀드의 운용 비용이 특히나 저렴하기 때문에 나타난 결과라고 밀힐 수 있다.

1975년 9월 이사회가 열렸다. 뱅가드 이사들은 뱅가드가 자체의 투자자문과 마케팅 활동은 금지되어 있고 경영지원만 가능하다는 사실을 상기시키며, 내 인덱스펀드 기획안에 회의적인 태도를 보였다. 경영지원도 웰링턴 펀드 이사회에서 수많은 논박이 오간 끝에 간신히 얻어낸 승리였다.

나는 뱅가드의 새로운 인덱스펀드가 자체적으로 투자자문을 제공하지 못한다고 못 박은 금지 조항을 위반하지 않는다고 주장했다.[■] 이 펀드는 S&P 500 지수에 속하는 500종목의 주식을 전부 보유하는 펀드이기 때문이었다. 투자자문 계약을 맺을 필요가 없으니 '운용'도 필요가 없었다. 공개적인 지분인수 작업은 외부에 증권사 연합을 구성하면 충분히 처리할 수 있었다.

인덱스펀드에는 투자 운용이 필요 없다는 내 주장이 통했다. 반박은 내 생각보다 크지 않았고, 이사회는 만장일치로 내 기획안을 승인했다 (표결이 끝나고 사외이사 한 명이 이사회에서 물러났다).

퍼스트 인덱스 인베스트먼트 트러스트

1975년 12월 31일, 우리는 델라웨어주에 퍼스트 인덱스 인베스트먼

[■] 거의 5년 후인 1980년에 채권형 펀드와 머니마켓펀드를 운용하는 뱅가드 픽스드 인컴 그룹(Vanguard Fixed Income Group)을 창설하면서 이 금지 조항도 전면 폐지되었다. 자세한 내용은 5장에서 설명할 것이다.

트 트러스트의 설립을 신고하는 신탁선언서를 제출했다.** 우리는 이 이름에 세계 최초의 인덱스 뮤추얼펀드라는 우리의 자부심을 담았다. 1976년 4월에는 영업비용 연 0.3%, 거래비용 0.2%를 포함한 인덱스펀드 운용비를 예상한 사업안을 완성했다. 회전비용과 판매수수료까지 포함해 최대 2~3%에 이르는 액티브 운용 펀드의 운용비에 비하면 새 발의 피도 안 되는 금액이었다. "비용의 작은 차이가 위대한 장기적 보상을 만들 수 있다". 나는 이 단순한 논제에 따라 관행을 타파하는 투자 전략을 세웠다.

주가지수를 추종하는 뮤추얼펀드를 출시하는 것은 여간 복잡한 일이 아니었기에, 우리의 새로운 인덱스펀드는 하는 작업마다 새 지평을 열었다. 물가지수에 맞추는 연금계좌나 집합형 신탁기금과 다르게, 인덱스펀드는 연방법을 준수해야 했고, 일일 현금흐름을 처리해야 했고, 수천 개(나중에는 수십만 개가 될) 주주 계좌의 비용도 결산해야 했다.

초기 기획안에서는 어떻게 포트폴리오 종목 거래에 따른 수수료를 최소화할 것인지, 그리고 지수에 근접하는 수익을 달성하면서도 영업활동의 효율성을 높일 것인지에 대한 방법을 제시했다. 이사회는 여러 질문에 대한 우리의 답변 내용을 검토한 후 1976년 5월에 퍼스트 인덱스 인베스트먼트 트러스트의 투자설명서와 펀드등록신고서를 SEC에 접수하는 것을 승인했다(SEC 직원들과 여러 사람들이 펀드 이름을 반대한 탓에 이 이름을 그대로 접수하는 데도 난항을 겪었다).

■■　　현재의 뱅가드 500 인덱스펀드를 말한다.

누가 최초였는가? 누가 살아남았는가?

퍼스트 인덱스 인베스트먼트 트러스트(현 뱅가드 500 인덱스펀드)가 최초의 인덱스 뮤추얼펀드라는 사실에는 의문의 여지가 없다. 내가 1975년에 이런 선구자적인 인덱스 뮤추얼펀드를 1975년에 창설할 생각을 했다는 것이 지금 생각해도 놀라울 지경이다. 나는 어떻게 이것을 만들 생각을 하게 되었을까? 그리고 그보다, 왜 아무도 나보다 먼저 이것을 만들 생각을 하지 않았던 것일까?

웰스파고Wells Fargo Bank는 1960년대 말에 학술 연구를 토대로 지수연동투자를 위한 원칙과 기법을 개발했다. 웰스파고는 샘소나이트 Samsonite Corporation의 연기금을 운용하는 600만 달러 규모의 지수연동 계좌를 만들었지만, 정작 웰스파고의 지수연동투자는 실패했다. 웰스파고의 전략은 뉴욕증권거래소의 모든 주식에 동일 가중치를 적용하는 것이었지만, 이 전략의 결과는 '악몽'이었다. 동일 가중치 전략은 1976년에 폐기되었다.

이어 웰스파고는 S&P 500 주가지수를 산정할 때처럼 시가총액에 따라 가중치를 매기는 것을 새 전략으로 선택했다. 1년 전 뱅가드 퍼스트 인덱스 인베스트먼트 트러스트가 선택한 그 전략이었다. 하지만 나중에 샘소나이트가 도산하면서 이 연기금 계획도 폐지되었다.

보스턴에 소재한 배터리마치 파이낸셜 매니지먼트Batterymarch Financial Management라는 독립 펀드도 1971년에 지수연동투자를 구상했다. 회사는 1971년 하버드 경영대학원 세미나에서 사업 아이디어를 발표했지만 아무런 호응도 얻지 못했다. 배터리마치가 노고에 대한 보상으로 받은 것은 1972년 〈펜션 앤 인베스트먼트 Pension&Investment〉가 선정한 "이도 저도 아닌 업적상"이 고작이었다. 2년이나 지난 1974년 12월에야 배터리마치는 드디어 첫 고객을 유치했지만 결국 이 펀드 역시 실패로 끝났다.

그 밖의 인덱스펀드 실패 사례

1974년 시카고의 아메리칸 내셔널 뱅크 American National Bank가 S&P 500 지수를 모델링하는 공동투자신탁기금을 창설했다. 아메리칸 내셔널도, 이 신탁기금도 지금은 사라졌다. 당시 뮤추얼펀드 산업에 새롭게 뛰어든 아메리칸 익스프레스 American Express도 인덱스펀드를 출시할 계획을 세웠다. 아메리칸 익스프레스는 1975년 연기금 고객에게(최초 투자금 100만 달러) S&P 500 인덱스펀드를 판매한다는 증권신고서를 SEC에 제출했다. 그러나 펀드는 개점휴업이나 다름없었고, 아메리칸 익스프레스의 새 경영진은 1976년 초에 펀드등록신고서를 철회했다.

다른 회사들의 인덱스펀드를 위한 노력도 결실을 맺지 못했다. 그들은 지수연동투자라는 멋진 불꽃을 만들기 위해 노력했지만, 살아남은 불씨는 없었다. 연달아 뜨뜻미지근한 시도가 있었지만, 지속 가능하고 성공적인 인덱스펀드를 만들어내는 데는 실패했다. 단 하나만이 예외였고, 그 예외가 뱅가드의 퍼스트 인덱스 인베스트먼트 트러스트였다.

40년이 지난 현재, 지수연동투자 혁명에 앞장섰던 이들 초기 개척자들이 만든 인덱스펀드의 운용자산 누적액은 다 합쳐서 0이었다.

퍼스트 인덱스 인베스트먼트 트러스트는 어떻게 시작되었나

뱅가드 퍼스트 인덱스 인베스트먼트 트러스트는 복잡한 알고리즘이나 현대 포트폴리오 이론Modern Portfolio Theory(이하 MPT), 효율적 시장 가설Efficient Market Hypothesis(이하 EMH)을 이해하고 만든 결과물은 아니었다. 지금이야 투자 역사에 획을 그은 유명인들로 인정받지만, 1975년의 나는 시카고대학의 유진 파마Eugene Fama와 다트머스대학의 케네스 프렌치Kenneth French에 대해서는 들어본 적도 없었다. 나중에 EMH를 이해하고 난 후에도 시장의 효율성은 예측 불가능하고 제멋대로이기 때문에 EMH를 지수연동투자의 기초 이론으로 삼기에는 믿음직스럽지 못하다고 생각했다.

솔직히 말해서 인덱스펀드를 시작하기로 결심은 했지만 나는 거기에 맞는 트레이닝도 받지 못했고 응용통계학에 대해서도 아는 것이라고는 하나도 없었다. 지금 생각하니 황당할 정도이지만 그때의 나는 MPT도 EMH도 몰랐다.■ 하지만 그건 중요하지 않았다.

최초의 인덱스 뮤추얼펀드는 시카고대학과 웰스파고에서 수행한 정량분석 작업의 산물도 아니었다. 실제로 나는 나중에 인덱스펀드의 연원을 시카고대학에서 찾는 기사를 읽기는 했지만, 퍼스트 인덱스를 만들었던 그 시절의 나는 기사에 등장한 그 화려한 면면의 교수들 중 누구에 대해서도 들은 적이 없었다.

존 '맥' 맥쿼운John 'Mac' McQuown, 제임스 버틴James Vertin, 윌리엄 파우스William Fouse, 피셔 블랙Fischer Black, 해리 마코위츠Harry Markowitz, 유진 파마, 제러미 그랜덤Jeremy Grantham, 딘 르배런Dean LeBaron, 제임스 로리James

---

■　나중에 나는 (비록 논문이나 기사 인용은 별로 없지만) 오늘날 상당히 보편적으로 인정받고 있는 비용중요가설(Cost Matters Hypothesis)을 개척했다.

Lorie, 머튼 밀러Merton Miller, 마이런 숄스Myron Scholes, 윌리엄 샤프William Sharpe. 1970년대부터 1980년대까지 재무학계를 이끈 대표적인 거목들이다. 내가 프린스턴을 1951년에 졸업했고 금융을 주제로 졸업 논문을 쓰기는 했지만, 나는 그때의 학계 연구라든가 교수들에 대해서는 아는 것이 하나도 없었음을 솔직히 인정한다.

퍼스트 인덱스 인베스트먼트 트러스트에는 거창한 탄생 신화 같은 것은 없었다. 그냥 필요하다고 생각해서 만든 것일 뿐이었다. 얀 트바르도프스키는 뱅가드 28명 창립 멤버 중 하나였으며, 우리가 만든 최초 인덱스펀드의 초대 포트폴리오 매니저였다. 1975년 초에 무슨 일이 일어났는지는 얀의 말을 빌려 설명할까 한다.

어느 날인가, 갑작스레 제게 인덱스펀드를 운용할 수 있느냐고 물으셨고, 저는 2~3일 조사를 한 후에 할 수 있다고 대답했죠. 저는 APL■■로 시분할 시스템의 인덱스펀드 프로그램을 작성했습니다. 간단하게 시가총액에 가중치를 두는 알고리즘과 공공 데이터베이스를 사용했죠. 어렵지는 않았어요. 당신이 그 아이디어를 증권인수업자들에게 말하면서 본격적으로 홍보를 하기 시작했을 때는 꽤 긴장하기는 했지만요. 내가 만든 별거 없는 APL 프로그램으로 진짜 돈을 운용할 수 있게 되는 것이었죠!

프린스턴 문학사 학위 소지자, 프린스턴의 경영학사 학위 소지자, 와튼 MBA 소지자가 시카고대학과 스탠퍼드대학, 하버드대학에서 학문을 갈고닦은 석박사 출신들보다 더 똑똑하다고 말하는 것은 절대 아니다. 다만 내가 말하고 싶은 부분은 뱅가드 500 인덱스펀드는 최초의 인덱스펀드였으며, 구조가 어떻든 지수연동투자를 초기에 시도한 펀드이자 시간의 검증을 이겨내고

■■　수리연산용 프로그래밍 언어. (역주)

살아남은 펀드라는 사실이다. 2018년 초 기준, 뱅가드 500 인덱스펀드는 자산 규모가 6,200억 달러의 세계 2위 뮤추얼펀드이다. 그리고 같은 시기 세계 1위는 자산이 6,600억 달러인 뱅가드 토털 스톡 마켓 인덱스펀드(총운용자산 6,600억 달러)이다.

| IPO

이제 내가 할 일은 '실비' 영업활동을 추구하는 뱅가드 그룹에 맞게 마케팅과 홍보비를 지출하지 않으면서 자본을 모집할 방법을 찾는 것이었다. 경비는 아직 없었고, 우리의 신생 펀드가 수백 종목의 주식을 보유하는 데 필요한 만큼의 자산을 확보하기 위해서는 IPO를 주간할 월스트리트 전담 투자은행들과 계약을 맺어야 했다. 나는 이사회에 목표 모집액을 전달했다. "5,000만~1억 5,000만 달러의 인덱스펀드 증권을 인수하는 것이 목표입니다".

뱅가드 초창기 시절에 우리의 펀드들은 판매수수료가 있는 '로드 펀드Load Fund'였으며 펀드 판매는 전적으로 증권사를 통해 이루어졌다. 그러다가 1973년과 1974년에 주식시장이 거의 50% 하락하면서 뮤추얼펀드 판매도 급감했다. 이 기회를 노려서 우리는 전국 규모의 상위 증권사를 끌어들이는 작업에 착수했다.

상당히 공을 들이고 설득을 한 후에야 바슈 하슬리 스튜어트Bache Halsey Stuart(지금의 프루덴셜 증권사Prudential Securities, 페인 웨버 잭슨 앤 커티스Paine Webber Jackson & Curtis, 레이놀즈 증권사-Reynolds Securities가 주간사로
정해졌다. 세 증권사는 우리가 네 번째 증권인수 주간사를 찾는 것에 조건부
로 동의를 했고, 네 번째로 선정된 주간사는 딘 위터Dean Witter였다. 딘 위터
IPO 사업부 본부장인 로저 우드Roger Wood는 퍼스드 인덱스 인베스트먼트
트러스트의 지수연동투자 아이디어를 높이 사면서 대표 주간사 자리를 흔
쾌히 받아들였다. 이렇게 해서 우리는 월스트리트에서 가장 영향력 있는 뮤
추얼펀드 유통사 4곳과 협력 관계를 맺을 수 있었다.

<포천>, 또 한 번 스트라이크

1976년 〈포천〉 6월호에 "인덱스펀드 개념, 물 만난 물고기가 되다"라
는 제목의 기사가 실리면서 우리의 자신감도 치솟았다. 편집자인 엘 에
바El Ehrbar는 특집기사에서 이렇게 적었다. "인덱스펀드의 위협 앞에 전
문 자산운용 세계 전체가 재편될 상황에 놓여 있다".

기사에서 에바는 연기금 운용과 관련한 내용을 집중적으로 다루었
다. "현재 연기금 운용은 엉망진창이다. 연기금 운용을 책임진 기업 경
영진은 시장 평균에 필적하는 수익을 올리기는커녕, 체계적으로 운용
을 잘못하고 있는 이른바 전문가 집단이라는 사람들에게 기금 운용을
맡겼다".

비난은 이게 끝이 아니었다. "문제는 그 수익에서 수수료까지 제해야
한다는 것이다"라며 에바는 지수연동투자 이론에 대한 여러 엄격한 데
이터와 자세한 설명을 덧붙이며 자신의 주장을 뒷받침했고, 예상되는

반대 의견에도 조목조목 논박했다. 얀 트바르도프스키와 나는 강력한 마법의 물약을 마신듯 힘이 솟았다.

새뮤얼슨 리덕스 박사

증권인수 발표회는 대체로 차분하게 문제없이 진행되었다. 그러나 사람들은 인덱스펀드가 뮤추얼펀드 산업에 새 시대를 열 것이라는 얀과 내 믿음에는 반신반의했다. 가장 열광적인 반응을 보인 사람은 과거 내 담당교수이자 훗날 노벨경제학상을 수상했으며 내가 지수연동투자 세계에 첫발을 들이밀 생각을 하게끔 만들어준 폴 새뮤얼슨이었다.

1976년 8월 〈뉴스위크〉에 실은 기고문에서 새뮤얼슨은 마침내 자신이 2년 전에 주장했던 도전에 대한 반응이 나왔다며 기쁨을 표했다. "내가 소리 죽여 했던 기도가 내 기대보다도 더 빨리 응답을 받았다. 내 앞에 보이는 빳빳한 투자설명서에 적힌 펀드의 이름은 퍼스트 인덱스 인베스트먼트 트러스트이고, 조만간 출시될 것이다". 다만 그는 6개 조건을 내걸었는데 우리의 새 펀드는 5개 조건에만 부합한다고 말했다.

1. 소득이 높지 않은 투자자들도 쉽게 접근할 수 있다.
2. S&P 500 지수에 못지않은 수익을 내는 것을 목표로 삼는다.
3. 연간 펀드 운용수수료는 0.20%를 넘지 않는다.
4. 포트폴리오 회전율은 극도로 낮은 수준을 유지한다.
5. "평균 수익을 최대화하면서 동시에 포트폴리오 분산과 변동성을 최

소화할 수 있도록 가장 폭넓은 분산투자 포트폴리오"를 제공한다.

하지만 그는 여섯 번째 조건(판매수수료가 없는 노로드 펀드)을 충족하지 못한다면 "한 교수의 기도가 완전히 응답받았다고는 보기 힘들다"라고 우아하게 인정했다. 새뮤얼슨 박사의 마지막 기도는 불과 6개월 후에 뱅가드가 모든 판매수수료를 없앤 '노로드' 펀드로 전환하면서 응답받았다. 그러나 그러기 전까지 퍼스트 인덱스 인베스트먼트 트러스트는 증권인수를 하기 위해서는 증권사의 도움이 절대적으로 필요했기 때문에 어쩔 수 없이 처음에는 판매수수료를 부과해야 했다(소액 투자에는 6%의 수수료를 받고, 단계별로 수수료를 낮춰서 100만 달러 이상 투자액의 수수료는 1%로 낮아졌으므로 뮤추얼펀드 산업 기준으로는 낮은 편이었다).

로드쇼 — 실패 암시?

안타깝게도 미국 10여 개 도시에서 개최한 '로드쇼'에서, 나와 부사장인 제임스 S. (짐) 리프는 증권사 담당자들이 인덱스펀드에 시큰둥한 반응을 보이고 있다는 것을 직감했다. 다른 것을 떠나, 인덱스펀드는 고객을 대신해 운용 성과가 좋은 펀드를 골라주는 증권사 본연의 업무가 패자의 게임이었다는 사실을 암시했기 때문이었다.

1976년 8월 31일에 끝난 IPO는 완연한 참패였다. 모집 자산은 고작 1,130만 달러였다. S&P 500 지수에 속한 500종목을 100주씩 사기에도 빠듯한 금액이었다. 미안한 마음이 들었는지 증권인수 담당자들은 우리에게 공모를 취소하고 돈을 투자자에게 반환하자고 제안했다. 하지만 내 대답은 단호했다. "아니요. 우리에게는 지금 세계 최초의 인덱스펀드가 있습니다. 이건 위대한 무언가의 시작입니다".

보글의 바보짓

누군가 새로운 아이디어를 선보이면 일단은 회의적인 반응부터 나오기 마련이다. 아이디어를 실현했다고 해도, 비난과 공격을 던지는 것이 현실이다. 퍼스트 인덱스 인베스트먼트 트러스트 역시 '보글의 바보짓'으로 묘사된 일은 한두 번이 아니었다. 중서부 소재 어떤 증권사는 월스트리트 곳곳에 포스터를 내걸었는데, 분노한 엉클 샘[*]이 커다란 고무 스탬프를 쾅쾅 찍어대며 인덱스펀드의 주권株券 승인을 취소하는 그림이 그려져 있었다. 포스터의 제목도 거창했다. "인덱스펀드는 미국에 어울리지 않는다. 인덱스펀드를 몰아내자!"

피델리티의 에드워드 C. 존슨 2세Edward C. Johnson Jr.는 피델리티가 뱅가드의 뒤를 따르는 일은 없을 것이라고 생각했다(1988년에는 그도 똑같이 따라했지만 말이다). 그는 언론에 이렇게 말했다. "그렇게나 많은 투자자 무리가 단지 평균 수익률을 버는 데 만족할 것이라고는 믿지 못하겠다"(그리고 오늘날 피델리티가 운용하는 주식형 펀드 자산 중 거의 30%가 인덱

---

[*] 미국 정부를 의미. (역주)

스펀드이다).

또 다른 경쟁사는 수사학적 질문이 가득한 전단을 돌렸다. "평균 실력의 외과의에게 수술을 받거나, 평균 실력의 변호사에게 법률 자문을 받거나, 평균치 증권사가 되거나. 딱 평균만큼만의 실력을 발휘하기를 원하는 사람이 누가 있겠는가?" 결론부에는 더 자극적인 호소를 했다. "별을 향해 손을 뻗으면서 한 줌 티끌만을 움켜쥐려는 사람은 아무도 없다". 물론 대부분의 펀드 투자자들은 오래전부터 별을 잡으려 손을 뻗고 있었지만, 실제로 그들이 투자한 뮤추얼펀드의 수익률은 한 줌 티끌에 불과했다.

500종목이 아닌 280종목을 매수하다

최종 모집액인 1,130만 달러는 낙관적 목표치였던 1억 5,000만 달러에 비해 한참 모자랐지만, 그래도 나는 환호했다. 마침내 우리 뱅가드에 인덱스펀드가 생긴 것이다! 얀 트바르도프스키는 퍼스트 인덱스 인베스트먼트 트러스트의 초대 포트폴리오 매니저로서 초기 자본 1,100만 달러를 곧바로 S&P 500 지수 종목에 투자했다.

자산이 제한돼 있고 500종목을 전부 매수하려면 거래비용도 많이 들어가기에 초기 포트폴리오에는 280종목이 포함되었다. S&P 500 지수에서 거의 80%의 비중을 차지하는 대형주 200종목을 사고, 지수 전체와 비슷한 성격을 띠기 위해 나머지 80종목을 선별해서 매수했다. 1976년 12월 31일에 우리의 자산은 1,400만 달러로 늘어났다. 211개의 주식형 펀드 중에서 자산 규모로는 152위였다.

"건축자가 버린 돌이 집 모퉁이의 머릿돌이 되었나니"

시작은 초라했지만, 1982년 말이 되었을 때 퍼스트 인덱스 인베스트먼트 트러스트의 운용자산은 1억 달러를 넘어서 263개 주식형 펀드 중 104위에 올랐다. 1988년에는 10억 달러 능선을 넘어서며 1,048개 펀드 중에 41위가 되었다. 2018년 중반에 뱅가드 500 인덱스펀드의 총자산은 기관투자자를 대상으로 하는 자매펀드인 인스티튜셔널 인덱스펀드 Institutional Index Fund까지 포함해서 6,400억 달러에 달했다. 5,856개 주식형 뮤추얼펀드 중에서 뱅가드 토털 스톡 마켓 인덱스펀드(7,420억 달러, 기관투자자를 대상으로 하는 자매펀드 포함)의 뒤를 이어 업계 2위에 달하는 규모였다.

2018년 기준, 지수연동투자에서 뱅가드의 지배력은 지금도 진행형이다. 뱅가드의 인덱스 뮤추얼펀드 자산은 3.5조 달러 규모로, 미국 인덱스펀드 시장의 총자산 6.8조 달러 중 약 51%를 차지한다. 뱅가드는 시장 전체에 투자하며 장기 투자자들을 대상으로 하는 전통적 인덱스펀드 Traditional Index Fund(이하 TIF) 자산 중 거의 80%를 운용하고 있다. 또한 주식처럼 자유롭게 시장에서 매매할 수 있는 인덱스펀드인 상장지수펀드 Exchange Traded Fund(이하 ETF) 시장에서의 뱅가드 점유율은 25%이다.

나는 뱅가드가 아니더라도 언젠가는 인덱스펀드가 탄생했을 것이라고 확신한다. 다만 그 시기는 뱅가드보다 10년이나 20년은 늦었을 것이다. 게다가 우리처럼 상호소유구조의 인덱스펀드가 나왔을 것이라는 보장도 없다. 지수연동투자는 우리가 알고 있던 뮤추얼펀드 산업을 재편하는 중요한 힘이고, 금융산업 전체에 혁명을 불러일으키는 힘이다.

"때를 만난 생각의 힘에 버틸 수 있는 군대는 없다". 빅토르 위고의 말을 새겨들어야 한다. 지수연동투자가 주식 투자를 지배하는 힘이 된 것은 최근 몇 년일 뿐이지만, 인덱스펀드의 번창은 언젠가는 일어날 일이었다. 퍼스트 인덱스 인베스트먼트 트러스트는 사방에서 경쟁사들의 공격을 받으며 투자 대중의 관심을 끌어모으는 데 근 20년의 세월이 걸렸다. 그러나 지수연동투자의 최종 승리를 보면서 우리는 시편 118편의 교훈을 다시금 되새겨야 한다. "건축자가 버린 돌이 집 모퉁이의 머릿돌이 되었나니".

뱅가드 500 인덱스펀드: 업계를 뒤바꾼 성공

2018년 중반인 지금, 뱅가드 500 인덱스펀드가 내건 약속은 확실히 거의 다 실행되었다. 어쩌면 그 이상이다. 단순히 운용자산이 수십, 수백 배 불어났기 때문만은 아니다. 이것이 불씨가 되어 새로운 인덱스펀드가 수도 없이 생겨나고, 펀드 산업 전체가 뒤바뀌어 운전석에 펀드운용사가 아니라 투자자들이 앉았다는 점 때문만도 아니다. S&P 500 지수에 연동하는 인덱스펀드라는, 개념조차 낯선 이 투자 아이디어에 귀중한 저축을 맡긴 개개인의 부에 이바지했다는 점에서 약속은 충분히 이행되었다고 볼 수 있다.

퍼스트 인덱스 인베스트먼트 트러스트의 IPO때 주간사에게 자문을 해주었던 자문변호사의 행동은, 이 펀드가 투자자들에게 얼마나 도움이 될 것인지는 단적으로 보여준다. 앞에서도 말했듯 IPO는 처참하게 망했고, 펀드 투자자가 턱도 없이 적을 것을 걱정했던 자문변호사는 펀드 공모주를 1,000주 매수했다.

어느 정도 시간이 지난 2011년 가을. 이 자문변호사와 증권인수 주간사의 책임자였던 사람들, 그리고 나와 뱅가드 동료 두 명이 뉴욕시에서 저녁 모임을 가졌다. 우리는 그 자리에서 1976년 공모 35주년을 기념하는 축배를 들었다.

▎1만 5,000달러가 112만 7,704달러로 불어나다

▎한때의 전우들이 다시 뭉친 자리였기에 즐겁고 솔직한 대화가 이어졌다. 다들 한두 마디씩 개인적인 소감을 술회했고, 마지막 순서로 자문변호사 차례가 돌아왔다. "나는 그 증권인수 작업에 도움을 주고 싶어서 퍼스트 인덱스 1,000주를 공모가인 주당 15달러에 샀습니다. 6%의 판매수수료도 포함된 금액이었죠. 배당금은 전액 재투자했고 세금은 내가 따로 냈습니다. 이 자리에 오기 전에 나는 내 펀드의 최근 수익률 현황표를 들여다봤습니다. 내 수익이 얼마냐고요? 현재 나는 4,493주를 보유하고 있으며, 오늘 자로 내 펀드의 순자산가치는 주당 250.99달러, 전체 금액은 112만 7,704달러입니다." 자문변호사는 박수 갈채를 받으며 자리에 앉았다.

믿기 힘든 이야기이지만 실화이다. 이 일화가 들려주는 교훈은 무엇인가? 우리는 투자에서 복리 수익의 힘을 절대로 과소평가해서는 안 되며, 복리 수익을 해치는 투자 비용의 횡포를 절대적으로 피해야 한다는 것이다.

당부의 말

여기서 중요한 당부의 말이 두 가지 있다. (1)인덱스펀드의 수익률 11%는 2018년 명목 달러를 기준으로 한 것이다. 인덱스펀드의 연간 실질 수익률은(연평균 4%의 인플레이션으로 조정한) 7%이다. 인플레이션 조정을 하면 앞서 나온 자문변호사의 '실질' 자산가치는 훨씬 낮은 256,284달러가 고작일 것이다. (2)S&P 500이 미래에도 연평균 11%의 수익을 내기는 거의 불가능할 것으로 보인다. 1976년에는 주식 밸류에이션이 비교적 낮은 편이었고 배당은 높았다(3.9%). 그러나 2018년에는 주식 밸류에이션이 높은 편이고, 배당률은 낮다(1.8%).

<머니>가 보낸 찬사

1995년 8월 <머니>는 상당 지면을 할애해 지수연동투자의 성공을 칭

■   나는 수익률 데이터를 2018년 6월 30일까지 업데이트해두었다.

찬하는 기사를 실었다. 타일러 매티슨Tyler Mathisen 주필의 논설은 지수연동투자의 개념을 칭찬하면서 독자들에게 "투자자로서의 기대치를 전면 재조정"하라고 촉구했다. 매티슨은 낮은 영업비용, 낮은 거래비용, 낮은 자본이득세 노출을 인덱스펀드의 장점으로 꼽으면서 이 시대 최의 테너 3인방인 "도밍고, 파바로티, 카레라스만큼이나 인상적인 트리오"라고 설명했다.

"보글의 승리: 이제부터는 인덱스펀드가 대다수 포트폴리오의 핵심이 되어야 한다". 기사 제목부터 인덱스펀드를 찬양하는 기색이 역력했다. 마지막에는 개인적인 경의를 표하며 글을 맺었다. "경하드립니다, 잭. 지수연동투자의 승리라고 칭할 수 있는 권리를 얻었군요".

▌버핏과 스웬슨

타일러의 혜안이 깃든 지지는 시작일 뿐이었다. 1년 후 투자계의 거인 워런 버핏은 1996년 버크셔 해서웨이Berkshire Hathaway 주주들에게 보내는 서한을 통해 인덱스펀드 찬사 행렬에 동참했다. "보통주를 소유하는 가장 좋은 길은 최소 수수료를 부과하는 인덱스펀드를 사는 것입니다. 이 길을 따른다면 대다수 투자 전문가들이 달성하는 순수익을 확실하게 이길 수 있습니다".

워런은 2016년 버크셔 해서웨이 연차보고서에서도 인덱스펀드를 극찬했다. "미국 투자자들에게 가장 이바지한 사람을 기리는 동상을 세운다면 선택은 분명합니다. 잭 보글입니다. 잭은 수십 년간 투자자들에게 초저비용의 인덱스펀드에 투자할 것을 촉구해왔습니다…… 그는 이 십자군 운동을 일으킨 후로 투자 운용 산업에서 숱한 조롱을 받았습니다. 하지만 그는 지금 아주 만족스러워합니다. 수백만 투자자들이 인덱스펀드 투자야말로 다른 방식의 투자보다 훨씬 높은 수익을 낼 수 있다는 것을 깨달았기 때문입니다. 그는 투자자들에게도 나에게도 영웅입니다".

오랫동안 예일대학교 기부금펀드의 펀드매니저를 지낸 데이비드 스웬슨David Swensen도 2005년 그의 책『기증기금의 성공Unconventional Success』에서 인덱스펀드와 뱅가드의 상호소유구조를 지지하는 글을 더했다. "투자자로서는 영리를 추구하지 않는 조직이 운용하는 펀드가 최상의 선택이다. 이런 운용사는 전적으로 투자자의 이익을 위해서만 움직이기 때문이다. 그 조직에는 투자자의 수익을 저해하는 어떤 이윤 동기도 존재하지 않는다. 포트폴리오 운용 방식을 선택함에 있어서 외부 기업과의(외부의 자산운용사) 이해 충돌도 발생하지 않는다. 이 비영리조직은 투자자의 이익을 제일 앞에 그리고 제일 가운데에 둔다…… 궁극적으로는 비영리 자산운용 조직이 운용하는 패시브 인덱스펀드는 투자자의 바람을 가장 만족시킬 수 있는 조합이다".

폴 새뮤얼슨으로 완성된 새로운 '살인타선'

이런 찬사로도 모자랐는지 2005년에는 새뮤얼슨 박사의 멋진 지지도 더해졌다. "나는 보글의 이 발명품을, 보글을 부자로 만들어주지는 못했지만 펀드 투자자들의 장기 수익을 높이는 데는 크게 기여한 이 뮤추얼펀드를 바퀴, 알파벳, 구텐베르크 인쇄술, 와인, 치즈 발명과 같은 선상에 놓으려 한다. 태양 아래 완전히 새로운 무언가가 탄생했다".

버핏, 스웬슨, 새뮤얼슨. 투자계 세 거목의 찬사를 1927년 베이브 루스(평균 타율 0.356, 홈런 60개), 루 게릭(0.373, 47개), 얼 콤스(0.356, 6개)로 이어진 뉴욕 양키스팀의 저 유명했던 살인타선에 비교하는 것도 무리는 아니라고 본다.

누가 감히 이들의 말에 시비를 따지려 하겠는가?

흔들리지 마라

뱅가드가 개척한 인덱스펀드는 안팎으로 든든한 기둥이 되어 우리 모두가 흔들리지 않게 해주었다. 안으로는, 펀드 회사인 뱅가드는 세상을 바꿀 아이디어를 단단히 움켜쥐고 무조건 버텼다. 그렇게 20년을 참고 버틴 덕에 마침내 투자자들의 인정을 받게 되었다. 밖으로는, 투자자들 역시 S&P 500 전체에 초저비용으로 투자한다는 단순한 개념의 인덱스펀드를 믿고 버텼고, 결국 그들은 높은 수익으로 보상을 받았다.

5장

1974~1981

새 출발

	9/1974	12/1981	연간 성장률
뱅가드 운용자산(단위: 10억)	$1.5	$2.7	8.8%
업계 운용자산(단위: 10억)	34.1	241.4	32.3
뱅가드 시장점유율	4.4%	4.9%	–
			연간 수익률
S&P 500 지수	69	123	15.0%
미국 중기 국채 수익률	8.0%	14.0%	6.6
주식 60% / 채권 40%	–	–	11.9

출처: 야후 파이낸스.

시황이 내리막인 시기에 펀드를 시작하니, 울고 싶은 일 투성이었다.
금융시장 전체에 비관주의가 퍼져 있었다. 우리는 더 나빠질 것도 없다고
보았고 우리 판단대로였다. 주식시장이 붕괴하고 6년 동안 S&P 500은
조정도 거의 없이 175% 올랐다. 하지만 뱅가드 자산이 80% 증가해서
27억 달러가 되었다는 사실에 기려지기는 했으나, 펀드 시장에서 우리
의 시장점유율은 역대 최저인 1.7%로까지 떨어졌다.

그래도 우리는 흔들리지 않았다.

첫 단계

이사회가 1975년 인덱스펀드를 가결하면서 뱅가드는 새 출발을 시작했다. 퍼스트 인덱스 인베스트먼트 트러스트가 출시됨으로써, 우리는 제약적이지만 뮤추얼펀드 삼각형의 두 번째 변(투자 운용)으로 점진적으로 진입할 통로를 얻었다(우리의 인덱스펀드는 '운용이 필요 없는' 펀드였다). 다음 단계는 1977년에 이뤘는데, 마케팅과 유통 권한을 우리가 가져오는 것이었다. 이 단계를 완료하고 나면 삼각형의 세 번째이자 마지막 변, 즉 뱅가드 펀드 전체에 내부에서 투자자문을 제공할 수 있는 권리를 가져오기 위한 탐험을 시작할 수 있게 된다. 1981년에 목표가 이뤄질 것이었다.

펀드 직접 유통의 변수

나는 뱅가드 독립을 위한 싸움을 시작하면서 증권사들의 도움에 계속 의지하면서 최저의 비용비율로 펀드 사업을 운영하려는 노력이 굉장히 비정상적인 행동임을 알게 되었다. 그 당시에 뱅가드의 뮤추얼펀드를 매수하는 투자자는 7~8.5%의 선취판매수수료를 내야 했다. 다른 펀드 운용사들과 마찬가지로 뱅가드 역시 주식 중개인들을 떼어 놓고는 유통 전략을 실행하는 것이 불가능했다.

우리의 획기적인 인덱스펀드 IPO를 마친 후에는 그런 비정상을 정상으로 만들어야겠다는 판단이 들었다. 1976년 가을, 뱅가드 이사회에 보낸 편지에서 나는 거의 반세기 동안 웰링턴 자산운용사의 버팀목이 되었던 유통 시스템을 버릴 계획이라고 설명했다. 기존 유통 시스템에서는 뱅가드 펀드 주식을 고객에게 판매하는 브로커 집단과의 협상 독점권이 웰링턴 자산운용사에 있었다. 뱅가드 이사회도 웰링턴 자산운용사의 텃밭은 건드리지 않기로 진즉에 동의한 참이었다.

이번에도 우리는 참신한 해결책을 생각해냈다. 나는 뱅가드 이사회에 웰링턴 자산운용사와 거의 50년이나 유지해 온 유통계약을 종료하자고 제안했다. 이번에도 전례에 없는 방안을 제시한 것이었다. 우리가 판매하려는 펀드 주식은 '노로드' 펀드이므로 판매수수료가 없고 브로커의 협조를 구할 필요도 전혀 없다. 다시 말해 우리가 의지할 대상은 펀드 주식을 '팔아줄' 판매자가 아니라 주식을 '사줄' 매수자들이었다.

나는 뱅가드가 유통에 '참여하지' 않기로 한 규정에는 어긋나지 않는다고 주장했다. 솔직하지는 않더라도 틀리지 않는 주장이기는 했다. 우리는 유통에 참여하는 것이 아니라 유통을 없앨 것이기 때문이었다.

1977년 2월: 마케팅과 유통 권한을 가져오다

다시금 큰 전투가 속개되있다. 뱅가드 펀드 주식의 유통권을 가진 웰링턴 자산운용사는 "그렇게 급격한 변화는 두 회사 모두를 파괴하는 대

재앙을 일으킬 것"이라고 주장했다. 이에 대해 나는 단기적으로는 두 회사 업무에 큰 차질이 빚어지겠지만, 장기적으로는 두 회사가 지금처럼 주식중개인이 주도하는 판매자 중심 시대에서 벗어나 앞으로 다가올 투자자 이익, 소비자 중심, 투자자 선택에 초점을 맞추는 관리의무의 시대로 옮겨가는 데 도움이 될 것이라고 주장했다.

찬반 결정은 1977년 2월 7일 저녁 뉴욕시에서 열린 이사회 모임에서 내려졌다. 정치적 계산까지 깔린 열띤 공방이 오갔다. 나는 나름의 계산을 통해 찬성 7표, 반대 6표로, 1표 차이의 낙승을 거둘 수 있을 것이라고 자신했다. 하지만 막상 뚜껑을 여니 내가 너무 조심스럽게 생각했었음이 드러났다. 찬반 투표는 다음날(2월 8일) 새벽 1시에 진행되었고 찬성이 8표, 반대가 5표였다. 그날 아침 10시, 우리는 이 전격적인 결정이자 우리의 승리를 언론과 대중에 발표했다.

초라한 창립 인원, 경영지원에 제한된 권한으로 펀드 영업활동을 시작했지만 불과 18개월 만에 우리는 완전한 종합펀드 회사로 나아가는 여정에 올라섰다. 이제는 마케팅과 유통에 대한 권한도 우리 것이 되었다.

하지만 싸움은 아직 끝나지 않았다. 1974년, 대중의 관심은 거의 받지 못했지만 이사회는 웰링턴 펀드 '경영지원'을 내부화하기로 만장일치로 결의했다. 1975년에는 인덱스펀드 '운용'의 내부화가 역시 만장일치로 승인되었고, 대중의 반응은 부정적이었다. '유통'을 내부화한다는 결정은 대중에게는 폭탄선언이나 다름없었다. 웰링턴 펀드 주주들은 SEC 승인 신청에 반대했고, 그들의 요구에 따라 1978년 SEC 공식 행정청문회가 열렸다.

이정표 4. 1977년

패배의 고통······
|
우리는 정해진 제한 사항을 지킨다는 조건하에 뱅가드 펀드가 주식 마케팅과 유통을 위해 자산 중 소액을 할애하는 것을 허가해 달라는 신청서를 SEC에 제출했다. SEC가 전통적으로 고수하고 있는 입장에 따르면, 펀드는 운용자산의 일부를 유통에 할애할 수 없었다. 우리와는 반대되는 입장이었고, 펀드 운용사들이 투자자문 서비스를 제공한 대가로 받는 거액의 수수료 중 일부가 유통비로 나가고 있다는 현실을 무시하는 정책이었다.

우리는 이런 불합리한 모순을 깨뜨리기 위해 SEC에 우리 펀드 자산 중 제한된 소액의 금액을 유통비로 직접 책정하는 것을 예외적으로 허가해 달라고 요청했다. 우리가 타결을 본 운용수수료 절감액과 예상 유통비를 감안한다면 (새로 출시할 노로드 펀드에서는 그 비용이 더욱 낮아질 것이다) 펀드 주주들에게 연간 순 80만 달러의 비용 절감 효과가 창출될 것으로 기대되었다.

SEC 청문회는 꼬박 열흘을 이어졌다. 청문회가 열리는 내내 나는 증언석에 올라 증언을 했다. 1940년 투자회사법이 발효된 이후로 해당법과 관련해서 최장시간 청문회였다고 한다. 그리고 마침내 1978년 7월, 청문회 주심을 맡은 SEC 행정법 판사 맥스 O. 리젠스타이너Max O. Regensteiner가 판결을 내렸다.

"각하한다!"

우리는 원점으로 돌아갔다. 나는 화가 머리끝까지 났다. 패배의 고통에 속이 부글거렸다.

리젠스타이너 판사의 판결에 우리는 교착 상태에 빠졌다. 그가 SEC 원심 판결을 인정해주었기에, 뱅가드는 새로운 유통 계획을 곧바로 시작할 수 있는 권한을 얻기는 했다. 그러나 리젠스타이너 판사가 최종 판결을 유보하고 뱅가드 펀드들이 자산의 일정액을 할애해 유통비를 공동 부담하기로 한 계획의 수정안을 제출하라고 지시했다.

여전히 우리는 언제 끊어질지 모르는 말총 한 올에 매달린 다모클레스의 칼[*]처럼 불확실성의 바다에 있었지만, 인덱스펀드 주식의 유통 계획을 꿋꿋하게 추진했다. 또한 우리는 리젠스타이너 판사의 우려를 불식시키기 위해 신청서도 큰 틀을 벗어나지 않는 한도에서 기술적인 부분을 여러 번 수정했다.

1980년에 우리는 계획안을 일부 개정했는데, 가장 주목할 부분은 어떤 펀드도 유통비가 순자산의 0.20%를 초과하지 못한다는 내용이었다(2017년 기준으로 뱅가드의 모든 펀드 주식은 유통비가 자산의 0.03%를 초과하지 않는다). 마침내 리젠스타이너 판사의 허가가 떨어졌다.

이정표 5. 1981년 2월

······그리고 이어진 승리의 전율

마침내 1981년 2월 25일, SEC가 우리의 마케팅과 유통 신청에 대한 최종 판결을 내리면서 우리를 위협하던 칼도 제거되었다. 평결 내용은 '뱅가드의 승리'였다. SEC의 판결문은 내가 할 수 있는 그 어떤 말보다도 우리의 취지를 훌륭하게 설명했다.

---

[*] 그리스 신화에 나오는 시라쿠스의 참주 디오니시오스 2세의 신하. 디오니시오스 2세는 호화로운 연회를 열고 다모클레스를 말총 한 올에 매달린 칼 아래에 앉혔다. 위태로운 칼처럼 참주의 자리도 언제나 불안과 긴장의 연속이라는 것을 다모클레스에게 알려주기 위해서였다. (역주)

(뱅가드의 유통 및 마케팅 계획은 1940년 투자회사법의) 조항과 방침, 목적에 부합한다. 또한 해당 펀드 이사회가 펀드 운용에 필요한 제반 서비스의 비용과 성과와 관련한 정보를 구체적으로 더 정확히 확보해서 서비스의 질을 평가할 수 있다는 점에서도 이 계획은 투자회사법의 목표를 성실히 추구한다. (해당 유통 및 마케팅 계획은) 개선된 정보 공시를 통해 주주들이 펀드의 영업활동을 더 합리적으로 판단할 수 있게 해준다. 또한 해당 계획안은 펀드의 독립성을 향상시키는 것이 분명한 바, 상황과 여건에 따라서 투자자문사를 변경하는 것을 가능하게 한다. 그리고 해당 계획안은 합당하고 공정하게 각 펀드에 도움을 준다.

구체적으로, (뱅가드가 제출한 유통 및 마케팅) 계획안은 산하 모든 펀드를 번성시킬 수 있는 건전하고 현실 가능한 종합뮤추얼펀드 회사를 추구하며, 펀드 자문수수료를 절감해 비용을 크게 줄이는 것을 가능하게 하고, 규모의 경제를 통한 비용 절감을 추구하며, 펀드가 마찰 없이 유통 기능을 직접 지배하는 것을 가능하게 한다.

그러므로 우리는 상기 신청을 승인하는 것이 합당하다고 판단한다.

만장일치 판결이었다. 이 두고두고 기념할 승리의 전율에 잠깐이었던 패배의 고통이 씻은 듯 사라졌다.

진정한 인덱스펀드가 되기 위한 고전

1977년 2월, 판매수수료가 없어지기는 했어도 퍼스트 인덱스 인베스트먼트 트러스트의 시장 데뷔가 무척이나 초라했다는 사실은 거의 바뀌지 않았다. 투자자들의 돈이 어느 정도나마 지속해서 유입되기 위해서는 펀드에 어느 정도 포장이 더해지고 '진짜배기' 성과를 낼 수 있다는 것도 입증해야 했다.

퍼스트 인덱스 인베스트먼트 트러스트의 자산이 1,700만 달러를 벗어나지 못하고 있던 1977년 중반에, 나는 운용자산을 비약적으로 늘릴 만한 기회를 포착했다. 뱅가드가 경영지원을 하는 뮤추얼펀드 중에는 자산이 5,800만 달러인 엑세터 펀드Exeter Fund라는 교환 펀드Exchange Fund■가 있었다. 엑세터 펀드는 투자자들에게 팔 새 주식이 없어서 다른 펀드로 통폐합되는 것이 불가피했다.

1977년 9월에 나는 엑세터를 퍼스트 인덱스로 통폐합하자고 제안했다. 웰링턴 자산운용사는 윈저 펀드로 통합해야 한다고 주장하면서 서로 치열하게 논의가 오간 끝에, 이사회는 내 제안에 손을 들어주었다. 퍼스트 인덱스의 운용자산은 4배가 넘는 7,500만 달러가 되었다. 이윽고 S&P 500 지수에 포함되는 500종목을 다 보유할 수 있을 만큼 충분한 자본이 생겼다.

S&P 500 지수의 장점이 빛이 바래다

퍼스트 인덱스의 초창기 몇 년은 S&P 500 지수의 수익률이 펀드운

■   단일 종목을 다량으로 보유한 투자자가 주식을 시장에서 직접 판매하지 않아도 다른 다양한 주식 종목들로 갈아탈 수 있게 해주는 펀드. 투자자는 주식 처분에 따른 자본이득세를 내지 않아도 되고 거래 세도 낮으며 미래로 이연할 수 있다. 주식시장에서 직접 거래하는 ETF와는 다른 펀드이며, 스왑 펀드라고도 한다. (역주)

용사들의 평균 수익률보다 뒤처졌지만, 이것이 인덱스펀드 성장에는 도움이 되지 못했다. 주가지수는 1972~1976년까지는 모든 주식형 펀드의 거의 70%를 앞지르는 눈부신 성과를 냈지만, 1977~1982년까지의 주가지수 성장은 실망스러웠다. 주가지수가 수익을 앞지른 것은 주식형 뮤추얼펀드의 1/4이 고작이었다.

이렇게 S&P 500 지수가 그전까지 가졌던 뛰어난 우위가 역전되다 보니, 당연히 퍼스트 인덱스의 추가 현금 유입에도 난항이 생겼다(새로운 개념의 펀드는 이런 식의 지수 역전에는 대부분은 속수무책이다). 1980년대가 다가오고 있었고, 새로운 10년 동안 시장 지수는 다시금 전통적 방식으로 운용되는 주식형 뮤추얼펀드의 절반보다 높은 수익을 냈다.

엑세터 펀드를 병합한 후에도 1982년이나 되어서야 퍼스트 인덱스의 자산이 1억 달러 고지를 넘어섰다. 그리고 1984년에 두 번째 인덱스 뮤추얼펀드(마찬가지로 S&P 500 지수를 추종하는 웰스파고의 펀드)가 펀드 시장에 등장했다. 1990년에도 시장에 존재하는 인덱스펀드는 5개에 불과했으며, 총운용자산은 45억 달러, 시장점유율은 주식형 뮤추얼펀드 전체 자산의 2%였다.

고-고 시대와 니프티-피프티 시대, 그리고 그 후의 여파

뱅가드 인덱스펀드가 줄시되었을 때의 시황은 혼란 그 자체였다. 웰링턴 자산운용사가 운용하던 뱅가드 창립 이전의 펀드들을 포함해 뮤추얼펀드 산업은 고-고 시대로 성큼 뛰어든 참이었다. 그러나 그 영원할 것만 같았던 고-고 시대에도 끝이 왔다. 애당초 영원한 것이 어디 있겠는가. 이어진 니프티-피프티 시대에도 묻지마식 투자는 여전했다. 1973~1974년 거품이 터지면서 그런 대책 없는 투자 열풍도 식기 시작했다. 증시의 50% 추락이 결국 마침표를 찍었을 때는 '전문 투자 운용사'로서 펀드 운용사들이 누렸던 평판도 만신창이가 되어 있었다.

펀드들은 대개 보통주 투자에 주력했고, 채권과 주식을 혼합하는 혼합형 펀드들도 포트폴리오에서 주식 비중이 60%를 넘는 편이었다. 고로 펀드 산업의 미래를 좌우하는 것은 주식시장이었다. 그러나 과거 보수적이었던 뮤추얼펀드 운용사들도 고-고 시대에 들어서는 투기성 주식 포지션을 크게 늘렸고, 니프티-피프티 시대에는 고밸류에이션 주식을 대거 사들였다. 그러다가 1973~1974년에 주식시장이 붕괴되면서 본분을 망각하고 있던 펀드 산업은 사정없이 두들겨 맞았다.

증시 추락으로 뮤추얼펀드 자산이 반 토막이 되었고 실망한 투자자들은 앞 다퉈 펀드 주식을 환매했다. 1972년 말 580억 달러였던 뮤추얼펀드 산업의 총운용자산은 1975년 9월에는 무려 40%나 줄어든 360억 달러에 불과했다.

75%나 쪼그라든 웰링턴 펀드 자산

뮤추얼펀드로 유입되는 순현금흐름은 1972년 초에 마이너스로 돌아섰고 1978년까지 마이너스는 계속되었다. 뱅가드도 이런 추이에서 벗어나기 어려웠다. 혼합형 펀드 중심으로 운용을 했음에도 우리의 상황은 훨씬 나빴다. 웰링턴 펀드는 전성기인 1962년에는 운용자산이 20억 달러에 달했지만, 증시가 저점이던 1974년에는 4억 5,000만 달러까지 곤두박질쳤다. 75%가 넘게 빠진 것이었다(웰링턴 펀드의 역사에 대해서는 11장에서 자세히 다룰 것이다). 뱅가드의 시장점유율은 1981년에는 5.8% 였다가 1985년에는 5.2%가 되었고 1987년에는 4.1%라는 초라한 수준까지 내려앉았다.

1971년 5월을 기점으로 웰링턴 펀드에서(그런 다음에는 뱅가드 펀드에서) 순현금유출이 시작되었고, 이 흐름은 1978년 1월까지 83개월 연속해서 이어졌다. 총액으로는 5억 달러가 넘게 나가면서, 뱅가드 펀드 초기 자산의 약 1/3이 빠져나간 셈이었다. 이사회의 제임스 T. 힐James T.Hill 은 "출혈이 멈추지를 않는다"라고 말했다. 그는 틀린 말을 하고 있지 않았고, 다른 펀드 회사들의 출혈도 계속되었다. 전통적인 뮤추얼펀드 산업 전체가 멸종 위기에 직면해 있다고 말해도 과장이 아니었다.

┃ 1971년: 머니마켓펀드의 출현

┃ 펀드 산업에게 구세주가 필요한 상황이었다. 산업이 찾아낸 구세주는 머니마켓펀드▪라는 새로운 금융상품이었다.

▪ 유동성이 높은 단기 증권에 투자하는 뮤추얼펀드로, 현금, 현금등가물 증권, 신용등급이 높은 단기 국채나 회사채 등을 대상으로 한다. (역주)

1971년, 브루스 R. 벤트Bruce R. Bent와 헨리 B. R. 브라운Henry B. R. Brown 은 최초의 MMF인 리저브 펀드Reserve Fund를 설립했다. 리저브 펀드의 포트폴리오는 단기 금융상품, 기업어음CP, 미국 단기 국채로 구성되므로 펀드는 주당 1달러의 순자산가치를 유지할 수 있었다(더 정확히 말하면 유지하기 위해 노력했다). 그 당시 은행 예적금 계좌의 금리는 연 5.25%를 넘길 수 없던 반면에, MMF가 보유한 단기 국공채는 최고 9%의 높은 수익률을 제공했기에 이 신개념 펀드는 출시하자마자 성공을 거두었다. 물론 거의 모든 대형 펀드사가 뒤질세라 비슷비슷한 펀드를 출시하기 시작했다.

MMF 자산은 1977년 40억 달러에서 1981년에는 1,850억 달러로 껑충 늘어났다. 그러다 1981년, 연준이 은행 예적금 금리 제한을 풀면서 MMF에도 새로운 경쟁자가 생겨나는 것은 시간문제였다. 게다가 금리는 역사상 최저점을 향해 조금씩 미끄러져 내려가고 있었다. 그해 16%를 상회하며 정점을 찍었던 1년물 미국 단기 국채의 수익률은 2008~2015년에는 제로 금리라고 해도 좋을 수준으로 떨어졌다. 저금리 기조는 MMF 열차의 속도를 늦추었지만 멈추지는 못했다. 2018년 중반에 MMF 시장의 총운용자산은 2.7조 달러였다.

뒤늦은 시작

우리는 남들보다 뒤늦게 MMF를 시작했다. 뱅가드 화이트홀 머니마켓 트러스트Whitehall Money Market Trust(지금의 뱅가드 프라임 머니마켓펀드 Vanguard Prime Money Market Fund)는 1975년 6월 4일에 출시되었고, 투자자문사는 여전히 웰링턴 자산운용사였다. 늦기는 했지만 MMF 대열에 뛰어든 덕분에 우리의 성장도 크게 급물살을 맞으면서 뱅가드 그룹 산하 펀드의 총자산은 1974년 14억 7,000만 달러에서 1981년에는 41억 1,000만 달러로 늘어났다.

1977년: 만기구분 지방채 펀드 Defined-maturity Municipal Bond Fund

1977년 노로드 펀드로 방향을 잡고 6개월도 지나지 않아서 우리는 획기적인 아이디어를 또 하나 생각해냈다. 종전과 전혀 다른 전략으로 구성된 지방채 펀드를 만든 것이다. 나는 아무리 보석 같은 실력을 뽐내는 주식형 펀드 운용사도 주식시장을 장기적으로 예측하기는 힘들고, 실력이 좋은 채권형 펀드 운용사일지라도 금리의 향방과 등락 수준을 예측하거나 채권 시장의 미래를 점치기는 거의 불가능하다고 믿었다.

하지만 "운용형managed" 비과세 채권형 펀드를 판매하는 경쟁사들은 금리와 채권의 미래를 예측할 수 있다는, 지키지도 못할 약속을 하고 있었다. 그래서 우리는 군중과 다르게 행동하기로 했다. '단일 포트폴리오'의 비과세 채권형 펀드가 아니라, '3중 포트폴리오'의 비과세 채권형 펀드를 만들기로 한 것이다. '장기' 포트폴리오에는 수익률이 가장 높은 채권을, '단기' 포트폴리오에는 변동성이 가장 낮은 채권을, 그리고 짐작하겠지만 '중기' 포트폴리오에는 앞의 둘을 각기 조금씩 넣는다는 전략이었다. 평범하다 못해 심심한 아이디어였지만 아무도 생각하지 못했던 아이디어이기도 했다.

단순한 혁신

이 혁신은 단순하지만, 즉시 채권형 펀드에 대한 투자자들의 인식을 바꿨다. 대형 펀드사들은 뒤질세라 자사 채권형 펀드에 같은 아이디어를 도입했다. 그런 변화가 채권형 뮤추얼펀드 시장에 새로운 생명을 불어넣었다. 채권형 뮤추얼펀드의 자산은 1977년 110억 달러에서 2001년에는 1조 달러가 넘는 규모로 성장했다. 2018년 중반 기준으로 채권형 뮤추얼펀드의 총운용자산은 4.6조 달러였으며, 머니마켓펀드의 총운용자산은 2.7조 달러였다.

뱅가드의 저비용 구조가 투자자 수익을 높이는 데 크게 기여했다는 것은 누구나 쉽게 짐작할 수 있는 사실이었고, 내가 보기에는 뱅가드가 고정수입펀드Fixed Income Fund▪의 운용권을 가져와도 될 만한 시기가 되고도 남았다. 뱅가드 산하의 지방채 펀드와 MMF의 수익률과 비용이 내심 못마땅했던 나는 1980년에 이사회에 외부 투자자문사(웰링턴 자산운용사와 시티뱅크)와의 계약을 종료하고 뱅가드 내부에 고정수입펀드 운용팀을 꾸리자고 제안했고, 이사회도 동의했다.

▪   대부분은 채권형 펀드를 의미하지만 엄밀히 말하면 채권이자와 배당을 주요 전략으로 삼아서 편성된 펀드를 의미한다. 이 책에서는 채권형 펀드와 고정수입펀드를 구분해서 사용한다. (역주)

이정표 6. 1980년

마침내 완성된 자산운용의 삼각형

|

만기구분 채권형 펀드를 만들기로 결정이 단순하지만 '탁월한' 선택이었다면, 신생 펀드를 운용할 외부 운용사 선정에서 나는 '한심한' 선택을 했다. 우리는 대형은행인 시티뱅크와 펀드 투자자문 계약을 맺었다. 하지만 안타깝게도 시티뱅크는 우리 펀드의 운용에 최선을 다하지 않았고, 1980년을 시작하면서 뱅가드는 시티뱅크와의 계약을 종료하기로 결심했다.

같은 시기에 4억 2,000만 달러로 규모가 커진 MMF도 당시 전담 운용사인 웰링턴 자산운용사에 높은 수수료를 지불하고 있었다. 이제는 거대한 도약을 할 때가 되었다. 나는 지방채 펀드운용사를 시티뱅크에서 사내 매니저로 대체하고, 웰링턴이 운용을 전담하던 MMF도 사내 매니저로 바꾸자고 제안했다. 이 제안에는 수수료를 줄인다는 목적과 더불어, 한편으로는 규모의 경제를 이루기 위한 '임계점'을 확보한다는 목적도 있었다.

1980년 9월에 열린 이사회에서는 의견이 엇갈렸다. 시티뱅크와의 투자자문 계약을 종료하고 지방채 펀드를 직접 운용한다는 것에는 아무도 이견을 달지 않았다. 웰링턴과의 MMF 투자자문 계약 해지도 상당한 비용이 절감돼서 뱅가드의 '실비' 구조에 보탬이 될 것이라는 점에도 다들 동의했다. 뱅가드가 자체적으로 채권 전문 운용팀을 구축하는 것은 위험 부담이 있기는 했지만, 여러 사항을 고려한 끝에 결국 이사회는 내 제안을 받아들였다. 뱅가드의 권한과 책임이 다시금 확대된 중요한 도약의 순간이었다. 더 나아가 우리는 뱅가드가 새로 설립할 과세 채권형 펀드에도 만기구분형 포트폴리오 개념을 적용하고, 마찬가지로 펀드 운용도 뱅가드가 직접 하기로 결정했다.

이상하게 전개된 찬반 투표

내 제안에 대한 이사회의 찬반 투표는 다소 희한하게 전개되었다. 그들은 뱅가드 이사회의 일원이라는 입장에서는 8명의 이사가 고정수입 펀드 운용을 담당하는 픽스드 인컴 그룹 Fixed Income Group 신설 기획안에 찬성했고, MMF와 지방채 펀드 이사회 입장에서는 외부 자문사와 계약을 종료하는 것에 찬성했다. 그런데 이사 한 명이 독자 노선을 취했다. 그는 뱅가드 이사로서는 픽스드 인컴 그룹 신설에 찬성했지만("회사에는 위대한 기회가 될 것이다"라고 말했다), 지방채 펀드와 MMF 이사로서는 내 제안에 반대했다.("뱅가드는 이런 펀드들을 운용할 역량이 없다"라고 말했다) 그 영문은 알 수 없었지만, 어쨌거나 표결은 9-0과 8-1로 찬성표가 압도적으로 많았다. 새 시대가 시작되었다.

사내 전문 매니저들이 훨씬 낮은 비용으로 뱅가드 산하 여러 채권형 펀드의 '상대적 예측 가능성 Relative Predictability'을 향상함으로써 고객에게 돌아가는 순수익도 그만큼 높아졌다. 상대적 예측 가능성이란 비용 차감 전 수익이 경쟁사 펀드들과 비슷한 수준인지를 판단하는 개념이었다. 이 개념은 채권형 펀드에서 유독 적용되었는데(만기구분형 채권형 펀드는 특히 더하다), 금리 수준과 기간이 채권 가격과 수익률을 결정하는 관건이었기 때문이었다. 제비용까지 고려한다면 뱅가드 펀드의 수익은 시간이 갈수록 경쟁 펀드를 이길 것이 거의 분명했다("수익률은 오르기도 하고 내리기도 하지만, 비용은 영원하다").

뱅가드가 고정수입펀드 시장을 지배하게 될 것이 확실해 보였고, 실제 결과도 그러했다. 2018년에 우리는 뮤추얼펀드 산업 중 고정수입펀드 분야에서 시장점유율 18%를 달성하면서 경쟁사들을 멀찌감치 제치고 이 분야 최대의 운용사가 되었다(뱅가드의 고정수입펀드에 대해서는 15장에서 자세히 다룰 것이다).

뱅가드 픽스드 인컴 그룹, 모양새를 갖추다

뱅가드가 액티브 펀드 운용에 뛰어든 것은 비용 절감이라는 경제적 측면에서도 중요했지만, 개념 확대라는 측면에서도 중요한 움직임이었다. 1975년 최초의 인덱스펀드인 퍼스트 인덱스 인베스트먼트 트러스트를 설립하면서 직접 운용을 맡은 것이 마중물 역할을 했다면, 1980년 이사회 결정으로 우리는 처음으로 액티브 펀드 운용에 몸을 푹 담그게 되었다. 그리고 마침내 뱅가드가 탄생하고 6년 만에, 종합펀드 회사가 되기 위한 삼각형의 세 변이 다 그려졌다.

이사회 승인을 얻은 우리는 뱅가드의 고정수입펀드를 운용하기 위한 사내 전문가팀을 꾸리기 시작했다. 신설된 픽스드 인컴 그룹의 수장은 필라델피아의 대형은행에서 고정수입자산 운용 수석매니저로 일하던 이언 A. 맥키넌Ian A. MacKinnon이었다. 그는 6명의 전문 매니저와 몇 명의 경영지원업무 직원으로 구성된 전담팀을 구축했다. 우리가 직접 운용하게 된 지방채 펀드와 MMF의 자산은 당시에 다 합쳐서 약 17.5억 달러였다.

신설 펀드 구성

뱅가드가 기틀을 다지기 시작했던 1974~1981년 사이에 뱅가드의 자산 구성에도 변화가 생겼다. 전통적인 주식형과 혼합형 펀드가 전체 자산에서 차지하는 비중은 98%에서 57%로 크게 줄어들었고, 고정수입자산(채권과 머니마켓) 펀드의 비중은 2%에서 43%로 크게 늘었다(그림 5.1 참조). 어떤 면에서 MMF 진출은 우리로서는 신사업 진출이나 다름없었는데, 거래량이 높은 펀드를 기존의 회전율은 훨씬 낮지만 상대적으로 안정적인 장기 투자 펀드와 병행해서 운용할 수 있게 해주었기 때문이다.

	펀드 자산 (단위: 십억)	뱅가드 뮤추얼펀드의 자산 분포			
		주식형 펀드	혼합형 펀드	채권형 펀드	MMF
1974	$1.47	42%	56%	2%	0%
1981	4.11	42	15	8	35
변동량	+2.64	0	−41	+6	+35

(그림 5.1) 뱅가드 자산 구성의 극적 변화.

1978~1993: 200번 이상의 자문수수료 인하

1974년에 뱅가드가 설립되면서 이 새 조직으로 경영지원비 부담이 이전되었기 때문에 웰링턴 자산운용사에 지급하는 자문수수료도 그만큼 인하할 필요가 있었다.

더 나아가서 나는 뱅가드 펀드가 부담하게 될 실질 경비만큼만 수수료를 인하하는 것이 아니라 웰링턴이 자문 제공으로 버는 이익률을 대략 산정하고 '그 이익률을' 더해 인하해야 한다고 주장했다. 이사회도 내 생각에 수긍했다. 1974년 뱅가드의 경영지원비는 총 62만 7,000달러였지만, 자문 수수료는 77만 4,000달러 인하되었다. 결론인즉, 첫해에만 펀드 주주들은 14만 7,000달러의 비용을 절감했다(그때는 이 금액도 굉장히 커 보였다).

1977년에 뱅가드는 판매수수료가 없는 노로드 펀드를 출시하면서 유통과 마케팅 비용을 부담해야 했지만, 대신에 웰링턴에 유통과 마케팅을 전담했을 때 지급하던 돈은 나가지 않게 되었다. 뱅가드가 부담해야 할 연간 유통비는 213만 1,000달러로 추산되었다. 웰링턴의 투자자문을 그대로 받는다고 가정할 때 지급해야 하는 수수료는('이익률'까지 반영한) 296만 2,000달러였으므로, 결과적으로는 그 한해에만 경비를 83만 1,000달러 줄인 것이었다. 뱅가드 주주들의 돈을 아낀 덕분에 펀드의 총비용비율도 자산의 0.69%에서 0.65%로 감소했다.

시작에 불과했다

뱅가드 펀드 전반에 걸친 이 두 번의 수수료 인하는 다분히 형식적인 차원이었다. 뱅가드 주주들을 위해 절감한 금액도 펀드 자산의 0.04%에 불과한 소액이었다. 뱅가드와 투자자문사 사이에 마찰도 별로 없었다. 오히려 중요한 점은 뱅가드 펀드가 1977년부터 직접 유통을 하게 되면서 온전히 독립적으로 주주 이익을 위해서만 움직일 수 있게 되었다는 점이었다.

이제 뱅가드는 이론상으로는 연기금 신탁의 관리자와 같은 입장이 되었다. 우리는 자문수수료 구조와 수준에 대해 자산운용사와 펀드별로 협상을 벌일 수 있었고, 여의치 않으면 계약을 해지하는 것도 가능해졌다. 우리는 협상을 했고, 마침내 펀드 주주들을 위해 공정한 수준의 요율로 합의를 보았다.

우리는 자문수수료 구조와 수준에 대해 펀드별로 자산운용사와 협상을 벌이거나 여의치 않으면 계약 해지도 가능해졌다. 우리는 협상을 통해 마침내 펀드 주주들에게 합당한 수준의 수수료율로 합의를 보았다. 그게 진정한 '신인의무'였다.

요율 인하의 물결

뱅가드가 유통비를 전적으로 부담한다는 전제하에 자문수수료를 인하한 지 1년이 지나자, 우리는 웰링턴 자산운용사에 전폭적인 요율 인하를 요구했다. 1977년에는 위임장권유신고서를 보내 주주들에게 수수료 인하 승인도 받았다. 투자자문사는 이후 200번이 넘게 행해진 요율 인하 요구를 수용하면서 별다른 이의나 불만을 제기하지 않았다. 큰 잡음 없이 지나간 이유가 무엇일까?

첫째로, 이제는 뱅가드 펀드가 강자가 되었기 때문이었다. 웰링턴 자산운용사는 요율 인하에 동의하지 않았다가는 수익성이 높은 자문 계약이 철회되어 회사 수익에도 지장이 초래될 것이다. 둘째로, 나는 나름대로 미래를 내다보고 인하 계획을 잡았다. 가까운 미래에는 수수료율을 조금만 인하했고, 최대치로 낮추는 것은 미래에 펀드 각각의 자산이 지금보다 훨씬 불어나 있을 때를 전제로 했다. 나는 뱅가드 펀드가 수수료를 최대치까지 낮출 수 있는 수준으로 '성장할' 것이라고 믿어 의심치 않았다. 웰링턴 자산운용사는 아닌 듯했지만 말이다.

웰링턴 펀드로 본 자문수수료율 인하의 효과

웰링턴 펀드가 웰링턴 자산운용사에 지급하는 자문수수료의 인하는 이 펀드가 요율 인하와 자산 증가라는 두 마리 토끼를 다 잡으면서 싱장했다는 것을 잘 보여준다. 1977년 위임장을 통해 의결된 수수료를 시작으로, 웰링턴 펀드는 1995년까지 18년 동안 9차례에 걸쳐 자문수수료를 인하했다. 웰링턴 펀드가 지급하는 자문수수료는 0.31%에서 0.05%로 총 82%가 줄었다. 그림 5.2는 해당 기간의 수수료 인하 자료이다.

요율	연도	펀드 자산 (단위: 백만)	유효 수수료율	인하
기본 요율	1975	$776	0.31%	–
인하 1	1977	706	0.23	-32%
인하 2	1979	606	0.16	-30
인하 3	1981	521	0.23	+40
인하 4	1983	614	0.16	-30
인하 5	1985	813	0.15	-19
인하 6	1987	1,331	0.15	-0
인하 7	1989	2,099	0.12	-20
인하 8	1991	3,818	0.10	-16
인하 9	1993	8,076	0.05	-50
누계				-82%

(그림 5.2) 웰링턴 펀드의 자문수수료 인하, 1977~1993.

웰링턴 펀드 자산은 1977년의 7억 600만 달러에서 1996년에는 80억 달러로 크게 성장했다. 2006년 펀드 운용자산이 400억 달러가 되었을 때 펀드 이사진은 자문수수료를 매해 0.01%씩 4년 연속해서 올렸고, 그로 인해 자문수수료는 0.04%에서 0.08%로 두 배가 되었다(수수료를 100%나 올린 이유는 나로서도 설명할 수가 없다).

물론, 금액만 놓고 보면 웰링턴 펀드가 지급하는 수수료는 1978년의 100만 달러에서 2017년에 8,100만 달러로 늘어나기는 했다. 그러나 1977년의 수수료가 계속 적용되었다면 2억 4,000만 달러였을 것이다. 한해에만 거의 1억 6,000만 달러의 수수료를 아낀 것은 명목 금액으로만 따져도 결코 적은 돈이 아니다. 금액이 늘었으니 투자자문사에도 좋은 일이고, 요율이 내렸으니 웰링턴 펀드 주주들에게도 좋은 결과이지 않겠는가.

전방위적인 수수료 인하 노력

웰링턴 펀드의 수수료율 인하는 뱅가드가 외부 자산운용사로 나가는 자문수수료를 줄이기 위해 전방위적으로 벌였던 치열한 싸움의 단적인 예일 뿐이다.

적정 수준의 합리적인 자문수수료는 뱅가드가 절대로 포기할 수 없는 사명이었다. 우리는 웰링턴 자산운용사를 비롯해 외부와 투자자문 계약을 맺은 모든 뱅가드 펀드의 요율을 낮추려 노력했고, 산하 펀드들의 협상력이 강해지면서 수수료 인하가 가능해졌다. 그림 5.3은 뱅가드 초창기부터 존재했던 액티브 운용 펀드들이 자문수수료를 얼마나 많이 절약했는지를 잘 보여준다.

뱅가드 신규 펀드들의 수수료 협상

뱅가드 초창기에는 이 창립 멤버격인 펀드들이 자산의 100%를 차지했기 때문에 우리가 총비용비율을 낮추기 위해서는 수수료를 인하하는 것이 관건이었다. 하지만 새 펀드를 출시할 때는 펀드를 설립하기 전부터 외부 운용사들과 협상을 진행했다. 신규 펀드가 승인이 나면 모집되는 자산 규모가 상당할 것이므로 투자자문사들은 우리가 업계 표준보다 훨씬 낮은 자문수수료를 요구했지만 기꺼이 (물론 일부는 마지못해) 수용했다.

	1977			2018		
	자산 규모	자문수수료율	자문수수료 (단위: 백만)	자산 규모	자문수수료율	자문수수료 (단위: 백만)
웰링턴	$7.06억	0.27%	$1.91	$1,060억	0.07%	$74.4
윈저	5.28억	0.43	2.27	20억	0.08	16.1
웰슬리 인컴	1.33억	0.39	0.52	56억	0.05	28.0
모건 그로스	0.81억	0.42	0.34	13억	0.15	20.4
익스플로러 (Explorer)	0.1억	0.48	0.05	13억	0.17	22.9
롱텀 본드 (Long-Term Bond)	0.49억	0.45	0.22	16억	0.03	5.0
GNMA*	0.25억	0.15	0.04	24억	0.01	2.4
총합	15.32억	0.37%	$5.35	$248억	0.08%	$169.2

*뱅가드 GNMA 펀드는 1980년에 설립되었다.

뱅가드 펀드 자산 2,480억 달러의 자문수수료 요약(2018년 1월)	
1977년 요율 적용	$1,004백만
2018년 요율 적용	$226백만
명목 절감액	$778백만

(그림 5.3) 뱅가드 초창기 액티브 운용 펀드들의 자문수수료, 1977~2018.
출처: 뱅가드.

다른 걸 다 차치하더라도, 뱅가드의 수수료율은 펀드 시장에서 경쟁력이 대단히 높다. 그림 5.4는 이후 신설된 뱅가드 펀드들 중 몇 개와 업계 동종 펀드들의 비용비율을 비교한 결과이다.■ 그 결과만 봐도 뱅가드의 외부 자문사 운용 펀드가 비용우위가 얼마나 높은지가 극적으로 드러난다.

	2017년 비용비율		
	뱅가드 펀드*	경쟁사 펀드	뱅가드 비용우위
프라임캡	0.33%	1.17%	0.84%
윈저 II	0.28	1.04	0.76
에쿼티 인컴 (Equity Income Fund)	0.19	1.15	0.96
캐피털 오퍼튜너티	0.38	1.17	0.79
헬스 케어(Health Care Fund)	0.33	1.23	0.90
에너지 펀드	0.35	1.36	1.01
평균	0.31%	1.19%	0.88%

(그림 5.4) 뱅가드 액티브 운용 펀드의 비용비율 vs. 경쟁사 펀드의 비용비율. 출처: 뱅가드.

■　경쟁 펀드들과 우리는 자문수수료를 바라보는 인식이 다른 관계로, 여기에 적힌 뱅가드의 비용비율은 자문수수료와 기타 여러 비용을 포함한 통합형 비용비율이다.

2017년에 뱅가드의 모든 액티브 주식형 펀드가 지급한 실질 자문수수료는 평균 0.15%였다. 이는 뱅가드 액티브 펀드들의 평균 비용비율인 0.31%의 절반도 되지 않았다. 동종 액티브 뮤추얼펀드의 단순평균(비가중평균) 비용비율인 1.19%보다 거의 75%나 낮은 비율이다.

뱅가드는 1978년부터 외부 자문사로 나가는 수수료를 줄이려 부단히 노력했고, 이 사명은 1993년에 이르러 거의 완성되었다. 우리의 초창기 펀드들(즉, 1978년에도 있던 펀드들)은 큰 금액을 절감했다. 그리고 이후에 신설된 펀드들도 미리 협상을 통해 처음부터 외부에 지급하는 자문수수료를 낮게 약정할 수 있었다.

인덱스펀드와 채권형 펀드: 비용을 더욱 낮추다

뱅가드의 액티브 주식형 펀드들이 현재 자산 중 차지하는 비중은 1977년 창립 시절의 48%보다 많이 줄어든 10% 수준이다. 펀드 산업에서 뱅가드가 압도적으로 높은 비용우위를 가지게 된 데에는 주식형 인덱스펀드가 전체 자산기반의 65%를 차지한 것이 컸다.

뱅가드는 산하 인덱스펀드에 '실비'만 받고 사내 투자 운용 서비스를 제공한다. 뱅가드 인덱스펀드들의 평균 비용비율은 0.07%이고, 이중 투자 운용 수수료는 0.01%도 되지 않는다.

뱅가드가 직접 운용하는 채권형 펀드들 역시 저비용 펀드이기에 가격경쟁력이 대단히 높다. 2017년에 뱅가드 픽스드 인컴 그룹이 직접 운용하는 펀드들의 평균 자문수수료는 자산의 0.01% 이하였고, 총비용비율은 평균 0.08%였다. 평균 비용비율이 0.77%인 경쟁사 펀드들과는 비교도 되지 않을 정도로 낮다.

투자 운용비와 영업비용

핵심 결론부터 말하자면, 2018년 뱅가드 그룹 산하 전체 펀드의 총 투자 운용비 추산액은 8억 3,800만 달러로, 그룹 총자산에서 0.02%에 불과하며 1977년의 0.34%에 비교하면 94%나 줄어들었다.

뱅가드의 성장으로 우리 주주들은 회계비용과 기타 영업비용에 있어서도 강력한 규모의 경제 효과를 누리게 되었다. 회계비용과 기타 영업비용은 펀드 비용비율에서 투자감독비를 제외한 '비용 항목'의 합계를 의미한다. 뱅가드 펀드들의 자산이 계속해서 증가하면서 영업비용의 비율도 1977년 0.25%에서 2018년에는 0.08%로 줄었다. 영업비용이 크게 줄었다는 것은 규모의 경제 효과로 인해 펀드 주주들이 가져가는 이익이 그만큼 늘었다는 것을 의미한다.

뱅가드 총비용비율

위에서 언급한 두 요소(큰 폭으로 준 자문수수료와 높아진 규모의 경제 효과)를 합치면 뱅가드의 총비용비율이 계산된다. 덧붙여 말하자면 총비용비율은 펀드 효율성을 측정할 때 가장 대중적으로 인정되는 수단이기도 하다. 뱅가드의 가중평균 비용비율은 창립 시절의 0.66%에서 2018년에는 0.10%로 84%나 낮아졌다(그림 5.5 참조). 이 정도면 비용비율을 9% 줄이는 데에 그쳤던 경쟁 펀드사들이 명함도 내밀지 못할 만한 수준이다. 다른 펀드사들은 비용비율을 1977년 0.64%에서 2017년 0.58%로 줄인 것이 고작이었다(펀드 자산별 가중치 적용).

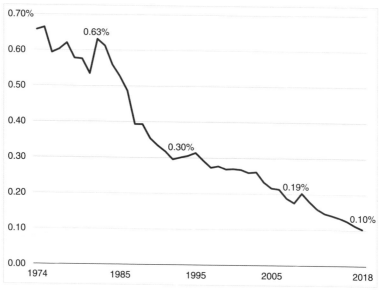

(그림 5.5) 뱅가드 비용비율, 1974~2018. 출처: 뱅가드, Strategic Insight Simfund.

절감 효과는 주주들에게 돌아갔는가?

이번 장 내용을 기술하면서 0.05%니, 0.85%니 하는 온갖 비율을 제시했다. 여러분은 이런 자료에 하품이 나왔겠지만, 나는 투자자들의 이익을 최우선에 두고 첫째도 저비용, 둘째도 저비용에 주력하는 펀드 회사를 세우고 싶었다. 지금부터는 조금 더 실감이 나도록 금액을 이야기해 보자. 뱅가드가 저비용 구조를 고집한다는 것은 투자자들에게 매년 수십억 달러의 이익이 돌아간다는 뜻이기도 하다.

뱅가드 투자자들은 낮은 수수료와 비용 덕분에 2017년에만 290억 달러의 수익을 더 벌었다.[■] 이렇게 저비용으로 높아지는 수익을 창사 시절인 1974년까지 거슬러 올라가 합산을 한다면, 투자자들은 규모의 경제와 주기적인 협상을 통해 외부 자문수수료를 낮춘 결과로 2,170억 달러의 수익 증대 효과를 거두었다고 볼 수 있다. 내가 세운 회사가 주주와 투자자들에게 그렇게나 많은 돈을 돌려줄 수 있었다는 것에 스스로 무척이나 자부심을 느낀다. 그 돈은 마땅히 주주와 투자자들의 것이다.

▌세상을 품에 안다

▌1978년부터 시작된 수수료 인하는 뱅가드에게도, 주주들에게도 그만한 보람을 안겨 주었다. 비록 뱅가드 시장점유율은 자산 기준으로 1987년에는 4.1%까지 내려갔지만, 이후 조금씩 상승하면서 1997년에는 8.7%, 2007년에는 13.1%로, 그리고 2018년 중반에는 거의 25%로 올라갔다(9장 참조). 뱅가드는 살아남았고 더 성장할 수 있는 미래를 준

■ 해당 추정치는 업계 액티브 운용 펀드의 가중평균 비용비율과 뱅가드 액티브 펀드 가중평균 비용비율의 차이를 계산한 후, 이 값을 연도별 뱅가드 총자산에 곱했다. 예를 들어, 2017년 뱅가드 평균 자산인 2.5조 달러에 비용비율 우위인 0.65%를 곱하면 절감 효과는 295억 달러이다.

비했다. 더욱이 우리는 주식 유통권(산하 모든 펀드)과 투자 운용권(산하 모든 인덱스펀드와 머니마켓펀드, 채권펀드 대부분)을 가지게 되었다.

마침내 우리는 영역을 확장했다. '경영지원' '유통과 마케팅' '투자 운용'이라는 뮤추얼펀드 영업활동의 삼각형을 이루는 세 변이 완성되었다. 1981년에 뱅가드는 전방위적인 종합뮤추얼펀드 회사가 되었다.

흔들리지 마라

뱅가드는 초라했던 창업 당시의 모습에서 탈피하기가 무섭게 뮤추얼펀드 사업 활동에 필요한 모든 서비스를 다 수행하는 전방위적 펀드 회사로 빠르게 진화했다. 회사를 세우고 3년도 지나지 않은 1977년에는 펀드 주식 유통권을 가져왔다. SEC 판사가 우리의 펀드 직접 유통을 반대하는 것에도 지지 않고 꿋꿋하게 목표를 달성하려 노력하기 위해서는 흔들리지 않는 것이 무엇보다도 중요했다. 결국 SEC 위원회는 1981년에 입장을 번복해 우리의 펀드 유통 계획안을 적극적으로 지지해 주었다.

그러나 펀드 주주들의 이익 증대를 위해 우리가 가야 할 길은 아직도 창창했다. 무엇보다도 우리는 웰링턴 자산운용사와(그리고 나중에는 다른 외부 자문사들과) 계속해서 자문 계약 재협상을 진행해 자문수수료를 크게 줄이는 데에 주력했다. "흔들리지 마라"라는 좌우명이 우리를 계속 지탱하고 있었다. 이후 18년 중 9년을 수수료 절감 협상을 벌이면서 계속해서 자문수수료를 인하했다. 뱅가드 그룹의 자산은 끝을 모르고 증가했지만 우리는 든든한 토대를 쌓았기에 흔들리지 않았다.

6장

1981~1991

미래 성장의 발판을 마련하다

	12/1981	12/1991	연간 자산성장률
뱅가드 자산(단위: 10억)	$4.2	$77.0	21.5%
업계 자산(단위: 10억)	241.4	1,454.1	12.7
뱅가드 시장점유율	4.9%	6.2%	-
			총수익률
S&P 500 지수	123	417	17.6%
미국 중기국채 수익률	14.0%	6.0%	13.1
주식 60% / 채권 40%	-	-	15.9

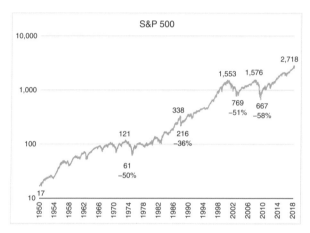

출처: 야후 파이낸스.

1980년대는 주식도 채권도 다시금 위대한 성장을 보인 시기였지
만 투자 대중의 기억에는 아마도 1987년 10월 19일의 '블랙먼데이Black
Monday'가 가장 뚜렷이 각인돼 있을 것이다. 그날 하루에만 주가지수는
23%가 붕괴했다(1987년 한 해 S&P 500이 5.3% 상승했다는 것을 기억하
는 사람은 거의 없다).

1981년의 행복한 사건들

1982년이 시작되면서 우리에게 겹경사가 일어나, 우리는 본격적인 움직임에 들어갔다. 첫 번째 좋은 일은 1981년 마침내 뱅가드 그룹이 산하 모든 펀드의 마케팅과 유통 권한을 지배해도 된다는 SEC 최종 판결이 내려진 것이었다. 뱅가드의 미래 성장을 위해서는 무엇보다도 중요한 판결이었다.

두 번째로 뱅가드는 1981년부터 산하 고정수입펀드의 투자 운용 권한을 가지게 되었다. 내가 1974년의 미래 구조 연구에서 주된 목표로 표명했던 외부 자문사로부터의 독립을 창립한 지 불과 7년 만에 달성한 것이었다.

1974년에는 뱅가드가 펀드 경영지원을 책임져도 된다는 SEC의 암묵적 승인이 이루어졌고, 1981년에 펀드 유통권을 허락하는 공식 판결이 내려졌으며, 같은 1981년에는 자사 펀드에 직접 자문서비스를 제공하는 것도 가능해졌다. 이로써 뱅가드는 거의 반세기에 걸쳐 웰링턴 펀드와 이후 뱅가드 펀드의 사명까지도 한정하던 전통적 뮤추얼펀드의 산업구조를 공식 폐기하는 데 성공했다.

전통적 펀드 모델 뒤집기

전통적 펀드 모델에 따르면, 뮤추얼펀드의 실질적 지배권은 펀드 회사가 소유한 독립 법인인 투자자문사가 갖고 있다. 그러나 뱅가드는 이

것을 근본적으로 뒤집었다. 뱅가드의 소유자는 뮤추얼펀드였고, 뮤추얼펀드의 주인은 펀드 주주들이니만큼 뱅가드의 운전석에 앉은 사람은 누가 뭐라 해도 펀드 주주들이었다. 뱅가드 펀드는 거대한 규모로 성장했지만 우리가 도입한 새로운 뮤추얼펀드 구조는 40여 년이 지난 지금도 거의 유일무이한 구조이다.

SEC 위원들이 우리의 새로운 사업 구조를 승인해주기는 했지만 다른 펀드 회사들은 여전히 기존의 모델로 사업을 운용하고 있었다. 다시 말해, 경쟁 펀드 회사들의 운전석에는 자문사와 증권인수회사가 앉아 있었다. 펀드 영업활동을 지배하는 주체도, 마케팅과 유통 및 운용과 같은 펀드 관련 활동을 통제하는 주체도 투자 운용사였다.

누구의 이익을 제일 앞에 둘 것인가?

우리의 경쟁 펀드사들은 펀드 주주들의 이익보다는 자사의 재무적 이익을 더 앞에 두었다.■ 우리는 정반대였다. 우리에게는 주주 이익이 제일 먼저였다. 뮤추얼펀드 지배구조에 대한 '뱅가드 실험'이 이제 시장의 시험대에 올랐다.

1980년대 내내 나는 임직원에게 우리의 사기가 꺾이지 않고 단단히 유지된 덕분에, 뱅가드 펀드들의 자산이 성장했다고 입버릇처럼 말하

■　이 부분에서 2장에서 나온, 뮤추얼펀드에는 상호성이 부족하다는 뜻을 확실하게 내비쳤던 매뉴얼 코헌 SEC 의장의 말이 다시금 떠오른다.

곤 했다. 하지만 실상 뱅가드 펀드 자산의 증가는 펀드 산업 전체의 고속 성장과 맞물린 덕이 컸다. 1980년대에 뮤추얼펀드 산업의 자산은 2,410억 달러에서 1조 4,500억 달러로 크게 성장했는데, 그 성장의 선봉대에 선 것은 20억 달러에서 5,740억 달러로 자산이 치솟은 MMF였다. 뮤추얼펀드 자산 증가의 거의 절반이 여기에서 나왔다.

5장에서도 언급했지만, 투자자들은 MMF로 몰려들었다. 고금리와 상대적으로 낮은 리스크를 장점으로 내세운 MMF는 뮤추얼펀드 산업의 구세주라고 말해도 좋을 정도로 새로운 고성장 자산운용 산업을 만들어냈다. 덕분에 뱅가드도 더욱 빠르게 성장했다.

우리는 MMF 사업에 조금 늦게 뛰어든 편이었지만, MMF 자산은 1981~1991년까지 42억 달러에서 770억 달러로 몰라볼 정도로 늘어났다. 시장점유율은 4.9%에서 6.2%로 소소하게 올랐지만, 우리는 두 가지 규칙을 절대로 어기지 않았다. (1)시장점유율 상승은 고객 이익에 이바지한다는 목표가 성공했음을 측정하는 수단일 뿐 그 자체는 목표가 아니다. (2)시장점유율은 노력해서 얻는 것이지 값싸게 매수하는 것이 아니다.

┃ 뱅가드, 액티브 운용 시장에 뛰어들다······

나는 1977년에 만기구분 채권형 펀드를 만든 것이 훗날 액티브 투자 운용 시장에 진입하는 발판이 될 것이라고는 그때는 미처 깨닫지 못했다. 하지만 뱅가드 사내에 픽스드 인컴 그룹 Fixed Income Group, FIG을 세워도 될 만한 임계점에 올랐다는 것이 분명해지면서 우리는 1981년 9월 거대한 한 걸음을 내디뎠고, 3억 5,000만 달러의 채권 자산을 우리가 직접 운용하기 시작했다. 뱅가드 픽스드 인컴 그룹은 우리가 처음 시도한 액티브 투자 운용 펀드였다.

뱅가드는 1976년에 500 인덱스펀드(초기 펀드명은 퍼스트 인덱스 인베스트먼트 트러스트)를 창설해 계속 운영해오고 있었지만, 이 펀드는 S&P 500 지수를 추종할 뿐 운용할 필요가 없는 펀드였다. 그러나 앞에서도 여러 번 말했듯, 나는 고정수입펀드에 대한 액티브 운용이야말로 '사실상의 지수연동투자'라고 생각하고 있었다. 시장 세그먼트 같은 모습에 상대적 예측 가능성도 높은 포트폴리오를 구축하는 것이 뱅가드의 기본적인 운용 정책이기 때문이었다.

······지수연동투자를 채권시장으로 확대하다

픽스드 인컴 그룹 신설은 우리가 업계 최초로 개인투자자들을 위한 채권형 인덱스펀드를 만들겠다는 결심을 앞당기게 한 계기가 되었다. 뱅가드는 1986년에 많은 시간을 들여 채권형 인덱스펀드의 토대를 닦고는 있었지만 최종적으로 영감을 준 것은 〈포브스〉의 기사였다. 이 기사는 고정수입형 뮤추얼펀드들 대부분은 고비용에다 수익률은 이류에 불과하다면서 애달프게 외쳐댔다. "뱅가드여, 우리가 당신을 필요로 하는데 당신은 어니에 있습니까?"

나는 이 외침을 차고도 넘치게 들었다. 1986년 뱅가드 본드 마켓 펀드 Vanguard Bond Market Fund를 창설하면서 뱅가드는 다시금 선구자가 되었다. SEC는 '뱅가드 본드 인덱스펀드'라는 이름을 사용하는 것을 허가하지 못한다는 입장이었는데, SEC 투자 운용부서 직원들은 개별 채권을 상대적으로 적은 수만 보유한 채권형 인덱스펀드가 수천 종의 채권 가격을 반영한 채권시장 종합지수를 흉내 내는 것이 가능하다는 사실을 받아들이기 힘들었기 때문이다. 우리는 나중에 SEC의 반대가 사라진 후에야, '뱅가드 토털 본드 마켓 인덱스펀드 Vanguard Total Bond Market Index Fund'로 이름을 바꿀 수 있었다.

이후 몇 년 동안 우리의 채권형 인덱스펀드는 (지금의) 블룸버그 바클레이즈 미국종합채권지수 Bloomberg Barclays U.S. Aggregate Bond Index를 훌륭하게 추종하면서 기술적으로도 상업적으로도 성공을 거두었다. 설립 10년 만에 뱅가드의 채권형 인덱스펀드는 10대 채권형 뮤추얼펀드 중 하나가 되었다. 채권형 펀드는 1992년 당시 970억 달러였던 뱅가드 자산의 33%를 차지하면서 MMF를 밀어내고 우리의 최대 자산군이 되었다. 우리도 감탄할 정도로 큰 규모였지만 아직 시작에 불과했다. 2018년 중반 기준 뱅가드 토털 본드 마켓 인덱스펀드의 두 포트폴리오(사실상 같은 것이다) 총운용자산은 3,560억 달러로, 픽스드 인컴 그룹이 운용하는 1조 달러 고정수입자산 중 가장 큰 비중을 차지하는 자산이 되었다.

이정표 8. 1985

펜실베이니아 주에 내는 프렌차이즈세를 없애다
|
우리는 1985년에도 고객을 위해 비용을 또 다시 낮추었다. 펜실베이니아 주 입법부에 했던 로비가 성공을 거둔 덕분에 뮤추얼펀드가 주 정부에 납부해야 하는 프랜차이즈세Franchise Tax■를 크게 줄일 수 있었던 것이다. 우리 뱅가드 펀드 대부분은 매년 자산의 0.10%(10베이시스포인트) 정도를 펜실베이니아 주에 세금으로 냈는데, 저비용 펀드인 우리에게는 상당히 부담스러운 세율이었다. 만약에 지금도 펀드 주주들이 부담해야 하는 세율이 0.10%였다면 비용비율도 0.11%가 아닌 0.21%가 되었을 것이고, 매년 10베이시스포인트의 추가 부담 비용이 누적된다면 그 금액만도 총 50억 달러이다. 그러니 우리는 뱅가드 다른 주로 본사를 이전하거나 세법을 바꾸게 하거나 둘 중 하나를 선택해야 했다. 우리는 두 번째를 선택했다.

우리는 필라델피아의 변호사이며 어니스트 클라인Ernest Kline 전 부지사의 지지를 유지하고 있던 조지프 E. 브라이트Joseph E. Bright를 앞세워 로비를 벌였다. 펜실베이니아 주 소재의 다른 펀드사들도 로비에 동참하기를 원했지만 나는 거절했다. 나는 세율 문제를 해결하는 데 있어서, 내 독립적인 판단을 타협하고 싶지도 않았고 내 뜻과는 다르게 혹여라도 입법가들에게 뇌물을 주게 되는 상황에 처하고 싶지도 않았다. 미국의 입법 과정에서는 그런 타협이 흔하게 벌어지지만, 자칫하면 로비 전체가 혼탁해질 수도 있기 때문이었다.

펜실베이니아 주의 상원과 하원 모두 이번 세법 조정안이 중요하다는 것을 잘 알고 있었기에 이 부담스러운 세금을 없애는 법안은 450:0의 만장일치로 가결되었다. 딕 손버그 주지사는 1985년 12월 19일 법안을 재가했다.

■   사업자가 주 정부에 내는 사업 허가세. (역주)

두 번의 위기

1981년부터 1991년까지 채권시장과 주식시장은 몇 번이나 심한 부침을 겪었다. 우리는 그런 외부 격랑에 대응하기 위해 몇 가지 혁신을 만들어냈다. 1987년 4월 지방채 시장 위기가 발생했을 때, 주주들의 문의 전화 폭주로 우리는 업무가 거의 마비되는 경험을 했다. 어떤 위기든 반드시 또 발생할 것이라고 판단한 우리는, 문의 전화가 폭주해도 잘 대처할 수 있도록 거의 전 직원을 훈련시켰다. 다음 위기는 예상보다도 훨씬 일찍 발생했다. 그러나 다행히 상비군처럼 만반의 준비를 하고 있던 우리는 걱정 없었다.

이정표 9. 1987

전 직원의 상비군화

하원이 전통적으로 부여하던 지방채 비과세 혜택을 철폐할지도 모른다는 소문이 돌면서, 일시적이었지만 지방채 시장이 추락했다. 유동성이 메말랐고, 시장은 이미 가격이 한참이나 내려간 상태에서 진정되었다. 어쨌거나 우리는 충분히 많은 자산을 처분해서(대부분은 크게 저평가된 가격으로) 우리 펀드가 필요로 하는 현금을 동원할 수는 있었다. 그때는 모든 지방채 펀드가 밀려드는 환매 요청 때문에라도 현금이 많이 필요한 실정이었다.

이때의 지방채 시장 대폭락으로 뱅가드 그룹 운영 방식의 중대한 허점 한 가지가 드러났다. 주주들이 정보를 문의하거나 현재 주가를 알아보거나 환매를 위해 전화를 걸었을 때, 우리가 폭주하는 문의 전화에 제대로 대처할 수 없었던 것이다. 결국 주주들은 끝도 없이 기다려야 했고, 아예 연결조차 되지 않은 경우도 있었다.

우리는 모든 문의 전화를 다 받으려고 최대한 노력했지만, 나로서는 뱅가드에 전화 연결을 하지 못한 주주들이 회사로 급히 차를 몰고 달려올지도 모른다는 걱정이 들었다. 그러다가 회사 앞에 차가 즐비하고, 그 장면이 방송국의 저녁 뉴스로 송출되어 패닉까지 불러일으킨다면 어쩔 것인가.

문의 전화가 폭주하는 일이 자주 일어나는 일은 아니었기에, 전담 상근직 직원을 따로 배치하는 것은 비효율적이었다. 아예 모든 직원에게 전화 응답 훈련을 시키는 것이 더 나았다. "스위스에는 따로 군대가 있는 게 아니라 모든 시민이 군인이다"라는 말이 있다. 스위스에서는 일정 연령 이상의 모든 성인이 군사 훈련을 받는 것처럼, 우리도 뱅가드 '상비군'을 만들었다.

펀드 임직원 모두에게 전화 응답 훈련을 하자 부수적 효과도 얻었다. 포트폴리오 매니저를 비롯한 임직원 모두가 투자회사의 일원임을 다시금 상기하게 되었고, 우리는 단순히 숫자가 아니라 진짜 사람을 위해 일해야 한다는 것을 깨닫게 되었다. 그렇다고 모든 임직원이 이 새로운 책무를 달갑게 받아들인 것은 아니었다. ■

■ 나는 전화 응답하는 일을 좋아했다. 1987년 블랙 먼데이 당일에만 나는 104건의 문의 전화에 응답했고, 가끔은 주식시장이 오를 거라고 낙관하는 말을 돌려 전하기도 했다.

| 블랙먼데이

| 1987년 10월 19일. 블랙먼데이로 기록된 이 날 하루에만 S&P 500은 23%가 빠졌고, 주식 투자자들은 패닉에 휩싸였다.■■ 우리는 상비군으로서 갑작스러운 문의 전화 폭주에 대응했다. 완벽한 대응은 아니었지만, 아무 준비도 없었던 경쟁사들이 부러워할 만큼은 되었다.

다음 해 우리는 펀드 회사 운영 방식뿐만 아니라, 고객 서비스에서도 업계 최고가 된다는 목표를 세웠다. 컨설팅 회사인 맥킨지 앤 컴퍼니 McKinsey&Company와 협약을 맺고 우리의 기술 전략을 점검했지만, 이 목표를 이루기 위해 기술을 적극적으로 사용한다는 우리의 의지는 약했다("우리는 기술 리더가 되기 위한 비용을 감당할 수 없다"). 뒤에 7장에서 나오지만, 나는 1992년 고위 경영진 회의에서 이런 태도를 비롯해 여러 '불가침 영역'을 깨부수었다. 나는 경영진에게 다음과 같이 말했다. "우리는 리더가 되지 않았을 때의 대가를 감당할 수 없습니다".

32개의 뮤추얼펀드를 추가하다

1981년, 인덱스펀드가 날개를 활짝 펼치고 높이 날아오르려면 아직은 10여 년은 더 기다려야 했기에 우리는 액티브 운용 주식형 펀드를 계속 창설했다. 계약 중인 외부 자문사에 운용을 맡길 주식형 펀드 7개와 새로운 주식형 인덱스펀드 2개를 만드는 등 새 분야를 개척했다. 전통적 자산운용을 해도 된다는 뱅가드 이사회의 승인 아래, 픽스드 인컴 그룹을 신설한 후로 우리는 추가로 13개의 만기구분형 채권 펀드를 설립했다. 그중 5개는 특정 주가 발행한(캘리포니아 주, 뉴욕 주, 펜실베이니아 주, 오하이오 주, 그리고 나중에 뉴저지 주 추가) 장기 지방채를 보유하

■■　　S&P 500은 1987년 6월 고점이었을 때에 대비해서 같은 해 10월에는 40%가 하락했다. 하지만 그해 전체를 놓고 보면 S&P 지수는 5%가 올랐다.

는 비과세 채권형 펀드였다.

우리는 그중 4개 주 주민들을 대상으로 하는 비과세 MMF를 설립했고, 미국 재무부가 발행한 장단기 채권을 주로 보유하는 과세형 만기구분 채권형 펀드도 6개 넘게 설립했다. 또한 여기서 그치지 않고 9개의 주식형 펀드를 설립했는데, 그중 7개는 새로 계약을 맺은 외부 자문사가 운용하는 펀드였다. 2개는 아직은 시장이 크지 않은 지수연동투자를 확대하기 위해 설립한 것으로, 전부 S&P 500 인덱스펀드로 구성했다. 한꺼번에 펀드를 많이 설립한 감이 있기는 했지만, 이것은 미래를 내다보고 하는 베팅인 동시에 지수연동투자 시장이 활짝 만개할 때까지 뱅가드 성장을 유지하고 자산기반을 다각화하기 위해 행한 노력이기도 했다.

1981: 뱅가드 인터내셔널 그로스 펀드 Vanguard International Growth Fund.

초창기의 중요한 '해외' 주식형 펀드 중 하나인 뱅가드 인터내셔널 그로스 펀드는 해외 기업들의 주식만을 보유했다. 뱅가드 초기 펀드인 아이베스트 펀드는 두 개 포트폴리오로 나뉘어 운용되다가 나중에 정식 펀드로 분리되었는데, 하나는 뱅가드 U.S. 그로스 펀드Vanguard U.S.Growth Fund였고 다른 하나가 인터내셔널 그로스 펀드였다(나중에 뱅가드 인터내셔널 밸류 펀드Vanguard International Value Fund가 추가되었다).

1985년에 이 해외 주식 포트폴리오가 별도 펀드로 독립해 인터내셔널 그로스 펀드가 되었고 모두가 놀랄 만한 성장을 보였다.■■■ 우리는

■■■ 포트폴리오에 포함된 미국 외 주식들의 자산 가치가 치솟았다. 뱅가드 인터내셔널 그로스 펀드는 1986회계연도도 한 해에만 96.6%가 치솟았고, 처음 5회계연도 동안의 누계 상승률은 283%나 되었다.

런던의 슈로더 투자운용Schroders Investment Management를 포트폴리오 운용사로 선정했고, 리처드 R. 포크스Richard R.Foulkes는 2005년 은퇴할 때까지 훌륭하게 자산을 운용했다.

1986: 뱅가드 퀀터티테이티브 포트폴리오 Vanguard Quantitative Portfolios, VQP. 컴퓨터로 하는 주식분석과 투자 전략이 투자 산업에서 점점 입지를 넓히는 추세였기에, 정량분석 기법에 의존하는 펀드가 크게 성장할 것임은 누구라도 알 수 있었다. VQP 운용사는 보스턴에 소재한 신생 퀀트 운용사 중 하나인 프랭클린 포트폴리오 어소시에이츠Franklin Portfolio Associates였다. 우리는 전통적 액티브 펀드의 분석가와 전략가보다는, 컴퓨터 프로그램이 돈이 훨씬 덜 든다는 점으로 자문수수료를 최저 수준인 0.24%로 협상을 성사시킬 수 있었다.

VQP는 "이제 뱅가드가 상대적 예측 가능성을 모든 투자자에게 안겨드립니다"라는 문구를 내걸고 몇 번의 광고를 진행했다. VQP 펀드는 2005년까지는 무비용의 S&P 500 지수를 따라서 주식을 보유했지만 지수와의 차이는 거의 없었다(이 펀드의 연수익률은 11.9%였고 S&P 지수의 연수익률은 11.6%였다). 그 이후로 펀드 수익률은 S&P 500을 조금 하회했다(펀드 연수익률은 8.0%, 지수 상승은 8.7%). 그나마 이름 하나 괜찮았는데 뱅가드 경영진은 1997년에 뱅가드 그로스 앤 인컴 펀드Vanguard Growth and Income Fund로 이름을 바꾸었다. 이름마저도 재미없어진 것이다.

1987: 뱅가드 익스텐디드 마켓 인덱스펀드 Vanguard Extended Market Index Fund. 잘 알다시피 선구자적인 뱅가드 500 인덱스펀드는 중소형주를 포함하지 않았기 때문에, 종합지수를 다 포함하는 의미에서 이 펀드를 만들었다. 이것은 뱅가드 500 인덱스펀드 투자자들 중 대형주만이

아니라 소외된 중소형주도 다 포함해서 (현대 포트폴리오 이론의 가장 핵심 특징인) 시장 전체를 보유하는 포트폴리오를 꾸리고 싶어 하는 투자자들을 대상으로 설계된 펀드였다. 또한 중소형주가 수익이 더 좋다고 믿는 투자자들도 주된 목표로 삼았다.

1987년 설립된 뱅가드 익스텐디드 마켓 인덱스펀드는 연수익률이 11.0%로, S&P 500의 10.5%보다는 조금 높은 수준이었다. 많은 투자자가 이 펀드에 관심을 보였다. 현재 해당 펀드의 자산기반은 670억 달러이고 뱅가드 펀드 중에서 20위 안에 들며, 자산가액 기준으로는 업계 총 4,752개 주식형 뮤추얼펀드 중 27위이다.

훌륭한 액티브 매니저를 고르는 투자

오늘날은 뱅가드라고 하면 자산의 78%를 차지하고 있는 인덱스펀드가 가장 유명하지만, 1981년에는 뱅가드 자산의 98%가 액티브 펀드였다. 지수연동투자를 시작하기 전에 몇 년 동안 내가 무엇보다도 중요하게 여긴 부분은 장기보유 위주와 회전율이 높지 않은 노련한 운용사에게 펀드 운용을 맡기는 것, 그리고 업계 표준을 크게 밑도는 자문수수료를 지불하는 것이었다.

주식시장 전체에 골고루 분산투자를 하는 인덱스펀드야말로 대다수 투자자에게 최고의 투자 방법이라는 내 믿음에는 변함이 없지만, 위의 특징을 골고루 만족하는 액티브 펀드를 잘 고르는 것도 시장을 초과하는 수익을 내는 좋은 방법일 수 있다.

1984: 뱅가드 프라임캡 펀드 Vanguard PRIMECAP Fund. 1983년 캐피털 그룹Capital Group에서 실력이 세 손가락 안에 꼽히는 매니저 세 명이 회사를 떠나서 프라임캡 자산운용사PRIMECAP Management Company라는 이름의 투자자문사를 세웠다. 나는 그 셋 중 하워드 B. 쇼우Howard B. Schow와 미첼 밀리어스Mitchell Milias와 친분이 있었다. 나는 캘리포니아로 출장을 간 참에 파사데나에 있는 그들의 회사에 방문했다.

프라임캡은 자산운용을 원했고, 나는 그들에게 운용을 맡길 새 뮤추얼펀드를 조직해서 경영지원과 유통을 맡고 싶었다. 하지만 그들은 "우리의 장기 계획에는 포함되지 않다"라면서 뮤추얼펀드 운용을 꺼리는 기색이었다. 하지만 평소에 신뢰 관계를 쌓아왔던 덕분에, 우리는 1984년 11월 1일에 뱅가드 프라임캡 펀드를 만들 수 있었다.

수익률은 탁월했다. 펀드의 연간 수익률은 모든 주식형 펀드 중에서도 최상위 수준인 13.8%였다. 성장주 펀드의 연수익률인 10.5%와 S&P 500 지수의 수익률인 11.3%를 훨씬 상회하는 수준이었다(이 펀드는 2004년부터 신규 계좌 개설을 중단한 상태이다). 뱅가드 프라임캡 펀드는 뱅가드 왕관에 박힌 보석 중에서도 가장 빛나는 보석이었다(프라임캡의 자세한 역사에 대해서는 14장 참조).

1985: 뱅가드 스타 펀드 Vanguard STAR Fund. 재간접펀드(다른 뮤추얼펀드로만 포트폴리오가 구성된 펀드)도 언제나 내 구미를 끌었다. 하지만 층층이 쌓인 운용수수료는 금전적으로는 불합리했고 윤리적으로도 불쾌했다. 그래서 우리가 시작한 것이 펀드 자체에는 수수료를 부과하지 않는 뱅가드 스타 펀드였다. 이 펀드의 주주들은 재간접펀드의 기초자산이 되는 다른 뱅가드 펀드들에 대해서만 수수료를 지불한다.

스타 펀드는 "특별 세금우대 은퇴 펀드 Special Tax-Advantaged Retirement Fund"의 약자였다. SEC는 이름 사용 승인 신청을 기각했지만 우리는 이름을 바꾸지 않았다. 스타 펀드의 주식/채권 혼합형 포트폴리오는 11개의 액티브 운용 뱅가드 펀드로만 구성돼 있다. 수익률은 뱅가드의 다른 혼합형 펀드와 비슷했으며, 2018년 총자산은 220억 달러였다.

두 번째 윈저 펀드

1985: 윈저 II 펀드 Windsor II Fund. 1985년의 가장 과감한 움직임은 아직 시작도 하지 않았다. 그해 5월에 뱅가드 윈저 펀드의 전설적 포트폴리오 매니저 존 B. 네프 John B.Neff가 내게 윈저 펀드의 신규 계좌 개설을 막아야 한다고 요구했다. 신규 계좌 개설을 중단해야 하는 시기가 언제든 올 것이라는 생각은 예전부터 있었다. 그리고 그 시기가 되었을 때 우리는 주저 없이 결단을 내렸다.

윈저 펀드의 자산은 23억 달러로, 당시 주식형 뮤추얼펀드 중 최대 규모였다. 현금 유입도 높았다.＊ 앞으로도 펀드 자산이 빠르게 증가한다면 초과수익을 이어나가기가 힘들 수도 있다며 존은 난색을 표했다. 나도 그 말에 전적으로 동의했고, 윈저 펀드는 1985년 5월 15일 자로 신규 계좌 개설을 중단했다.

■　　　윈저 펀드가 신규 계좌 모집을 중단했을 때 이 펀드의 자산 규모는 S&P 500 전체 시총의 0.28%였다. 2018년 초에 펀드의 자산이 S&P 500 전체 시총의 0.28%라면 근액으로는 630억 달러 정도일 것이다.

다만 나는 윈저 펀드로의 현금유입이 중단된다는 사실이 달갑지 않았다. 뱅가드 현금흐름에 크게 기여했기 때문이다. 그렇다고 해서 '황금알을 낳는 거위를 죽일' 생각도 없었다. 하지만 저평가되었으며 배당수익률이 평균 이상인 펀드가 필요하다는 사실은 변하지 않았다. 그래서 우리는 1985년 6월 24일 윈저 II 펀드를 만들었다.

냉소주의자들의 패배

이사회에서 신설 펀드의 자문사로 참여하기를 원하는 외부 운용사들의 프레젠테이션을 들은 후 우리가 선택한 자문사는 댈러스에 있는 배로, 핸리, 뮤힌니 앤 스트라우스Barrow, Hanley, Mewhinney, and Strauss였다. 윈저 II 펀드의 자산이 몇 년간 계속 성장하면서 새로 운용사들이 추가되었다. 1991년에 뱅가드 산하의 운용사인 퀀티테이티브 에쿼티 그룹이 새로운 운용사로 참여했고, 2003년에는 핫치키스 앤 와일리 자산운용사Hotchkis and Wiley Capital Management가, 2007년에는 라자드 자산운용사Lazard Asset Management가, 2010년에는 샌더스 캐피털Sanders Capital이 새로 추가되었다. 이중 최대 포트폴리오 운용사는 여전히 배로 핸리이다(윈저 펀드의 역사에 대해서는 13장 참조).

제2의 윈저 펀드를 만든다는 전략적 행동에 시장의 반응은 냉소적이었다. 나는 새 펀드를 뱅가드 제2의 가치주 펀드로 만들겠다는 목표에서 윈저 II라는 이름을 지었지만, 시장은 윈저라는 이름과 존 네프의 평판에 편승하려 한다는 비난을 퍼부었다. "윈저 II는 절대로 윈저만큼 훌룡한 수익을 내지 못할 게 빤하다"라고 공통적으로 말하고 있었다. 이쯤에서 두 펀드가 1985년부터 거둔 수익률을 비교하고 넘어가자. 윈저 펀드의 연수익률은 +10.1%였고, 윈저 II 펀드는 +10.5%였다(뱅가드에 대한 비난이 틀렸다는 증거는 이것만이 아니다). 2018년 중반을 기준으로 윈저 II의 총운용자산은 480억 달러였고, 윈저의 총운용자산은 200억 달러였다.

뱅가드 스페셜라이즈드 포트폴리오

1981년부터 1991년까지 연속해서 성공을 거두긴 했지만, 사실 뱅가드 회장으로서의 내 가장 큰 실패도 같은 시기에 있었다. 1984년에 나는 피델리티가 자신만만하게 미는 방위와 우주항공, 레저와 엔터테인먼트, 기술 등 8개 섹터 특화 펀드Sector Fund와 경쟁을 해야 한다는 사실에 초조해졌다. 피델리티의 도전에 응수하기 위해 뱅가드 스페셜라이즈드 포트폴리오Vanguard Specialized Portfolios를 만들었다. 뱅가드 스페셜라이즈드 포트폴리오는 피델리티보다 훨씬 원칙적인 접근법으로 섹터를 금과 귀금속(지금은 귀금속과 광업), 테크놀로지, 에너지, 서비스 경제, 헬스케어, 이렇게 5개로 크게 분류했다.

그러나 내 생각이 너무 짧았다. 나는 1951년 프린스턴 졸업논문 준비를 위해 펀드 산업을 연구하면서 5개 '섹터 특화 펀드' 회사들의 실적을 조사했다. 그룹 시큐어리티스Group Securities, 디버서파이드 인베스트먼트 펀드Diversified Investment Funds, 매니지드 펀드Managed Funds, 인코퍼레이티드Incorporated, 키스톤 커스토디언 펀드Keystone Custodian Funds의 자산 점유율은 10%였다.

그룹 시큐어리티스는 특정 업종에 투자하는 인더스트리 펀드Industry Fund를 15개 운용했으며, 1억 달러 자산 중 약 45%를 담배주와 철강주에 집중적으로 투자했다. 그룹 시큐어리티스는 산하 펀드들끼리의 트레이딩을 원활하게 한다는 전략을 세우고, 투자자들에게도 시장 추세에 따라 15개 인더스트리 펀드 사이에서 갈아타는 것을 적극적으로 장려했다. 하지만 이 전략은 실패였다. 15개 인더스트리 펀드는 1961년에 하나도 남김없이 사업을 접었고 그룹 시큐어리티스가 운용하는 다른 펀드로 통폐합되었다. 애초에 투자 전제부터 잘못되었던 이 15개 인더스트리 펀드는, 마케팅에서는 잠깐 반짝 빛을 발했지만 투자자들에게 아무 도움도 주지 못한 채 주류에서 밀려났다.

나는 나의 긴 외길 인생에서 몇 번인가 큰 실수를 저질렀는데, 대부분은 투자 중심이 아니라 마케팅 중심으로 펀드 전략을 짰을 때였다. 뱅가드 스페셜라이즈드 포트폴리오는 처음에 5개 펀드를 만들었지만, 그중 2개(서비스 경제와 테크놀로지)는 지금은 존재하지 않는다. 내 패배를 포장하려는 것은 아니지만, 아이러니하게도 살아남은 1개는(뱅가드 헬스케어 펀드) 역대 최고의 장기 수익을 안겨준 뮤추얼펀드로 역사에 기록되지 않을까 싶을 정도이다.

1988: 뱅가드 에쿼티 인컴 펀드 Vanguard Equity Income Fund. 배당수익률을 집중해서 관찰하면 뱅가드의 비용-우위가 얼마나 높은지가 잘 드러난다. 펀드가 배당인컴을 전략으로 내세운다면 고비용을 감출 방법은 얼마 되지 않는다(그래도 잘 살펴보기는 해야 한다!). 우리는 에쿼티 인컴

펀드의 비용·비율이 낮으므로 투자자들에게 동종 펀드보다 높은 배당수익률을 줄 수 있다고 자신했다.

2018년 초에 경쟁 펀드들의 평균 배당수익률은 2.0%였고 뱅가드 에퀴티 인컴 펀드의 평균 배당수익률은 2.5%였다. 하지만 비용비율(경쟁 펀드 평균 0.83%, 뱅가드 0.17%)을 차감하기 전의 총배당수익률은 경쟁 펀드들은 평균 2.6%, 뱅가드는 2.7%로 큰 차이가 없었다. 결국 뱅가드 펀드 투자자들이 다른 펀드 투자자들보다 배당수입이 25%(0.5%포인트) 더 높은 직접적인 이유는 우리의 저비용 구조였다. 지금 뱅가드 에퀴티 인컴 펀드의 운용자산은 동종 펀드 최대 규모인 300억 달러이다.

생산적인 10년

1980년대는 뱅가드 스페셜라이즈드 포트폴리오에서는 참패했지만 이 10년 동안 뱅가드는 3가지 중요한 목표를 달성했다. (1)자산기반을 구축한다. 이 10년을 기점으로 뱅가드의 자산기반이 증가하기 시작했고, 2018년 기준 우리의 총운용자산은 약 6,500억 달러이다. (2)채권 펀드의 역량을 강화한다. (3)시기의 문제일 뿐 확실하게 일어날 지수연동 투자의 승리를 기다리면서, 명민함과 집중력과 창의성을 잃지 않는다. 우리의 인덱스펀드 3개가 1980년대 말부터 급성장을 시작했다고는 해도 1991년에도 뱅가드 총자산 중 인덱스펀드 3개의 자산은 다 합쳐도 70억 달러, 비중은 9.1%에 불과했다.

앞을 보다

1990년대 들어 지수연동투자 경쟁에 첫 시동이 걸렸다. 공격적인 액티브 운용에 주력하던 피델리티가 S&P 500을 모델링한 주식형 인덱스펀드 2개를 시작했다. 인덱스펀드에 진출한 펀드사는 아직은 거의 없었고, 설령 있더라도 고비용이었기에 인덱스펀드를 고민하는 투자자들은 뱅가드를 후보군의 제일 앞줄에 세울 수밖에 없었다. 예를 들어 T. 로 프라이스가 1990년부터 1995년까지 판매한 S&P 500 인덱스펀드는 줄곧 0.45%의 비용비율을 유지했다.

이후 5년 동안 우리는 투자자들의 특별한 니즈와 목표에 맞춤형으로 부응하기 위해 다양한 인덱스펀드를 개발했다. 우리는 업계 최초로 채권과 주식을 혼합한 뱅가드 밸런스드 인덱스펀드Vanguard Balanced Index Fund를 만들었고(1992), 성장주에 주력하는 최초의 그로스 인덱스펀드Vanguard Growth Index Fund를 만들었으며(1992), 가치주에 투자하는 최초의 밸류 인덱스펀드Vanguard Value Index Fund(1992), 은퇴 시점 설정 펀드인 타깃 리타이어먼트 펀드Vanguard Target Retirement Funds(2003)의 전신인 라이프 스트레티지 펀드Vanguard Life Strategy Fund(1994)도 처음 만들었다.

1981~1991년은 여러 방향으로 뱅가드가 나아갈 길을 닦은 10년이었다. 1993년에는 영업 방식의 변화를 꾀함으로써 가격경쟁력과 다른 여러 요소를 바탕으로 펀드 비용을 적절히 할당하는 유연성을 높일 수 있었다. 또한 외부 자문사와 수수료 계약 조건도 더 유리한 쪽으로 바꿀 수 있었다. 그리고 거액의 자산을 맡기는 투자자들을 위해서는 애드머럴 펀드 시리즈를 통해 업계 최초로 비용비율을 한 단계 더 크게 낮춰

주었다. 현재는 애드머럴 펀드들이 뱅가드 자산에서 높은 비중을 차지하고 있다.

흔들리지 마라

뱅가드 자산은 10년 동안 42억 달러에서 770억 달러로 거의 20배나 늘어났다. 우리는 기뻐하면서도, 흔들리지 않았다. 우리는 언젠가 반드시 다가올 지수연동투자의 승리를 묵묵히 기다렸다. 1981~1991년까지 10년 동안 고정수입펀드 13개, 인덱스펀드 2개, 액티브 뮤추얼펀드 9개를 포함해 총 32개의 펀드를 신설했다(스페셜라이즈드 포트폴리오만 빼고는 다 좋은 수익을 냈다). 우리는 우리만의 길잡이별을 따라갔고 투자자 이익을 제일 첫째로 두었다. 한편으로는 뮤추얼펀드 산업의 서비스와 유통 경쟁이 치열해지고 있었기 때문에 뱅가드도 미래의 시장 변화를 준비해야 했다.

7장

1991~1996

새로운 뮤추얼펀드 산업을 준비하다

	12/1991	12/1996	연간 자산성장률
뱅가드 자산(단위: 10억)	$77	$236	21.1%
업계 총자산(단위: 조)	1.5	3.4	18.5
뱅가드 시장점유율	6.2%	7.0%	–
			총수익률
S&P 500 지수	417	741	15.2%
미국 중기국채 수익률	6.0%	6.2%	6.2
주식 60% / 채권 40%	–	–	11.7

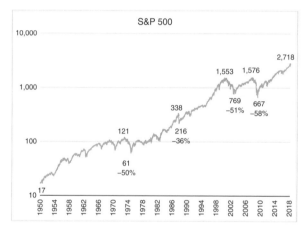

출처: 야후 파이낸스.

5년 동안 주가가 단 한 번도 거꾸러지지 않고 꾸준히 상승했다면 그보다 좋은 장은 없다고 말할 수 있다. 1991~1996년까지 증시는 매년 무려 15.2%씩 상승했다. 1900~1974년까지의 장기 연평균 수익률인 8.6%를 가뿐히 뛰어넘는 상승이었다. 증시는 그렇게 매년 15.2%씩 오르면서 5년이라는 짧은 기간에 두 배가 되었다.

폭발적 상승으로 문을 열다

증시의 폭발적 상승으로 포문이 열리면서, 짧지만 생산적이었던 1991~1996년까지의 5년이 시작되었다. 우리에게도 지수연동투자를 크게 도약하게 만들 수 있는 적기였다. 우리는 1975년 뱅가드 500 인덱스펀드를 만들었을 때부터 세운 미국 주식시장 전체를 아우른다는 설립 취지를 바꾸지 않고 고집스럽게 버텼다. 이즈음 뱅가드 500은 미국 7위의 주식형 뮤추얼펀드로 성장했고 뱅가드 운용자산의 14%를 차지하고 있었다. 본격적인 급성장의 시작이었다.

뱅가드 500 인덱스펀드는 시장 전체를 그대로 추종하지는 않았지만, 85%의 종목을 시가총액 가중치로 보유하고 있었으니 시장을 거의 대리한다고는 말할 수 있었다. 100%의 상장 종목을 보유하는 자매 펀드를 언제라도 만들 수 있었기에 뱅가드 500 인덱스펀드를 바꿀 필요는 없었다. 그래서 우리는 1992년에 뱅가드 토털 스톡 마켓 인덱스펀드를 출시했고, 이 펀드는 2013년에 세계 최대 주식형 뮤추얼펀드가 되었다.■

우리는 1992년에는 최초의 자산 혼합형(채권/주식) 인덱스펀드이며 라이프스트래티지 펀드(1994)와 타깃 리타이어먼트 펀드(2003)의 전신인 뱅가드 밸런스드 인덱스펀드도 만들었다. 은퇴 시점을 설정한 이 펀드들은 순식간에 가장 인기 있는 직장인 저축 투자 상품이 되었다.

1993년에는 뱅가드 비용비율에 구조적으로 중요한 변화가 발생했다.

■　토털 스톡 마켓 인덱스펀드와 뱅가드의 다른 인덱스펀드들에 대한 자세한 내용은 12장 "뱅가드의 인덱스펀드들" 편에서 자세히 나온다.

뱅가드가 자사 개별 펀드들의 비용·비율을 정할 때 자사 펀드만이 아니라, 경쟁 펀드에 맞춰서도 정할 수 있다는 이사회 승인이 떨어진 것이다. 그 시간부로 뱅가드는 공격적인 가격경쟁이 가능해진 것이다. 하지만 아직도 해야 할 일은 많았다.

불가침 영역

뱅가드는 5월 말쯤 연례 경영진 워크숍을 주최하는데, 나는 그때마다 개회 연설문으로 장문의 '뱅가드 현황'을 발표했다. 그 자리에서 우리의 혁신 정신이 깃든 깜짝 결정문을 발표하는 것이 내 낙이기도 했다. 기습 발표이므로 당연히 그 결정에 대해서는 아무에게도(정확히는 거의 아무에게도) 미리 언질을 주지 않았다.

예를 들어, 나는 1992년에 '불가침 영역'을 주제로 발표했다. 나는 뱅가드 경영진이 신성불가침이라고 여기는 10여 가지 정책을 나열했다. 그 중에서도 내가 심각하게 여기는 신성불가침 영역은 다음의 3가지였다.

1. "우리는 기술 리더가 되지 않을 것이다".
2. "우리는 고객 맞춤형 투자자문과 자산배분 지침을 제공하지 않을 것이고 제공할 수도 없다".
3. "우리는 경쟁사의 수수료 면제 방침에는 대응하지 않아도 된다".

이후 1년 이내, 이 3가지 신성불가침 영역 중에서 여전히 존재한 것은 하나도 없었다.

기술 리더

첫 번째 불가침 영역(기술 리더가 되지 않을 것이다)은 오래 버티지 못했다. 물론 내가 일전에 〈포브스〉 인터뷰에서 "기술은 비용이 많이 든다. 우리는 기술 리더가 되는 비용을 감당할 수 없다"라고 말하기는 했다. 하지만 기술이 펀드 사업의 중요한 차별화 요소로서 자리를 잡아가는 추세였고, 우리의 자산도 매달 수십억 달러씩 늘어나고 있었다. 그러니 나도 매니저들에게 말을 번복할 수밖에 없었다. "우리는 기술 리더가 될 것입니다. 그러지 않을 때의 대가를 우리는 감당할 수 없습니다".

워크숍이 끝나고 몇 달 후에 우리는 소위 'IT 항해'를 시작했다. 항해를 시작하려면 우선은 우리의 현재 기술 수준을 전체적으로 분석해줄 컨설턴트를 고용하고 미래의 청사진을 그려야 한다는 사실부터 인식해야 했다. 한나절 내내 여러 분야의 컨설턴트들이 프레젠테이션을 하는 자리에는 뱅가드 고위 경영진 모두가 참석했다.

최종 결정은 투표로 진행했다. 6명의 동료들은 모두 과거에 같이 작업한 적이 있던 현지 기술 회사와 제휴를 맺고 싶어 했지만, 나는 반대했다. 나는 그보다 대형 컨설팅회사인 맥킨지 앤 컴퍼니의 제안서가 마음에 들었다. 무엇보다도 맥킨지의 규모나 사업 범위, 전문성, 평판에 마음이 끌렸다.

결국 계약을 수주한 곳은 맥킨지였다(동료들도 내가 그렇게 결정한 근거를 이해한 것 같았는지 여기에 별다른 이의를 제기하지 않았다). 맥킨지는 딱 맞는 컨설팅을 제공했고, 우리는 그들이 제시한 뮤추얼펀드 산업의 기술 리더가 되기 위한 청사진을 그대로 따랐다. 우리가 성공한 것은 전적으로 작고한 로버트 A. 디스테파노Robert A.DiStefano의 덕분이다. 그의 전문 능력과 리더십, 판단력이 우리를 펀드 산업의 기술 리더에 오르게 해주었다(최근 몇 년 들어 펀드 기술의 리더 자리에 도전하는 회사들이 늘어난 데다, 우리의 자산 급성장에 맞는 적절한 기술을 마련하는 것도 쉽지가 않아졌다).

고객 맞춤형 자문 제공

두 번째 불가침 영역(개개의 투자자에게 고객 맞춤형 투자자문과 자산 배분을 제공하지 않는다)은 내 오랜 회의주의에서 비롯되었다고 해도 과언이 아니었다. 나는 시장을 꾸준히 이기는 펀드운용사를 찾아내려는 노력은 보람도 없는 헛짓이라고까지 생각하고 있었다.

하지만 드디어 인덱스펀드에 투자자들의 관심이 늘어나기 시작했고, 나는 자산상담 전문가들도 시장을 이기는 액티브 운용 펀드를 찾아내기보다는, 자산배분에 더 초점을 맞추게 될 것이라는 확신이 들었다.

2년 후 우리는 자체 투자자문 서비스 사업을 시작했고, 사업부 책임자로는 회계법인 쿠퍼스 앤 라이브랜드Coopers&Lybrand 출신의 리처드 스티브스Richard Lybrand를 영입했다. 리처드는 2001년에 뱅가드를 떠났지만, 2018년 초에 뱅가드의 투자자문을 받는 고객 자산은 1,000억 달러로 늘어났다.

경고 사격

1992년 뱅가드 중역들에게 했던 연설에서 나는 세 번째 불가침 영역

(경쟁 펀드의 가격 정책에 대응하지 않는다)을 뒤집어야 한다고 말했다. 경쟁사가 우리의 낮은 비용비율을 무력하게 만들려는 시도가 소용없다는 것을 알게 하려면, 나는 우리가 먼저 '경고 사격'을 가해야 한다고 말했다. 우리는 경쟁사들이 예상하지 못한 창의적이고 선별적인 방법으로 비용비율을 낮춰야 했다.

애드머럴 펀드

나는 1992년 경영자 워크숍에서 최소 투자금액이 상대적으로 높은 (최소 5만 달러 이상) 4개의 저비용 미국 국채 펀드(머니마켓, 단기, 중기, 장기)를 신설해 뱅가드의 경쟁 의지를 확고하게 내보여야 한다고 발표했다. 해당 펀드 시리즈의 이름은 고객의 수탁액이 "높은 수준"이라는 뜻에서 "애드머럴"이라고 정하기로 했다. 애드머럴 펀드 시리즈의 비용비율은 기존 뱅가드 채권형 펀드 비용비율의 절반도 되지 않는 0.10%였다.

새 펀드 공모에 곧바로 많은 자산이 모집되면서, 우리는 펀드의 비용비율을 선택적으로 적용하는 귀중한 경험을 할 수 있었다. 2018년 애드머럴 트리저리 펀드Admiral Treasury Funds 시리즈에 속한 4개 펀드의 총운용자산은 320억 달러였다. 블록버스터급 성공을 거둔 펀드는 아니었지만, 최저의 비용비율에 상대적으로 높은 채권수익률과 높은 총수익률을 제공하면서도 명목상의 신용 리스크만 있고 만기 리스크가 일정하다는 장점이 있었다.

그 후로 몇 년 동안 주주 수익률을 기록하는 기술이 놀랍도록 발전했다. 뱅가드 산하의 뮤추얼펀드를 애드머럴 셰어즈Admiral Shares 개념을 적용할 적기가 온 것이었다. 2000년부터 뱅가드는 산하 거의 모든 펀드에 비용이 상대적으로 낮은 애드머럴 셰어 클래스 옵션을 점진적으로 추가했다. 2018년 중반 애드머럴 셰어즈 옵션이 붙은 펀드들은 뱅가드 자산의 1/3인 1.7조 달러에 이르면서 단일 자산군으로는 뱅가드 최대 규모가 되었다.▪

애드머럴 셰어즈 옵션을 적용하면서 뱅가드는 혁명적인 방법으로 펀드 비용을 결정할 수 있게 되었다. 애드머럴 셰어즈 옵션이 붙은 펀드들의 자산가중치 평균 비용비율은 0.11%에 불과하다. 같은 뱅가드 펀드일지라도 인베스터스 셰어즈Investors Shares 클래스에 해당하는 펀드들의 평균 비용비율은 0.20%이고, 뱅가드 액티브 운용 펀드들의 가중평균 비용비율은 0.63%이다.

지수연동투자의 새로운 개념

이 시기에 뱅가드는 뮤추얼펀드 게임의 규칙을 새로 쓰기 시작했다. 우리는 단순히 주식형, 채권형, 머니마켓형 등으로 구분되는 펀드가 아니라 투자자 개개인의 다양한 니즈와 조건을 충족하는 뮤추얼펀드를 만들기로 했다. 그리고 그런 전략을 실현하려는 시도에서 우리는 새로운 인덱스펀드들을 만들었다.

▪ 애드머럴 셰어즈 투자자는 인덱스펀드는 3,000달러, 액티브 펀드는 5만 달러, 섹터 펀드는 100만 달러 이상의 투자금을 유지해야 한다. (역주)

뱅가드 그로스 인덱스펀드와 밸류 인덱스펀드

1989년, 나는 필라델피아 증권분석가협회(지금의 필라델피아 CFA 협회) 모임 연설에서 "합리적으로 구성된 성장주 지수와 주식배당(가치주) 지수 개발이라는 산을 넘는다면" 성장주와 가치주 인덱스펀드의 별도 설립도 충분히 가능하다고 약속했다. 그리고 마침내 1992년 5월 30일, S&P가 성장주 지수와 가치주 지수를 구분해서 발표하기 시작했다. 우리도 발 빠르게 움직여 1992년 11월 2일 S&P 500 종목들을 성장주와 가치주로 구분한 두 개의 인덱스펀드를 만들었다.

투자자가 두 펀드에 어떤 마인드로 접근해야 하는지는 간단했다. 자산가치 상승을 원하는 투자자에게는 성장주에 투자하는 뱅가드 그로스 인덱스펀드가 적합하다. 이 펀드의 수익은 장기적인 자산가치 상승이 높은 비중을 차지하고 과세가 되는 배당소득은 낮은 비중을 차지하며 변동성도 높은 편이다. 은퇴 시기가 다가와서 투자해 놓은 것들을 배분해서 써야 하는 시기가 온 투자자는 배당소득을 위주로 투자하고 변동성을 낮추는 것이 좋다. 그런 투자자에게는 뱅가드 밸류 인덱스펀드가 더 적절하다.

이상과 현실

그러나 이 단순하고 명확한 투자 아이디어는 만연해있던 시장에 대한 착각을 그대로 나타냈다. 나는 주주들에게 보내는 연차보고서에서, 성장주와 가치주 부문의 단기 수익률 차이를 기대하고 두 펀드를 자주 갈아타는 것은 오히려 수익 저하를 불러올 수 있다고 거듭 경고했다. 그러면서 그로스 인덱스펀드와 밸류 인덱스펀드가 장기적으로는 수익이 비슷할 것으로 기대한다는 말도 잊지 않았다.

하지만 내 경고를 주의 깊게 들은 사람은 거의 없었고, 내 예상은 놀랍도록 정확하게 들어맞았다. 두 펀드가 만들어지고 이후 25년 동안 그로스 인덱스펀드의 연간 수익률은 8.9%, 밸류 인덱스펀드의 연간 수익률은 9.4%로 거의 같았다. 그러나 두 펀드의 투자자들은 너무 자주 펀드를 오간 나머지 실제로 그들이 번 연수익률은 펀드 자체의 수익률에 훨씬 못 미쳤다. 그로스 인덱스펀드 투자자들이 실제로 가져간 연수익률은 +6.1%였고, 밸류 인덱스펀드 투자자들의 연수익률은 +7.9%였다. 내가 구상한 지수연동투자의 장점을 두 펀드의 투자자들이 오남용했다는 사실이 놀랍기도 했고 허탈하기도 했다.

팩터 펀드의 붐

아이러니하게도 그로스/밸류 인덱스펀드는 2000년대 중반부터 시작되어 순식간에 급성장하는 상장지수펀드가 된 '팩터 펀드'의 붐을 이끌었다는 것이다. 팩터란 재무경제학자들이 과거에 시장보다 초과 실적을 낸 주식들을 비슷한 투자 성격을 가진 것들끼리 분류해서 모아놓은 종목 집합을 의미한다. 그중에서도 가장 뚜렷하게 구분되는 두 개의 팩터는 '성장주'와 '가치주'이다. 2018년 초까지 과거 5년을 종합했을 때 모든 ETF로 유입되는 순현금흐름 중 20% 이상을 팩터 펀드가 차지했다(8장에서도 말하겠지만 ETF 전략은 투자자에게는 별로 도움이 되지 않았다).

팩터 펀드가 되겠다는 의도로 설계한 펀드는 아니었지만, 모닝스타는 우리의 그로스 인덱스펀드와 밸류 인덱스펀드를 최초의 '전략적 베타' 펀드▪ 두 개로 정의한다.▪▪ 또한 2018년 중반에 그로스 인덱스펀드의 총운용자산은 790억 달러, 밸류 인덱스펀드의 총운용자산은 660억 달러로, 두 펀드는 동종 펀드 중에서는 자산 기준 1위와 2위를 차지했다.

비용을 낮추려는 끝없는 노력

투자 비용을 낮춰야 한다는 우리의 철학은, 경쟁 펀드들의 입장과는 완전히 대척점에 있었다. 그들은 어떻게든 고수수료를 유지하려 버티다가, 펀드 자산이 눈에 띄게 증가하면 그 효익을 마지못해 조금 나눠주는 수준에서 타협을 보았다. 그들은 자사 기존 펀드보다 비용비율이 높은 새 펀드를 출시하는 것을 더 선호하기도 했다. 하지만 투자자들도 비용에 대한 의식 수준이 높아지면서 펀드사들도 이런 전략을 계속 실행하기가 힘들어졌다.

반대로 애드머럴 클래스를 비롯한 뱅가드의 초저비용 펀드들은 경쟁 펀드들처럼 투자 운용사의 수익을 극대화하는 것이 아니었다. 오히려 펀드 주주들의 수익을 극대화하려는 상호소유구조로 인해 탄생한 결

▪   베타 투자는 시장과 비슷한 수준의 수익률을 추구하는 투자 전략을 의미한다. (역주)
▪▪   혹자는 투자자들이 뱅가드 밸류 펀드와 그로스 펀드를 수시로 갈아타다가 수익에 역효과가 생겼던 일이 있었으니만큼, 훗날에는 펀드 마케터들이 고객의 손에 잠재적으로 위험한 무기를 쥐여 주려는 열의가 식었겠지 않느냐고 희망할지도 모른다. 그렇지 않았다. 고객의 피해는 그치지 않았다.

과물이었다.

뮤추얼펀드는 주주 승인을 얻으면 자체적으로 수수료를 정할 수 있다. 그래서 애드머럴 펀드를 만들 때도 따로 규제상 문제를 겪지는 않았다. 하지만 나로서는 그걸로는 부족했다. 뱅가드가 훨씬 공격적으로 저비용 경쟁을 밀어붙이려면, 비용 구조면에 있어서 더욱 유연성을 높여야 했다. 애드머럴 펀드를 시작으로, 모든 뱅가드 펀드의 비용을 내리는 것이 내 궁극적인 목표였다. 쉬운 일이 아니었지만 결국 우리는 해냈다.

가격경쟁력 추가⋯⋯ 1993년 위임장

뱅가드 서비스 계약의 조항에 따라, 우리는 엄격하고 공정한 기준에 따라서 펀드 비용을 배분해야 할 의무가 있었다. 각 펀드는 직접비는 물론이고, 간접비도 주로 뱅가드 펀드 총자산과 주주 수에 비례해서 할당해야 했다. 기준이 이렇다 보니 우리로서는 비용을 전술적으로 배분하기가 아무래도 상당히 힘들었다.

해결하기 위해선 각각의 시장 세그먼트에 맞춰서 선별적으로 수수료를 인하할 방안이 필요했다. 이는 거액의 자산을 예탁하는 투자자들을 위해서도 꼭 해야할 일이었다. 또한, 가격 결정의 유연성이 늘어나면 우리의 경쟁력도 크게 강화될 것이 분명했다.

1993년 위임장에 대해 SEC 인가를 얻은 뱅가드는 주주들의 승인하에 서비스 계약 조항을 수정해 펀드 가격경쟁력을 높일 방도를 모색했다. 앞서 승인이 떨어진 엄격한 비용 배분 정책은 계속 이어가되, 1993년 위임장에는 한 가지 조항이 다음과 같이 추가되었다. "경쟁력 있는 투자 운용 서비스를 경쟁력 있는 가격에 제공해서 뱅가드의 생존과 성장 역량을 제고한다".

이정표 10. 1993년

경쟁사의 공격을 물리치다

뱅가드의 상호소유구조는 비용 경쟁력을 확실하게 보증해주고 있었지만, 1993년 위임장 조항이 승인이 나면서 마침내 가격경쟁에서도 유연성을 확보하게 되었다. 이것은 게임의 판도를 바꾼 중대 이정표였다. 새로운 서비스 조항이 생기자 뱅가드 액티브 운용 펀드에도, 패시브 인덱스펀드에도 가격경쟁이 시작되었다. 하지만 이 중요한 변화가 큰 관심을 받지는 못했다. 언론은 물론 심지어 뱅가드 펀드 투자자들마저도 문제를 제기하지 않았다. 경쟁 펀드도 문제를 의식하지 못했다.

1993년 위임장에 대한 부정적 언급은 이 서비스 약정 조항 수정이 아닌, 다른 부분에서 튀어나왔다. 뱅가드는 신사옥 건설에 필요한 추정 자금 1억 6,000만 달러를 가장 유리한 조건으로 조달하려 한다는 내용의 서류를 위임장에 첨부해서 SEC에 제출했다. 뱅가드는 빠르게 성장하고 있었고, 우리는 성장이 계속될 것으로 내다봤다. 우리의 예상대로, 1992년 말에 뱅가드 펀드의 총운용자산은 920억 달러가 되었다. 10년 뒤인 2002년 말 뱅가드 펀드 총운용자산은 이것보다도 훨씬 늘어난 5,550억 달러였다.■

이것은 의무적으로 제출해야 하는 자금 조달 계획안에 불과했다. 차라리 뱅

■   우리가 1993년에 제출한 펀드 위임장은 분량도 많고 (30페이지가 넘었다) 복잡했으며, 주주 승인이 필요한 중요한 계획안도 자문수수료의 추가 인하를 포함해서 8가지나 되었다.

가드의 비용 경쟁력과 가격경쟁력을 높일 수 있는 획기적인 제안서라면 모를까, 이 특별할 것 없는 제안서의 무언가가 피델리티의 신경을 거슬렸던 것 같다. 피델리티는 관례와 전례도 무시한 채 SEC에 우리가 제출한 자금 조달 계획안에 대한 청문회를 열어달라고 요청했다.

나로서는 썩 달갑지가 않았다. 1992년 12월 1일 〈월스트리트 저널Wall Street Journal〉 보도에도 실렸지만, 나는 피델리티의 청문회 요청을 "비열하고 거만한 내정 간섭이며, 저급하거나 멍청한 행위"라고 비난했다. 이후 언론을 통해 신랄한 설전이 벌어졌다. 그러나 SEC 투자관리부 담당자들이 지루하기만 하고 돈과 시간을 잡아먹을 것이 분명한 청문회 개최를 꺼리는 기색을 내비치자 피델리티도 요청을 철회했다.

SEC는 피델리티가 요청을 철회했으니, 나도 더 이상의 언급은 삼가는 것이 좋겠다고 조언했다. 그리고 SEC 담당자들이 내게 던진 조언은 그다지 점잖지만은 않았다. "그만 닥X시는 게 어떨까요". 나는 기쁘게 그들의 요구를 받아주었다(쉽지는 않았다!). 1993년 4월 12일 열린 펀드 주주총회에서 우리의 제안은 모두 승인을 얻어냈다.

뱅가드의 1993년 위임장은 여러 안건을 다루고 있었다. 가장 중요한 두 가지는 뱅가드 신사옥 건설 자금 조달 계획안과 펀드의 가격경쟁력 제고 계획안이었지만, 못지않게 중요한 안건이 또 있었다. 바로 각 펀드의 이사회에 '펀드 주주의 승인을 받지 않아도 투자자문사를 바꾸거나 새로 선정할 수 있으며 새로운 투자자문 계약을 맺을 수 있는 권한을 부여한다'는 것이었다.

우리는 우리만의 독특한 상호소유구조가 있기에 이사회에 주주/고객의 이익을 최우선에 두고 행동할 권한을 부여한다는 내용의 위임장 제안서를 제출할 수 있었다. 뱅가드는 펀드 경영지원, 마케팅과 유통, 운용을 내부화했으며 자문사들과도 독립적으로 협상할 수 있게 되었다. 그러니 이제는 뱅가드가 자문사 선정 및 변경에 있어서 완전한 독립성을 보장받고, 펀드 주주에게는 사후 보고하는 시스템으로 바뀌어야 한다고 판단했다. 뱅가드 이사들은 외부 투자자문사 선정과 관련해서 어떤 중대한 이해관계 충돌에도 부딪치지 않았다. 그렇다면 투자자문사 선정과 수수료 협상에 있어서도 이사들에게 연기금이나 기부금 펀드 신탁관리인들처럼 완전한 자유를 보장해줘야 하지 않느냐는 것이 우리의 주장이었다.

이정표 11. 1993년

투자자문사 선정과 자문수수료 협상의 자유

1993년까지 거의 20년 동안 뱅가드 그룹은 총 200차례 넘게 펀드 수수료 인하를 단행했고, 그럴 때마다 만만치 않은 주주총회 개최 비용이 들었다(뮤추얼펀드 주주들의 95% 이상은 경영 위임장 제안서를 승인한다는 것은 공공연한 비밀이었기에, 주주총회 의결은 본질적으로 형식에 불과했다). 1993년 위임장에는 수수료 변경에 대해 주주 승인을 요구하는 절차를 없애고, 대신에 자문사나 수수료에 변경이 있을 시 30일 전에 주주들에게 의무적으로 통보하기로 한다는 내용이 들어갔다. 주주들은 수수료와 자문사 변경을 이사회에 일임한다는 이번 위임장 제안서에도 다른 때처럼 압도적으로 승인해주었다.

심각한 실수

하지만 시간이 흐른 후에야, 나는 내가 심각한 실수를 저질렀다는 것을 깨달았다. 물론 더 이상 그 실수를 바로잡을 수 있는 위치에 있지 않았다. 만약 내게 다시 기회가 생긴다면, 나는 수수료 인하 시에는 사전 통보만으로 가능하게 하고 수수료 인상 시에는 주주 승인을 받아야 한다는 조항은 그대로 둘 것이다(내가 CEO이었을 때는 수수료 인상을 제안한 적은 한 번도 없었으며, 200회 이상의 수수료 인하만 제안했다).

나는 1993년 위임장 제안서를 승인할 때만 해도 향후 수수료를 인상하게 될 일이 있을 것이라고는 상상도 하지 못했다. 그러나 1993년 이후로 뱅가드 경영진은 이사회에 수수료 인하는 권유한 적이 거의 없었던 데 반해, 수수료 인상은 적어도 5번 권했다.[■] 내가 알기로 수수료 인상을 사전에 통지한 경영자는 내가 유일했으니 나로서는 이전의 실수가 더욱 뼈저리게 느껴질 수밖에 없었다.

1993년 위임장에서는 뱅가드 펀드 10여 개의 추가적인 수수료 인하안이 제시되었다. 물론 주주들은 여기에도 승인을 했다. 1993년은 뱅가드 주주들에게는 두 번의 이정표가 발생한 한 해였다.

[■] 나는 웰링턴 자산운용사와 협상을 하면서 자문사의 수수료 손익분기점을 이용했고, 내 후임자들도 같은 방법을 계속 이용했다. 이 방법에 따르면 펀드 자산이 증가할수록 추가 자산에 대해 지급하는 펀드 수수료율은 줄어든다. 따라서 외부 자문사들이 아니라 뱅가드 펀드의 주주들이 규모의 경제로 인한 효과를 가장 크게 누리게 된다.

밸런스드 인덱스펀드

그로스 인덱스펀드와 밸류 인덱스펀드를 만들고 1주일 후인 1992년 11월 9일, 우리는 업계 최초의 혼합형 인덱스펀드를 만들었다. 펀드 설립부터 지금까지 밸런스드 인덱스펀드는 뱅가드 토털 스톡 마켓 인덱스 펀드 60%, 토털 본드 마켓 인덱스펀드 40%의 자산배분 정책을 변함없이 유지하고 있다.

이 펀드가 경쟁사 펀드들보다 우월한 수익률을 거둔 데에는 저비용 구조가 큰 몫을 했는데, 1.9%포인트의 초과수익 중에서 비용우위로 인한 초과수익이 1.1%포인트나 되었기 때문이다.

밸런스드 인덱스펀드는 시장 전체에 넓게 분산투자하고 저비용이며, 리스크 감수 수준도 낮은 편이기 때문에 연기금이나 대학 기부금 펀드처럼 장기적 전망을 중시하는 투자자들에게는 핵심 포트폴리오로 보유하기에 좋은 상품이다. 실제로도 규모가 크고 투자 기법도 정교한 기부금 펀드들의 포트폴리오와 비교해도 밸런스드 인덱스펀드의 수익은 손색이 없다. 2017년 6월 30일까지 10년 동안 뱅가드 밸런스드 인덱스펀드의 연평균 수익률은 6.9%였다. 반면에 타사 혼합형 뮤추얼펀드의 연평균 수익률은 4.4%이고 미국 최대 규모의 대학 기부금 펀드의 연평균 수익률은 5.0%이다. 누적수익은 더욱 놀랍다. 뱅가드 밸런스드 인덱스펀드의 10년 누적수익은 92%, 타사 혼합형 펀드들의 평균 누적수익은 54%, 최대 기부금 펀드의 누적수익은 63%였다.

밸런스드 인덱스펀드의 가족 만들기

뱅가드 밸런스드 인덱스펀드는 강력한 투자 수익을 달성했고 펀드 시장점유율 면에서도 대성공을 거두었다. 2018년 초를 기준으로 밸런스드 인덱스펀드는 미국 내 605개 혼합형 펀드 중 5위를 차지했고 운용자산 규모는 380억 달러였다.

밸런스드 인덱스펀드는 단순히 탄탄하게 성장했다는 것을 넘어 뱅가드 전체에서 대단히 중요한 역할을 한다. 이것을 기점으로 두 분야에서 확장형 펀드들이 만들어지면서 뱅가드 그룹의 펀드들이 균형 잡힌 라인업을 이룰 수 있게 되었기 때문이다. 첫 번째는 라이프스트래티지 펀드이고, 두 번째는 타깃 리타이어먼트 펀드이다. 알다시피 은퇴 시점 설정 펀드는 머니마켓펀드와 인덱스펀드 이후로 펀드 시장을 바꾼 가장 강력한 형태의 펀드였다.

라이프스트래티지 펀드

1994년 3월 30일, 4개의 "라이프스트래티지" 펀드가 만들어졌다. 주식 60%/채권 40%의 포트폴리오 구성비를 목표로 하는 밸런스드 인덱스펀드를 처음으로 변형해서 적용한 것이었다. 이 펀드들의 주식/채권 비율은 라이프스트래티지 인컴LifeStrategy Income Fund이 주식 20%/채권 80%, 라이프스트래티지 컨저버티브 그로스LifeStrategy Conservative Growth Fund가 40%/60%, 라이프스트래티지 마더리트 그로스LifeStrategy Moderate

Growth Fund가 60%/40%, 라이프스트래티지 그로스 LifeStrategy Growth Fund 가 80%/20%이었다.

안타깝게도 이 4개의 펀드는 첫 단추부터 잘못 끼워졌다. (내가 도대체 무슨 생각이었던가?) 우리는 처음에 정했던 주식/채권 비율을 지킨 것이 아니라 각 펀드 자산의 25%를 뱅가드 애셋 앨러케이션 펀드 Vanguard Asset Allocation Fund에 배분했다. 이 펀드는 매니저가 예상한 주식과 채권 시장의 기대수익률을 근거로 주식/채권 비율을 전술적으로 조정하는 펀드였다.

어떤 펀드건 투자 아이디어가 필요 이상으로 복잡해져서는 안 된다. 하지만 나는 변명의 여지가 없는 '초보자의 실수'를 저질렀다. 애셋 앨러케이션 펀드는 라이프스트래티지 계열 펀드 초기에는 수익률을 아주 조금이나마 높여 주었지만, 그 효과는 오래가지 못했다. 우리는 이 있으나마나 한 효과를 2011년에 포기했다.

라이프스트래티지 펀드의 투자자는 자신의 리스크 감수 수준에 따라서 자산 성장의 기대치를 조정할 수 있는데, 이때 중요한 것은 단순히 금전적인 리스크 감수 능력만이 아니라 감정적인 리스크 허용 수준도 함께 고려한다는 점이다. 많은 투자자가 이런 투자 아이디어를 마음에 들어했다. 2018년 중반에 라이프스트래티지 계열 4개 펀드의 총운용 자산은 440억 달러였다. 그러나 이것은 시작에 불과했을 뿐, 혼합형 펀드들이 뱅가드에서 차지하는 위상은 몰라보게 커져만 갔다.

타깃 리타이어먼트 펀드

1994년, 웰스 파고 은행을 선두로 해서 펀드 시장에 고객이 구체적으로 은퇴 시점을 설정하는 '은퇴 시점 설정 펀드Target-date Fund'(이하 TDF)가 쏟아져 나오기 시작했다. TDF의 핵심은 착륙 시에 활강 경로와 속도를 조절하는 것을 뜻하는 비행 용어에서 차용한 '글라이드 패스Glide Path'■ 개념이다. 투자에서는 투자자가 젊을 때는 자산을 주식에 공격적으로 배분하고 은퇴 시점이 가까워질수록 조금씩 보수적인 투자 전략으로 바꾸는 것을 의미한다.

예를 들어 2035년을■■ 은퇴 시점으로 하는 펀드를 2005년에 매수했다면, 매수 초기에는 주식 90%/채권 10%의 비율로 투자를 하고 은퇴 시점이 다가올수록 비율을 점진적으로 60%/40%으로 조절하게 된다. 이런 투자 아이디어에 따르면 은퇴까지 남은 연수가 줄고 자산이 누적될수록 투자자의 성향은 리스크를 회피하는 쪽으로 조금씩 바뀌게 된다는 것이다.

현재 펀드 마케터들은 다양한 종류의 TDF를 제시하고 있다. TDF 마케터는 투자자들의 선호도를 파악하고 주식과 채권의 장기 기대 수익률을 가정한 후 자신들만의 자산 배분 지침을 정한다(그러나 그 차이는 대체로 미미한 편이다).

■　착륙 시의 활강 경로와 속도를 조절하는 비행 용어를 뜻하며, 투자에서는 은퇴 연령에 따라 자동으로 자산배분을 조정하는 것을 의미한다. (역주)

■■　TDF 상품은 일반적으로 2015년형~2065년형까지 5년 단위를 기준으로 선택할 수 있다.

액티브 TDF와 패시브 TDF — 중요한 것은 비용이다

2003년에 나온 뱅가드 타깃 리타이어먼트 펀드는 자산 배분 패턴에서는 대체적으로는 위와 같았지만 뱅가드만의 특징이 있었다. 경쟁사들의 TDF는 대개가 액티브 운용의 주식형 펀드와 채권형 펀드 이루어졌지만, 뱅가드 TDF의 포트폴리오는 주식형도 채권형도 '인덱스' 펀드로만 구성되었다.

인덱스펀드는 구조적으로 비용을 크게 끌어내린다. 다른 주요 경쟁사 TDF의 평균 비용비율은 0.70%이고, 뱅가드 TDF의 평균 비용비율은 0.13%이다. 저비용 펀드가 장기적 수익률에 얼마나 큰 도움이 되는지를 투자자들이 깨닫게 되면서 뱅가드 타깃 리타이어먼트 펀드의 자산도 늘어났다. 2018년 중반에 이 뱅가드 TDF 펀드 시리즈의 총운용자산은 4,040억 달러였으며, TDF 시장점유율은 운용자산 기준으로 압도적 1위인 36%이다.

새로운 개념의 펀드 출시

우리는 뱅가드 토털 스톡 마켓 인덱스펀드를 만들면서 1992년에 또한 번 새 지평을 열었다. 우리가 두 번째로 합시장을 모델링해서 만든 인덱스펀드는 결국 세계 최대 펀드가 되었다. 1994년에는 리스크 감수 수준이 서로 다른 투자자들의 니즈를 충족하기 위해, 혼합형 인덱스펀드를 획기적으로 변형한 라이프스트래티지 펀드 시리즈를 선보였다. 두 종류의 펀드 모두 펀드 산업을 바꾼 중대한 혁신이었다.

그러나 우리는 투자자들의 니즈를 충족시키는 것만으로는 만족할 수가 없었다. 단순히 운용자산을 늘리는 것이 아니라 투자자에게 진정으로 이바지하는 것이 우리 뱅가드의 진정한 사명이었기에 우리는 더 다양한 펀드와 더 다채로운 전략을 갖추어야 했다.

그래서 우리는 채권형 펀드 사업을 대대적으로 정비했다. 1976년에 개척했던 지방채 투자 전략을 기반으로, 1994년 3월에 업계 최초로 단기, 중기, 장기 시리즈로 나눈 과세형 만기구분형 채권시장 인덱스펀드를 만들었다.

뱅가드 동료들이 보인 반응은 좋게 평하자면 침묵이었다. 어쨌거나 뱅가드에는 회사채와 미국 국채를 장/중/단기로 구분해서 투자하는 펀드가 이미 있기 때문이었다.■ 하지만 나는 우리가 한발 더 나아가야 한다고 생각했고, 2018년 중반에 우리의 과세형 만기구분 채권 인덱스펀드, 액티브 운용 회사채 펀드, 그리고 미국 국채 펀드의 운용자산은 총 2,180억 달러가 되었다.

■   내가 새로운 채권형 인덱스펀드 시리즈를 시작하는 이유를 설명하려고 첫 경영자 회의를 소집했을 때 중역들은 아무도 참석하지 않고 모두 직속부하를 대리 참석시켰다. 나는 그 자리에서 회의를 취소했다. 내가 크게 화가 났다는 것을 모를 수가 없는 일이었다. 다음에 다시 잡은 회의에는 한 명도 빠지지 않고 참석했다.

절세형 펀드

우리는 1994년 펀드 산업 최초로 절세형tax-managed 뮤추얼펀드 시리즈를 출시했다. 해당 시리즈는 S&P 500을 추종하는 택스-매니지드 그로스 앤 인컴 펀드Tax-Managed Growth and Income Fund, 배당수익률이 가장 낮은 S&P 250 종목으로 구성된 택스-매니지드 캐피털 어프리시에이션 펀드Tax-Managed Capital Appreciation Fund, 그리고 배당수익률이 낮은 주식 50%와 중기 비과세 채권 50%로 구성된 택스-매니지드 밸런스드 펀드Tax-Managed Balanced Fund였다. 모두 인덱스펀드이며, 마지막 펀드의 경우는 비과세 채권에 최소한도 이상의 자산을 배분하므로 펀드 주주들에게도 비과세 효과를 '전달'할 수 있다. 그리고 2004년에는 택스 매니지드 스몰캡 펀드Tax-Managed Small Cap Fund를 추가로 신설했다.

절세형 펀드라는 개념에 투자자들이 보인 반응은 시큰둥했다. 어차피 지수 추종 펀드이므로 절세효과도 표준적인 인덱스펀드나 S&P 500보다 그다지 높아 보이지 않는다는 것이 큰 이유였다. 환매 신청이 많아지거나 더 나아가 주주들이 자본이득을 많이 실현해 펀드가 표방하는 절세효과가 악영향을 받는 것을 줄이기 위해 우리는 투자자가 5년 이내에 환매를 하면 수수료를 부과한다는 조건을 달았다. 투자자들이 환매 수수료의 필요성을 인정할 리가 없었다. 캐피털 어프리시에이션도, 밸런스드도, 스몰캡도 임계량에 도달하지 못한 채 2018년 중반 기준 총 운용자산은 200억 달러에 그쳤다. 그로스 앤 인컴 펀드는 나중에 S&P 500 인덱스펀드에 통폐합되었다.

시행과······

1991년부터 1996년 동안 우리는 부동산투자신탁 Real Estate Investment Trusts, REITs에 투자하는 인덱스펀드도 출시했으며, 현재 이 펀드는 2018년 중반 운용자산이 580억인 최대 REIT 펀드로 성장했다. 또한 이머징마 켓과 선진시장 인덱스펀드를 결합한 뱅가드 토털 인터내셔널 스톡 인 덱스펀드 Vanguard Total International Stock Index Fund 도 만들었다. 2018년 초에 토털 인터내셔널의 자산은 3,400억 달러를 넘어섰다. 컴퓨터로 프로그 램 매매를 하는 퀀트 펀드인 스트래티직 에쿼티 펀드 Strategic Equity Fund 는 1995년에 신설되었으며, 운용은 뱅가드 퀀터티테이티브 에쿼티 그룹 Vanguard Quantitative Equity Group이 한다. 이 펀드는 지금도 니치 시장을 발견 하려 노력 중이다.

······착오

뱅가드 펀드 라인업을 다채롭게 만드는 과정에서 (불과 5년 만에 25개 의 새로운 펀드를 만들었다) 나는 굉장히 어리석은 실수를 저질렀다. 1985년 뱅가드 스페셜라이즈드 포트폴리오를 만들면서 했던 실수와 비슷했다. 새로운 실수는 1995년 중반에 출시한 뱅가드 호라이즌 펀드 Vanguard Horizon Funds 시리즈였다.

주식시장의 밸류에이션이 끝도 없이 상승하고 있었기에 내 직감으로 이사들은 더 공격적인 펀드를 원하고 있었고, 나는 그들이 원하는 대로 그런 펀드를 만드는 오판을 했다. 캐피털 오포튜너티 Capital Opportunity, 글로벌 에쿼티 Global Equity, 스트래티직 에쿼티 Strategic Equity, 글로벌 애셋 앨러케이션 Global Asset Allocation 포트폴리오는 모두 장기 투자자를 목표로 고리스크로 설계되었다.

호라이즌 펀드 포트폴리오

호라이즌 펀드 포트폴리오는 몇 년 동안 단 한 개의 펀드에서도 만족할 만한 결과가 나오지 않았다. (2001년에 글로벌 애셋 앨러케이션 펀드는 다른 뱅가드 펀드에 통합되었다). 이 미진한 성공에서 한 가지 예외가 있다면 단기 매도 전략의 실패로 인해 시작부터 처참한 결과를 낸 캐피털 오포튜너티 펀드였다.

1998년에 우리는 이 펀드의 투자 운용을 프라임캡으로 이양했다. 프라임캡 매니저들은 맡은 임무 이상을 해내면서 꾸준히 우수한 수익을 창출했다. 투자자들이 돈을 너무 많이 맡기는 바람에 2004년에는 펀드의 신규 계좌 개설을 중단해야 했을 정도였다. 2018년에 들어서면서 뱅가드 캐피털 오포튜너티 펀드의 총운용자산은 160억 달러가 되었다.

나는 1985년 뱅가드 스페셜라이즈드 포트폴리오를 만들면서 바보같이 기회주의적인 행동을 했었는데, 호라이즌 펀드를 만들 때도 똑같은 실수를 했다. 이때도 나는 신인의무에 충실한 것이 아니라 마케팅에만 치중했었다. 내 후임자와 동료들이 이 변명의 여지가 없는 실수를 반면교사 삼기를 바랄 뿐이다.▪

팩터 펀드의 도입

뱅가드는 2018년 초에 ETF 시장을 겨냥해서 6개의 액티브 운용 팩터 펀드를 출시했다. 투자자들은 퀄리티 팩터 Quality Factor[■■], 모멘텀 팩터 Momentum Factor[■■■], 최소 변동성 팩터[■■■■], 가치주 팩터, 유동성 팩터, 그리고 이 5개의 팩터들을 하나로 결합한 멀티팩터 중 하나를 선택할 수 있다.

이 새로운 펀드들이 투자자들의 수익 창출에 얼마나 될지는 아직은 지켜봐야 한다. 뱅가드 성장에 얼마나 기여할지 평하는 것도 시기상조이다. 나는 공식적인 언급은 피해왔지만 미디어의 논평에는 꽤 공감이 가는 편이다. 〈블룸버그 Bloomberg〉는 "핫소스를 추가하고 보글을 유지하라"라는 제목의 기사를 올렸다(웹사이트 johncbogle.com에 들어가면 동영상 링크가 나온다).

[■]　지금까지 동료들이 내 실수를 귀감으로 삼았는지는 잘 모르겠다. 2008년에 우리는 원금을 운용해 소진 시까지 원리금을 정해서 매달 분배하는 매니지드 페이아웃 펀드(Managed Payout Funds) 3개를 선보였다. 이자소득, 자본이득, 그리고 자본수익으로 번 돈을 연금 형태로 매달 지급하는 것으로, 원리금 분배 비율은 각각 3%, 5%, 7%이다. 세 펀드 모두 성공하지 못했고, 2014년에는 3%와 7% 포트폴리오는 5% 포트폴리오에 병합되었다.

[■■]　펀더멘털이 강한 종목들로 구성된 팩터. (역주)

[■■■]　최근에 상승세가 강한 종목들로 구성된 팩터. (여주)

[■■■■] 시장보다 변동성이 낮으며 수익률이 안정적인 팩터. (역주)

흔들리지 마라

1991년부터 1996년은 뱅가드의 영업활동에서도, 투자 운용에서도, 펀드 신설에서도 성장의 무대를 만드는 준비 기간이었다. 그리고 그 노력은 곧 빛을 보았다. 투자자들을 제1의 기준으로 삼는다는 우리의 원칙은 흔들리지 않았다. 강력한 경쟁 펀드사로 인해 가격과 비용을 더욱 낮추려는 우리의 계획에 큰 차질이 발생했지만, 그럼에도 우리는 여러 차례의 과감한 행동을 통해 뮤추얼펀드 시장에서 가격경쟁력을 한층 더 높일 수 있었다.

우리는 최초의 혼합형 인덱스 뮤추얼펀드를 탄생시켰다. 이것이 토대가 되어 뱅가드 라이프스트래티지 펀드와 타깃 리타이어먼트 펀드를 만들어냈다. 우리는 웰링턴 펀드가 세운 전통을 이어받아 우리만의 독창적인 혼합형 펀드를 만들었다. 우리는 흔들리지 않았다.

8장

1996~2006

ETF, 지수연동투자에
혁명의 바람을 불러오다

	12/1996	12/2006	연간 자산성장률
뱅가드 자산(단위: 10억)	$236	$1,122.7	16.9%
업계 총자산(단위: 조)	3.4	10.1	11.5
뱅가드 시장점유율	7.8%	12.6%	-
			총수익률
S&P 500 지수	741	1,418	8.4%
미국 중기국채 수익률	6.2%	4.7%	5.8
주식 60% / 채권 40%	-	-	7.9

출처: 야후 파이낸스.

1998~1999년 동안 '신경제' 종목의 주가 폭등으로 생긴 증시 거품은 2000년에 들어서며 꺼지기 시작했다. 주식시장이 순식간에 무려 51%가 내려앉았다. 그러나 거품 전의 초강세장과 이후의 탄탄한 회복세를 더한다면 증시는 1996년부터 2006년까지 10년여 동안 연 8.4%의 건강한 수익률을 창출했다.

네이션 모스트의 방문

1992년 어느 하루 아침 7시, 뱅가드의 내 사무실로 들어갔는데 달력에 중요 외부 인사와의 일정이 적혀 있는 것이 눈에 띄었다.▪ 아메리칸 증권거래소의 네이션 모스트Nathan Most 신제품 개발 부사장이 나를 만나러 오기로 했다는 것이었다.

모스트는 정각에 도착했고 내가 만나본 중에서도 손꼽을 정도로 정중한 신사였다. 그는 일주일 전에 미리 서면으로 무슨 일로 방문하는 것인지를 내게 정리해서 보내주었다. 얼굴을 맞댄 자리에서 그는 자신의 아이디어를 자세히 설명했다. 아메리칸 증권거래소와 뱅가드가 제휴를 맺어서, 뱅가드 500 인덱스펀드 주식을 개별 종목처럼 장중 어느 때라도 수시로 사고팔 수 있게 하는 새 '상품'을 만들자는 것이었다.

ETF의 시작

2004년 향년 90세를 일기로 별세한 모스트는 인덱스펀드 주식 보유자들이 이 주식을 미국 내 증권거래소에서 언제라도 거래할 수 있게 된다면 뱅가드 500 인덱스펀드의 운용자산도 크게 늘어날 것이라고 확신했다. 모스트는 상장지수펀드(ETF라는 약어가 널리 쓰이게 된 것은 10여 년은 더 지난 후였다)가 새로운 유형의 투자자를 끌어모을 것이라고 말했

▪　정확한 날짜까지는 잘 모르겠다. 내 일정표는 명확함의 귀감이 되지는 못한다.

다. 그리고 모스트는 그런 말은 하지 않았지만 ETF에는 투기꾼들도 몰려들 것이 분명했다.

그의 아이디어를 요약하면 이러했다. 뱅가드가 이미 분산투자와 투명한 포트폴리오, 낮은 비용비율이라는 장점을 가진 펀드를 제공하고 있지만, ETF가 생긴다면 뱅가드 500 인덱스펀드 투자자들은 그밖에도 여러 이점을 누릴 수 있게 된다. 일단 포트폴리오 운용이 훨씬 유연해질 것이고, 절세효과가 커지며, 비용이 낮아지고, 펀드 주식의 공매도가 가능해지고, 신용매수를 할 수 있고, 외환으로 거래하는 것도 용이해진다. 게다가 리스크 노출을 세심하게 조정할 수 있으므로 헤지펀드를 비롯해 다른 기관투자자들도 ETF에 투자할 것이다.** 뱅가드의 입장에서 본다면 인덱스펀드의 새로운 유통 채널이 열리고 시장도 확대되는 일석이조 효과가 있지 않겠는가. 나직한 목소리였지만 네이선 모스트는 마치 선교사처럼 자신의 아이디어를 강하게 설파하고 있었다.

그의 제안에는 나도 관심이 가서 귀 기울여 들었지만 나는 두 가지 점에서 받아들일 수 없었다. (1)그의 아이디어에는 설계상 서너 가지 결함이 있었고, 그것들을 고쳐야만 의도했던 대로 기능을 하는 펀드가 나올 수 있었다. (2)혹여 그가 그런 결함을 고칠지라도 나는 그런 식의 제휴에는 관심이 없었다.

■■ 훗날 ETF는 컴퓨터 알고리즘에 기반해서 자산 배분 모델을 제공하는 전자 "로보 어드바이저들"의 사업 운영에서 사실상 가장 핵심적인 상품이 되었다.

대상으로 하는 투자자 집단이 겹치지 않는다

나는 뱅가드 500 인덱스펀드가 장기 투자자들을 위해 설계된 펀드라는 점을 지적했다. 내가 염려하는 부분은 펀드 유동성이 증가하면 대부분은 단기 투기꾼들이 몰려들 것이고 그들의 잦은 거래가 펀드 장기투자자들의 이익에는 오히려 해가 될지도 모른다는 것이었다. 결론적으로 모스트 씨와 내가 대상으로 하는 투자자 집단은 겹치지 않았다. 그래도 우리 둘은 좋은 분위기에서 작별 인사를 나누었고, 이후에도 수십년간 좋은 우정을 나누었다.

모스트 씨가 지금 살아 있어서 ETF가 미국 금융시장의 주류로 들어선 것을 목격한다면 어떤 생각이 들지 궁금하기는 하다. 그가 ETF를 아이디어로만 남기지 않고 실현하고자 모든 노력을 다했기에 ETF가 오늘날과 같은 큰 성공을 거둘 수 있었음을 우리는 잊지 말아야 한다. 그의 공헌을 알아주는 사람은 많지 않지만 나는 이 자리를 빌려 경의를 담아 이 개척자에게 감사의 말을 전하고 싶다.

"스파이더"

네이선 모스트의 말에 따르면, 그는 뉴욕시로 돌아가는 열차에서 내가 지적한 설계상 결함을 수정할 방법을 찾아냈다. 이후 그는 다른 제휴사를 물색했고, 그렇게 찾아낸 곳이 대형 금융사인 스테이트 스트리트 글로벌 어드바이저 State Street Global Advisers 의 펀드였다.

1993년 1월에 스테이트 스트리트는 스탠더드 앤 푸어스 디파지터리 리시츠Standard & Poor's Depositary Receipts를 출시했다. "SPDR"(NYSE 아크라 거래소 티커는 SPY, 시장에서는 속칭 '스파이더Spider'로 불린다)은 S&P 500을 모델링하고 있으며, 출시 후 내내 ETF 시장을 지배하고 있다.

그 후로 셀 수도 없이 많은 ETF가 쏟아져 나와 미국에만 2,190개의 ETF가 존재한다. 하지만 스파이더는 세계 최대 ETF의 자리를 한 번도 내주지 않았다. 2018년 중반 스파이더의 총자산은 3,070억 달러였다. 스파이더는 거래액 기준으로 전 세계 증권거래소에서 거래가 가장 활발한 증권이기도 하다.

1992년의 나는 10년도 지나지 않아 ETF 개념이 점화한 불씨가 단순히 지수연동투자의 성격만이 아니라 투자 분야 전체를 바꾸게 될 것이라고는 상상도 하지 못했다. 그때 나는 잦은 주식 거래가 투자자의 적이라는 원칙을 견지하면서 모스트의 제안을 거절했다. 지금도 내가 보기에는 상당수 ETF 보유자들이 과할 정도로 거래가 잦지만, 또 한편으로는 ETF가 저비용 펀드의 매력을 몰랐던 다양한 투자자들에게 그 매력을 널리 전파하는 효과적인 수단이 되고 있는 것도 사실이다.

ETF의 유행

시장이 ETF를 받아들인 속도는, ETF의 전신이라고 할 수 있는 TIF 때와는 비교도 되지 않게 빨랐다. 고작 17년이 지난 2010년에 ETF 자산은 1조 달러 고지를 넘어섰다. 반면에 TIF는 35년이 지난 2011년이 되어서야 총자산이 1조 달러가 되었다.

현재 미국 ETF에 투자된 자산은 3.5조 달러로 미국 TIF의 자산 3.3조 달러를 넘어선다(둘의 합산액이 6.8조 달러라는 것은 지수연동투자의 힘을 보여주는 확실한 증거이다). 나는 네이션 모스트가 구상한 ETF 비전이야 말로 21세기 들어 가장 성공적인 금융 '마케팅' 아이디어라고 주저 없이 꼽을 수 있다. 다만 이것을 금세기 가장 성공적인 '투자' 아이디어로 꼽을 수 있는지는 아직은 두고 봐야 할 일이다.

투자의 "성배"

ETF가 얼마나 꾸준하게 TIF를 상회하는 수익을 걷을 수 있을 것인가? 현재 미국에만도 2,200개의 ETF가 존재하고 추종하는 지수만도 자그마치 1,700개나 된다! 게다가 ETF는 주식처럼 순식간에, 아니 오히려 훨씬 빠른 트레이딩이 가능하다. 비록 인덱스펀드 투기가 개별 종목 투기보다는 리스크가 낮다고는 하지만 어느 쪽이든 트레이딩이 리스크가 높다는 사실은 달라지지 않는다.

내 생각을 말하자면, 오늘날의 ETF가 투자의 성배가 될 것인지는 의문이다. ETF는 모든 투자자가 염원하는 꾸준한 시장 초과수익을 달성해줄 것인가? 나는 그렇지 않다는 데에 건다.

어떤 ETF는 시장의 특정 세그먼트에 집중적으로 투자하고, 어떤 ETF는 생소한 레버리지 전략을 사용하고, 어떤 ETF는 특정일의 시장 등락에 기대는 전략을 사용하고, 또 어떤 ETF는 원자재 가격 상승을 노리는 투자를 상대적으로 쉽게 할 수 있게 해준다. 하지만 60년이 넘도록 투자 업계에 몸담으면서 내가 더욱 깊이 새기게 된 교훈이 있다면, 장기 투자는 결단코 승자의 게임이고 단기 트레이딩은(정확히는 투기) 절대적으로 패자의 게임이라는 것이다.

솔직히 말하자. ETF 보유자 중 투기꾼은 거의 없을 것이다. 얼마라고 딱 집어 말할 수는 없지만 상당수 ETF 보유자들은 ETF의 장점을 제대로 알고서 투자하는 합리적인 투자자들이다.

ETF 트레이딩은 엄밀히는 두 가지로 구분할 수 있는데 (1)스파이더 트레이딩과 (2)그 외 ETF 트레이딩이다. 2017년에 스파이더는 상위 100대 ETF 일별 평균 거래량의(거래액 기준) 22%를 차지했다. 그러나 스파이더의 현금흐름은 기복이 대단히 심하다. 예를 들어 2007년 마지막 5개월 동안 시장이 고점일 때, 투자자들은 스파이더 보유를 400억 달러 늘렸다. 하지만 2009년 초 5개월 동안 시장이 저점일 때는 300억 달러를 인출했다. 시장이 꼭대기일 때 돈을 왕창 넣고 시장이 바닥일 때 돈을 대거 빼내는 행동은 성공 투자를 보장하지 못한다.

"온종일, 실시간으로 거래하세요"

스파이더의 초창기 광고는 이 ETF의 마케팅 전략을 단적으로 드러냈다. "이제는 온종일 실시간으로 S&P 500 지수를 사고팔 수 있습니다". 나로서는 "어떤 얼간이가 그런 행동을 하겠어?"라는 의문이 들지 않을 수 없었다(거친 언사를 용서해 수시기를!). 그러나 스파이더는 하루도 빠짐없이 이 문구를 충실히 지키고 있다는 사실을 거듭 말하고 싶다. 이 ETF는 전 세계 모든 증권거래소에서 거래액 기준으로 가장 적극적으로 거래되는 증권이다.

2017년에만 스파이더의 '일별' 평균 거래량은 7,000만 주였고 연간 거래액은 놀랍게도 4.3조 달러였다. 스파이더의 2017년 평균 자산은 약 2,450억 달러였으니 회전율이 1,786%라는 말이 된다. 그해에 개별 종목들의 평균 회전율은 125%였으며, 일반적인 뮤추얼펀드의 상환율은 자산의 30%였다. 정말로 그랬다. 투자자들은 S&P 500 지수를 "온종일 실시간으로" 그것도 상상도 못 할 정도로 많은 양을 매매하고 있다.

모방은 가장 진심 어린 아첨이다

네이선 모스트는 자신이 구상한 ETF가 실현된 것에는 자랑스러워하겠지만 온갖 희한한 ETF가 우후죽순으로 생긴 상황에는 실망을 금치 못할 것이다.

오늘날 제2의 스파이더가 되기를 꿈꾸는 펀드사들이 만들어낸 다채로운 ETF 상품들은 모스트 같은 혁신가들마저도 고개를 가로저을 만큼 적정선을 한참이나 넘어섰다. "상상할 수 있는 어떤 상품이라도 상상하고 이색적인 이름을 붙여라. 그리고 그런 상품을 만들면 된다". 이것인 신흥 ETF 기업가 종족이 외치는 구호이다. 이들 마케터들의 상당수, 아니 대부분이 ETF 게임에 참여하는 이유는 그들이 만든 상품이라는 것이 투자자들의 수익 창출에 도움이 되어서가 아니라, 이른바 상품이 잭

팟을 터뜨려 운용자산을 많이 유치함으로써 자신들의 개인 소득 창출에 도움이 되기 때문일 것이다.

ETF와 TIF가 어떻게 다른지는 표 8.1에 나온 것처럼 두 펀드의 주요 범주별 비교 내용을 보면 이해하기가 쉽다. 2018년 기준 ETF 수는 TIF의 거의 5배이고(2,169개 vs. 472개), '집중/투기적' 범주에서는 7배나 된다(1,002개 vs. 140개).

물론 광범위 시장을 추종하는 주식 ETF와 채권 ETF는 적절히 장기 투자를 한다면 투자자들에게는 아주 좋은 금융상품이다. 그러나 내가 거듭 말했듯이 "ETF는 좋은 상품이다. 단, 잦은 거래를 하지 않는다는 조건이어야 한다". 투자자가 저비용 S&P 500 ETF 주식을 사서 평생 보유한다는 아이디어에 내가 굳이 반대할 이유가 없지 않겠는가?

하지만 펀드 마케터들로서, 인기 신상품의 대열에 합류하고 싶은 유혹을 뿌리치기는 힘들다. 나는 평생을 수많은 금융 혁신 상품들을 보았지만, 장기 투자자들의 영원한 니즈에 도움이 되는 상품은 몇 개 되지 않았다. 대부분의 ETF는 장기 투자자들의 니즈를 충족해 주지 못한다.

범주	자산(단위: 10억)		펀드 수	
	TIF	ETF	TIF	ETF
미국 주식 분산투자	$1,587	$690	69	63
미국 외 주식 분산투자	461	540	47	111
채권 분산투자	462	488	74	218
팩터/스마트 베타	369	1,092	142	775
집중투자/투기적	64	724	140	1,002
총계	$2,943	$3,533	472	2,169

(그림 8.1) 저자가 모닝스타의 데이터로 직접 계산한 TIF 자산과 ETF 자산의 범주별 구성.

"충격이군, 충격이야……"

ETF 시장에서도 장기 투자보다는 단기적 투기가 더 많다. 특정 섹터에 집중하는 스페셜티 ETF와 레버리지 ETF는 물론이고, 미국 주식시장 전체나 해외 주식시장 전체에 광범위하게 분산투자하는 종합지수 추종 ETF에서도 장기 보유가 아니라 단기 투기를 노리는 사람들이 더 많다. ETF 투기 규모에는 입이 벌어질 지경이다. 2017년에 미국 ETF 거래액은 17.3조 달러로 모든 주식 거래의 25%를 차지했다.

ETF를 표방하는 펀드들의 높은 회전율에 놀라는 사람들은 영화 〈카사블랑카〉의 치안대장 루이 르노 대령과 비슷한 심정일 것이다. "충격이군, 충격이야. 이곳에서도 도박이 벌어지고 있다니 말이야".

보통 거래가 잦은 ETF는 특히 스파이더의 경우에도 금융기관의 헤지용 또는 현금준비금을 주식화하는 용도이긴 하다. 그러나 대부분이 투기성이고 '실시간'으로 심지어는 신용까지 동원해서 이뤄지는 적극적인 거래라는 데 문제가 있다. 거의 모든 종합지수 추종 ETF의 최대 보유자는 금융기관들이며, 그들이 단연코 최대 규모 트레이더들이다.

내가 짐작하기로는 ETF 자산 중 거의 절반을 기관투자자들이 보유하고서 적극적으로 매매를 하고 있을 것이며, 나머지 절반은 개인투자자들이 보유하고 있을 것이다. 또한, 개인 보유자들의 약 2/3도 자신들만의 단기 매매 전략으로 ETF를 자주 거래하고, 남은 1/3만이 가끔 매매는 하지만 단기 투기보다는 TIF와 비슷한 바이앤홀드 Buy-and-hold 패러다임을 추구할 것이라고 생각된다. 결국 ETF 자산에서 장기 투자를 목적으로 보유된 비중은 1/6에 불과하다는 추산이 나온다.

뱅가드와 VIPER

ETF의 성장과 잠재력에 자극을 받은 뱅가드도 2001년에 ETF 행진에 동참했다. 수장은 뱅가드 에쿼티 인베스트먼트 그룹Equity Investment Group의 거스 소터Gus Sauter 이사였다. 그는 뱅가드가 현재와 잠재 고객에게 ETF 상품을 제공해야 한다고 강력하게 주장했고, 그 주장을 실행하려 노력하는 열정적인 리더였다. 소터가 만든 새로운(그리고 특허를 받은) ETF 구조에 의하면, 각각의 ETF는 기존 뱅가드 TIF의 포트폴리오에 포함된 새로운 주식군이었다.

고맙게도 소터는 ETF 마케팅에서 정도를 지켰다. 그는 뱅가드 ETF 상품을 광범위 지수 추종 인덱스펀드와 미국 산업 섹터들로만 한정했으며, ETF 산업에서도 '과격파' 취급을 받는 레버리지나 인버스 레버리티, 단일국가 ETF 등은 피했다.

뱅가드가 처음 정한 ETF 이름은 뱅가드 인덱스 파티시페이션 에쿼티 리시츠Vanguard Index Participation Equity Receipts, 약어로는 'VIPER'였다. 그러나 긴 독니를 가진 독사 또는 반역자를 뜻하는 'viper'라는 이름이 투자자들의 선택을 받을 수 있을 리 만무했다. 우리는 얼마 안 가 이 이름을 버리고 '뱅가드 ETF'로 이름을 바꿨다.

뱅가드가 ETF를 만들어야 한다고 적극적으로 밀어붙인 사람들은 회사 중역들이었다. 뱅가드 이사회의 일원인 프린스턴의 교수 버턴 말킬은 회사가 ETF를 출시하기로 결심하기까지의 과정을 이렇게 술회했다.

주 보글은…… (이것이 많은 투자자에게 난기 매매를 중동질하는 성격이 있기 때문에) ETF 상품에 대해 상당히 부정적이었다…… 거부감을 보인 사람들은 (이사회가 아니라) 뱅가드 경영진이었다…… 투자자의 계좌를 운용하는 브로커는 뱅가드 펀드를 판매해도 수수료를 챙기지 못한다. 하지만 투자자가 뱅가드 ETF를 사면 브로커에게도 수수료가 돌아간다.∎

뱅가드는 ETF를 출시하기로 결정하면서 ETF 주식 유통망에 브로커들을 끌어들이는 것을 가장 큰 목표로 삼았다. 1977년부터 뱅가드는 브로커들을 빼고 직접 주식을 유통했다. 그 후로 뱅가드가 출시한 펀드들은 판매수수료가 없는 노로드 펀드였다. 하지만 ETF 거래를 하면 투자자에게서 브로커에게로 곧바로 수수료가 지급된다. 유통 수수료를 지급하지 않는다는 뱅가드의 오랜 정책에는 변함이 없다. 뱅가드가 ETF 시장에서 거둔 큰 성공은 펀드 판매가 아닌 투자 수익을 통해 나온다.

뱅가드는 2001년에 자사 첫 ETF인 뱅가드 토털 스톡 마켓 ETF Vanguard Total Stock Market ETF를 출시한 후로 전통적인 광범위 섹터인 성장주, 가치주, 대형주, 소형주 등의 영역으로 사업을 넓혔다. 그리고 에너지와 헬스케어, IT와 같은 집중적 시장 섹터, 해외 시장 종합지수, 다양한 유형의 채권 종합지수 ETF로도 조금씩 사업을 확장했다. 2018년 중반을 기준으로 뱅가드 ETF 자산의 약 21%는 뱅가드 S&P 500 ETF와 토털 스톡 마켓 ETF가 차지했다.

∎   "'Random Walk' Malkiel on Rates, Risk, and Why Vanguard Changed," 〈Philadelphia Inquirer〉 January 13, 2015.

우위를 점하다

뱅가드는 ETF 시장 중에서도 유독 미지의 영역에 베팅하도록 조장하는 집중 섹터나 투기성이 높은 섹터는 대부분 무시했다. 우리가 상대적으로 원칙에 충실하면서 ETF 전략을 짰음에도 장기 투자자들만이 아니라 단기 투기꾼들도 몰려들었다. 뱅가드 ETF 주식의 연평균 회전율(135%, 평균 보유 기간 9개월 의미)은 TIF 상환청구율(18%, 보유 기간 6년을 의미)보다 몇 배나 높았다. 하지만 시장 전체 ETF의 연평균 회전율(579%, 보유 기간 2개월 의미)에 비하면 1/4밖에 되지 않기는 했다.

이런 마케팅 원칙을 지킨 것에 박수갈채를 보내는 바이다. 비록 뮤추얼펀드 사업으로서는 큰 이익을 내지 못할지라도 말이다. 하지만 뱅가드 ETF의 성공은 작은 틈새를 노리거나 잦은 거래를 장려하는 것이 ETF 시장에서의 성공 비결이라는 인식을 보란 듯이 뒤집었다. 뱅가드 ETF 자산은 계속해서 성장을 거듭해 2004년 58억 달러에서 2018년 중반에는 8,850억 달러가 되었다. 2004년 3%에 불과하던 ETF 자산 점유율도 2018년에는 25%로 성장해 시장 1위인 블랙록BlackRock(39%)의 뒤를 이어 2위에 올랐으며 개척자였던 스테이트 스트리트 글로벌(18%)을 훌쩍 뛰어넘었다.

푸딩은 먹어봐야 맛을 안다

"푸딩은 먹어봐야 맛을 안다"는 말이 있다. ETF도 먹어보니 수백만 투자자들에게 그다지 영양가 있는 식사는 아니었고 그렇다는 증거도 계속 쏟아지고 있다. 전체적으로 매매가 극도로 잦은 투기 집단을 포함해 ETF 투자자 집단의 수익률은 TIF 투자자들의 수익률에 훨씬 못 미친다.

나는 TIF 보유자들과 ETF 보유자들의 상대 수익률 비교 데이터가 부족하다는 사실을 오래전부터 우려했다. 하지만 2018년 초에 ETF와 TIF의 자산성장률 데이터를 검토하면서 곧바로 답을 얻을 수 있었다!

나는 투자 실적과 순현금유입이 자산 성장에 각각 얼마나 중요한 역할을 하는지 비교하려고 간단한 산술식을 해보았다. 주식형 ETF 자산 성장의 2/3는 현금흐름을 성공적으로 끌어들인 결과였고, 1/3은 투자 수익(실적)의 결과였다.

TIF 성장 패턴은 정반대였다. TIF 자산 성장은 거의 2/3가 투자자들을 위해 번 수익에 따른 결과였고, 1/3만이 현금유입이 늘어난 데 대한 결과였다. 간단히 말해서 ETF 성장은 대부분이 마케팅을 잘했기 때문이었고, TIF 성장에서는 투자 성과가 큰 역할을 차지했다.

TIF 수익 vs. ETF 수익

놀라움을 넘어 충격을 받은 나는 위의 데이터를 이용해서 2005~2017년까지 ETF와 TIF 투자자들이 번(순현금흐름도 고려해서) 수익률을 직접 계산해 보았다. TIF +184%, ETF +101%. 투자자 누적수익에서 TIF가 월등히 앞선다는 것이 확연하게 드러났다. 12년간 TIF 연평균 수익률이 ETF보다 높았던 것은 물론이고 투자자 개인들 역시 단 한 해도 빠짐없이 수익률이 더 높았다. 해당 데이터는 그림 8.2에 나타나 있다. 물론 TIF와 ETF, 둘 다 S&P 500을 추종하므로 수익률은 사실상 같다. 하지만 ETF 투자자들이 했던 반생산적인 선택까지 포함해서(높은 거래 비용, 잘못된 투자, 그리고 잘못된 시장 타이밍) 투자자 수익을[■] 계산하면 ETF 보유자들의 수익률이 TIF 투자자보다 훨씬 낮다.

뱅가드의 ETF 접근법의 결말은 아주 다르다. 같은 기간 뱅가드 S&P 500 ETF의 연수익률은 8.5%이고, 투자자 수익은 이것과 거의 다르지 않은 8.4%이다. 위대한 마케팅 아이디어와 위대한 투자 아이디어는 별개라는 내 투자 철학이 아직은 옳다는 것을 시장이 입증해준 셈이다.

	TIF	ETF
2004년 자산(단위: 10억)	$410	$185
2017년 자산(단위: 10억)	$2,066	$1,984
2004~2017년의 순현금흐름(단위: 10억)	$510	$1,009
시장가격 상승 2004~2017(단위: 10억)	$1,146	$790
연평균 투자자 수익률	8.4%	5.5%

(그림 8.2) TIF와 ETF의 순현금흐름과 시장가격 상승, 2004~2017. 출처: Strategic Insight Simfund 자료를 토대로 Bogle Financial Markets Research Centers가 직접 계산.

[■]　투자자 수익률은 해당 기간에 펀드 자산 성장(순현금유입) 중에서 시장가격 증대가 차지하는 비중을 의미한다. 방법론 자체는 다소 조악하지만, 우리는 TIF와 ETF의 연간 투자자 수익률을 모닝스타가 보고한 평균 펀드 수익률과 비교했고, R2(결정계수)은 각각 99.2%와 95.7%였다.

새로운 ETF 시장의 등장

TIF와 ETF의 차이를 극단적으로 설명한다면, TIF는 소극적 투자자들이 보유한 패시브 펀드이고 ETF는 적극적 투자자들이 매매하는 패시브 펀드라고 말할 수 있다. 이런 면에서 ETF가 TIF보다 투자자 수익에서는 결함이 있지만 투자자 공략에 있어서는 나름대로 '최고의 타점'을 찾아냈다고 볼 수 있다.

ETF는 투자자의 포트폴리오 통제 욕구, 비용의 중요성, "뭐라도 해야 한다"는 성향에 반응한다. "가만히 있기만 해서는 안 된다"는 투자 철학은 직관적인 만족감은 줄지언정, 성공 투자 전략이라는 것을 입증하지는 못했다.

게다가 ETF는 분산투자를 다른 시각에서 보게 만든다. 포트폴리오를 9박스 매트릭스(가로축에는 대중소로 크기를 구분하고, 세로축은 투자 스타일(성장주, 혼합, 가치주)을 둬서 9개의 박스를 만든다)로 정렬하면 보기에도 단순하고 깔끔하다. 문제는 이 9개 시장 세그먼트에 대한 비중축소나 비중확대 결정은 여전히 불확실하다는 것이다. 9박스 세그먼트 접근법이 진화해서 만들어진 것이 역사적 초과수익을 낸 부분을 퀄리티, 모멘텀, 사이즈, 가치주, 변동성 등의 영역으로 묶는 '팩터' 접근법이다.

운용과 자문서비스 제공으로 수수료^{Fee}를 받는 자문 사업이 성장하고 판매분에 대한 수수료^{Commission}를 받는 사업모델이 설 자리를 잃으면서 "로보 어드바이저^{Robo Advisor}"라는 새로운 유형의 자문사들이 시장에 등장했다. 로보 어드바이저는 컴퓨터 알고리즘에 기반한 자산배분

서비스를 최저 수수료로 제공한다. 이런 자문사들은 ETF 의존도가 상당히 높은 편이지만 과도한 매매는 거의 하지 않는다.

"최초의 ETF가 25세를 넘으면 상장지수펀드가 투자 세계를 지배할 것이다"

2018년 1월 28일자 〈월스트리트 저널〉에는 "전 세계 ETF는 거의 2,200개, 운용자산만도 4.8조 달러에 달해"라는 제목으로 ETF의 승리를 다룬 기사가 실렸다. 계속해서 과장된 칭찬이 이어졌고, 상장지수펀드가 '투자자들' 대부분에게 가치를 증대해주는 데 실패했음을 암시하는 문장은 딱 하나였다. "그런 모든 혁신이 투자자에게 만들어준 결과는 착잡한 것이었다". 정답이다!

〈이코노미스트〉 칼럼니스트 "버튼우드 Buttenwood"의 설명이 더 딱 들어맞는다. 2015년 5월 25에 올라온 버튼우드의 칼럼 제목은 "상장지수펀드가 지나치게 특화되어 있다"였다. 칼럼의 첫 문단이 의미심장하다. "어떤 금융 혁신이든 너무 가게 되는 순간이 온다. TV 방송에서 인기만 높일 생각에 개연성을 무시하고 '무리수 장면'을 집어넣는 것과 비슷하다. 그런 일이 ETF 산업에서 벌어진 것 같다. 가장 최근에 출시된 ETF는 ETF 회사 주식에 투자하는 펀드이다".

〈이코노미스트〉 칼럼은 요점을 정확히 짚어내고 있다. 〈월스트리트 저널〉이 지금부터 25년 뒤에 어떤 식으로 ETF를 설명할지 궁금해진다. 좁은 범위의 섹터에 특화된 ETF를 보유한 투자자들이 TIF 투자자들보다 수익률이 낮은 것은 엄연한 현실이다. 이런 현실을 무시하는 것이야 말로 펀드 투자자들의 이익을 등한시하는 것이다.

우리는 과거의 수익률을 비교하는 것이 아니라 ETF 투자자의 실제 수익률이 얼마인지를 고려해야 한다. 그래야만 투기 목적으로 ETF를 보유한 투자자들이 자신의 매매 전략을 재고할 마음을 먹게 될 것이다.

흔들리지 마라

내가 뼛속까지 ETF 무용론을 부르짖는 사람이라고 여겨지기는 하지만 내 생각은 과거에도 지금도 여지를 꽤 남겨두고 있다. (1)나는 종합지수 전체에 고루 분산투자하는 ETF에는 적극 찬성한다. (2)나는 좁은 섹터나 투기성이 강한 ETF는 좋아하지 않는다. (3)나는 주식 단기 매매는 투자자의 궁극적인 적이라고 믿는다. 따라서 투자자의 선택지에는 적절한 ETF들만이 포함되고 장기 보유되어야 한다는 것이 내 결론이다.

내가 ETF 투자자나 TIF 투자자에게 하는 조언은 같다. 넓은 시장 (S&P 500 등)을 추종하는 인덱스펀드를 포트폴리오에 넣어라. 그리고 잦은 매매는 금물이다. 이 전략을 따르기 위한 수단으로 TIF를 보유하는지 ETF를 보유하는지는 중요하지 않다. 둘 다 좋은 방법이다. 흔들리지만 않으면 된다.

9장

2006~2018

계속되는 모멘텀,
전략은 구조를 따른다

	12/2006	6/2018	연간 성장률
뱅가드 자산(단위: 조)	$1.1	$5.0	13.6%
업계 자산(단위: 조)	10.1	21.0	6.8
뱅가드 시장점유율	12.6%	24.2%	-
			총수익
S&P 500 지수	1,418	2,718	8.1%
미국 중기 국채 수익률	4.6%	2.9%	3.5
주식 60% / 채권 40%	-	-	6.9

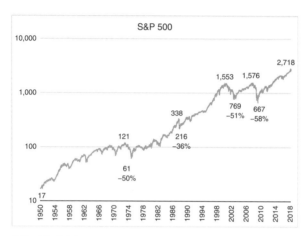

출처: 야후 파이낸스.

몇 번 큰 하락장이 있었지만 이 오랜 기간은 주식도, 채권도 완벽하
게 호시절이었다. 상승세는 50%의 주식시장 붕괴가 끝난 2003년에 시
작되었고, 이어서 2007~2009년 동안 증시는 또다시 50% 추락했다. 세
계 금융시스템이 몰락 직전까지 갔지만 금융시장은 살아남았고, 다시
강세장이 시작되었다. 그리고 2018년 중반을 기준으로 주식 밸류에이
션은 역사상 최고점까지 올랐다.

지수연동투자의 승리

1995년, 나는 뱅가드가 선구적으로 만든 최초의 인덱스 뮤추얼펀드(처음의 이름도 그 뜻을 충분히 담은 퍼스트 인덱스 인베스트먼트 트러스트였다) 20주년 기념을 축하하는 의미로 논문 한 편을 발표했다. 뱅가드 직원들을 대상으로 쓴 논문의 제목은 "지수연동투자의 승리"였다.

나는 내 평생의 지기이고 자산운용사인 밀러, 앤더슨 앤 셰어드Miller, Anderson&Sherred의 창업자이자 시니어 파트너이며 뛰어난 투자자였던 고 폴 F. 밀러Paul F.Miller에게도 한 부를 보냈다. 그는 "아주 좋은 논문이야. 너무 이른 감은 있지만, 자네가 옳다는 걸 세상은 알게 될 거야"라는 말을 해주었다.

낙관주의

폴의 말은 쓰라렸지만, 틀리지는 않았다. 1995년에도 인덱스 뮤추얼펀드 시장의 총자산은 뮤추얼펀드 전체 자산의 2.7%인 540억 달러에 불과했으니 말이다. 그야말로 양동이의 물 한방울일 뿐이었다. 하지만 나는 단순히 인덱스펀드의 자산 누계액만 보고서 지수연동투자의 승리를 낙관한 것은 아니었다.

내가 낙관한 이유는 투자자들이 마침내 지수연동투자의 기본 논리, 저비용의 본질적인 장점, 그리고 S&P 500 인덱스의 장기적인 고수익을 이해하기 시작했다고 봤기 때문이었다. 인덱스 뮤추얼펀드 자산의 성장

속도는 처음에는 거북이보다도 느렸지만 얼마 안 가 탄력이 붙기 시작했고, 그러면서 뱅가드 자산도 같이 성장하기 시작했다. 물론 나도 우리의 성장 전망을 밝게 봤다.

인덱스펀드 성장에 모멘텀이 붙다

내가 1995년에 "지수연동투자의 승리"에서 했던 예측은 지금 보니 너무 몸을 수그린 예측이었다. 뱅가드 최초의 인덱스펀드와 후속 상품들은 1996~2018년 동안 뱅가드가 놀라운 성장세를 이어나갈 수 있었던 동력이었다. 이 기간에 우리의 인덱스펀드 자산은 500억 달러에서 3.3조 달러로 수십 배가 늘어났다. 연간 성장률은 21%였는데, 현금 유입이 늘어난 것도 한몫을 했지만 그것보다는 몇 번의 증시 급락을 빼면 해당 기간 내내 강세장이 오래도록 계속된 것이 결정적인 역할을 했다.

뱅가드 장기 투자 펀드(주식형과 채권형) 자산 중 인덱스펀드의 점유율도 계속 올라갔다(그림 9.1 참조). 1991년 13%였던 인덱스펀드 점유율은 1997년에는 두 배가 넘는 31%가 된 것으로도 모자라, 2018년 초에는 다시 두 배가 넘는 74%가 되었다. 성장에 '모멘텀'이 붙은 것이다.

오늘날, 혁신하지 않는 상품은 살아남기 힘들다. 하지만 업계 최초의 뱅가드 S&P 500 인덱스펀드는 1975년 출시한 후로 구조나 방법에서 바뀐 것이 없다.▪ 이 인덱스펀드는 2018년에도 여전히 뱅가드의 주요 성장 동력이며, 동종 펀드 중 두 번째로 큰 펀드이기도 하다. 뱅가드 최대 펀드이고 S&P 500 인덱스펀드의▪▪ 쌍둥이에 가까운 뱅가드 토털 스톡

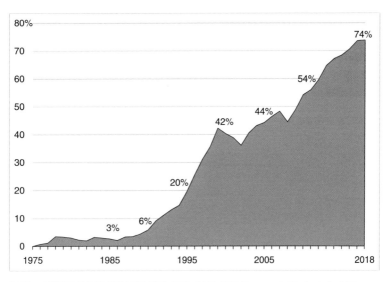

(그림 9.1) 뱅가드 자산 중 인덱스펀드 비중, 1975~2018. 출처: Vanguard, Strategic Insight Simfund.

마켓 인덱스펀드 역시 1992년 설립된 후로 지금까지 펀드 구조는 하나도 달라지지 않았다. 종합시장 지수를 추종하는 두 인덱스펀드 형제는 현재 뱅가드 장기 투자 펀드 자산에서 30%를 차지하고 있다.

그림 9.2는 2018년에도 뱅가드의 주요 성장 드라이브는 뮤추얼 인덱스펀드라는 것을 보여준다.

■　　S&P 500 지수를 구성하는 종목은 그때와 많이 달라졌지만, 시가총액을 기준으로 미국 상위 500대 기업 종목들의 수익률을 측정한다는 점은 대동소이하다.

■■　　S&P 500의 종목들은 토털 스톡 마켓 인덱스펀드 자산 가치 중 80%를 차지한다.

	자산 총액(단위: 10억)	비중
뱅가드 최대 펀드(출시 연도)		
토털 스톡 마켓 인덱스펀드(1992)	$742	16%
500 인덱스펀드(1976)	640	14
토털 본드 마켓 인덱스펀드(1986)	355	8
토털 인터내셔널 스톡 인덱스펀드(1996)	343	7
웰링턴 펀드(1929)	104	2
상위 5개 펀드 총계	$2,183	47%
기타 1997년 이전 출시 펀드		
인덱스펀드	$612	13%
액티브 펀드	1,021	22
총계	$1,634	35%
1997년 이전 출시 펀드 총계	$3,817	82%
1997년 이후 출시 펀드		
인덱스펀드	$753	16%
액티브 펀드	96	2
총계	$849	18%
뱅가드 펀드 총계	$4,666	100%

(그림 9.2) 1997년 이전에 출시된 펀드들이 뱅가드 자산의 80%를 차지한다.

인덱스 혁명

뱅가드는 빠르게 성장하는 인덱스펀드 시장의 선봉장이었다. 내가 직원용 논문을 발표하고 고작 5년 뒤인 2000년에 인덱스펀드 자산은 거의 8배로 늘어나 4,200억 달러 정도가 되었다. 2005년에는 여기서 두 배가 넘는 8,730억 달러가 되었다. 인덱스펀드 시장의 급성장은 그게 끝이 아니었다. 2010년에는 1.9조 달러로 증가했고, 2018년 중반에는 6.8조 달러 규모가 되면서 전체 뮤추얼펀드 자산에서 37%를 차지했다. "지수연동투자의 승리"에서 내가 인덱스펀드의 미래에 대해 낙관론을 펼쳤던 것이 헛소리가 아니었음이 입증되었다.

전체 펀드 산업 중 인덱스펀드 자산의 점유율만을 주시한다면 인덱스펀드가 변화의 대리인이라는 사실을 알아차리기 힘들다. 2008~2017년 동안 주식형 인덱스펀드로의 순현금유입은 총 2.2조 달러로, 모든 주식형 뮤추얼펀드로 유입되는 현금흐름의 187%였다. 그 말인즉, 이 10년 동안 액티브 운용 주식형 펀드에서는 1조 달러가 넘는 현금이 인출되었다는 뜻이다. 최근의 시대를 '인덱스 혁명'으로 불러도 거창한 표현은 아닐 것이다.

뱅가드 점유율

뱅가드의 인덱스펀드 시장점유율은 거의 50%에 달할 정도로 여전히 높은 수준이다. 그중에서도 광범위 시장을 추종하고 장기 투자자들의 평생 보유를 목표로 설계된 3.3조 달러(2018년 기준) 규모의 TIF 시장점유율은 거의 80%이다. 그리고 좁은 섹터로 특화돼 있고 투자자들의 단기 매매 충동을 주로 공략하는 3.5조 달러 규모 ETF 시장에서의 점유율은 25%이다.▪

'성숙기'라고 해도 좋을 산업에서 한 회사가 시장을 지배하는 것은 보고도 믿기 힘든 일이다. 이런 결과가 나온 이유는 지수연동투자가 뱅가드의 중점적인 전략이 되었다는 데 있다. 뱅가드는 그렇게 한 이유는, "전략은 구조를 따르기" 때문이다. 이 책의 첫머리에 나온 작고한 아메리칸 펀드의 존 러브레이스에게 내가 뱅가드의 새로운 상호소유구조를 설명했던 때의 일화를 기억하는가? 그는 새로운 펀드 지배구조에 대해 "그건 뮤추얼펀드 산업을 파괴할 겁니다"라고 질색하며 두려워하는 반응을 보였다. 그리고 우리가 잘 알다시피, 그가 두려워할 만했다.

┃ 시장점유율의 혁명

┃ 급성장하는 산업 섹터를 한 회사가 꾸준히 지배할 때는 굉장히 인상적인 차이로 시장을 지배하게 된다. 1974년 창립 초기에 자산 가액 기준 뱅가드의 전체 뮤추얼펀드 시장점유율은 4%도 되지 않았고 1991년에도 고작 5%였다. 하지만 2018년 중반 펀드 자산 점유율은 사상 최고인 22%까지 올라 있었다. 점유율 증가 중 3/4은 인덱스펀드에서 비롯되었다(그림 9.3 참조). 상승 속도에 탄력이 붙었고, 속도가 느려질 것이라는 징후는 별로 보이지 않는다.

뱅가드가 인덱스펀드 혁명의 선봉장이라는 우위를 가졌던 것은 맞다. 하지만 나는 내가 책과 연설을 통해 끊임없이 보여준 사명감도 또 다른 동력이 되었다고 자신있게 말할 수 있다. 내 첫 책인 『존 보글의 뮤

■ 투자 집단도 언론도 수동적인 투자자들이 보유하는 패시브 인덱스펀드(TIF)와 적극적 투자지들이 보유하는 패시브 인덱스펀드(ETF)의 결정적 차이섬에는 거의 눈길조차 주지 않았다.

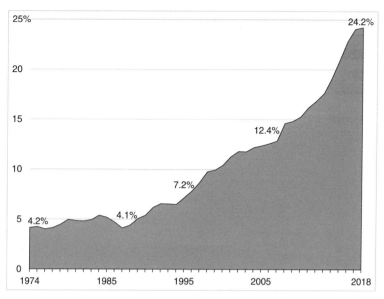

(그림 9.3) 자산 가액 기준 뱅가드의 미국 뮤추얼펀드 산업 시장점유율, 1974~2018. 출처: 뱅가드, Strategic Insight Simfund.

추얼펀드 Bogle on Mutual Funds: New Perspectives for the Intelligent Investor』(1993)에서는 인덱스펀드를 미래 전망이 높은 세 가지 중요한 펀드 중 하나로서만 설명했다. 내 여섯 번째 책인 『모든 주식을 보유하라 The Little Book of Common Sense Investing』(2007) 1판은 전적으로 인덱스펀드에 집중했다. 두 권의 판매량은 50만 부였고, 총 독자 수는 150만 명 정도로 짐작된다. 아마존 사이트의 『모든 주식을 보유하라』 독자 서평 700개의 평점은 만점인 별 5개에 약간 못 미치는 4.6점이었다.■ 이제는 분명해졌다. 독자들은 저비용 투자에 대한 메시지를 받아들이고 있고 배운 대로 행동하고 있다는 것이 말이다.

"왕관을 쓴 자, 편히 쉬지 못하리라"

뱅가드의 장기 주식형 및 채권형 뮤추얼펀드 분야 시장점유율이 25%에 육박하는 것은 과거 1위 업체들의 점유율을 훌쩍 뛰어넘는 것이기에 주목할 만하다.■■ 1924년 미국의 뮤추얼펀드 산업이 탄생한 이후로 거의 1세기 동안 선두에 올라 왕관을 쓴 회사는 단 4곳에 불과했다. 처음 3개 뮤추얼펀드 회사의 점유율은 자산 가액 기준 15%였다. 그림 9.4에 나오듯 모두가 갈망하는 왕관을 쓴 자는 편히 쉬지 못했고, 한 왕이 한동안 왕관을 차지하고 있다가 이내 새로운 왕이 나타나 왕관을 탈취했다.

장기 집권자인 M.I.T.(현재의 매사추세츠 파이낸스 서비스Massachusetts Financial Services, MFS)와 이후 배턴을 넘겨받은 인베스터스 디버서파이드 서비스Investros Diversified Services, IDS(현재의 컬럼비아 스레드니들Columbia Threadneedle)는 어쩌다가 15%의 시장점유율에서 지금의 1% 대로 처참히 추락하게 되었는가? 상상도 하기 힘든 일이지만, 진짜로 일어난 일이었다. 셰익스피어의 〈헨리 4세〉에 나오는 대사만큼 이 상황을 적절히 설명하는 말도 없을 것이다. "왕관을 쓴 자, 편히 쉬지 못하리라". 한 시대에서 성공했던 것이 오히려 다음 시대에서는 실패를 이끌기도 하는 것이다.

■　　이 책은 오랫동안 아마존 판매순위 1위를 유지했고, 그 후 10년 뒤인 2017년 가을에 나는 10주년 기념판을 발행했다. 기념판도 높은 판매량을 유지하고 있다.

■■　　뱅가드는 장기 (주식형과 채권형) 뮤추얼펀드의 자산 기준 점유율은 근 25%였고, 머니마켓펀드를 포함한 총 뮤추얼펀드 자산 점유율은 이것보다 살짝 낮은 22%이다. 펀드 산업이 존재하고 50년이 지난 후에야 머니마켓펀드가 생겼으므로, 일관성을 위해 앞으로 분석 사례에서는 주식형과 채권형 펀드의 점유율만을 다룰 것이다.

M.I.T.와 이후의 MFS

첫 번째로 매사추세츠 인베스터스 트러스트, 즉 M.I.T.부터 보자. 이 회사가 선두에 있었을 때 펀드 주식의 판매는 별도의 회사가 맡았고, 투자 포트폴리오 운용은 자체 신탁관리인들이 책임을 졌다.

시장 1위 운용사	기간	햇수	1위일 때의 자산(년도)	현재 자산 (2018)	1위일 때의 점유율(년도)	현재 점유율 (2018)
			미국 내 주식형과 채권형 펀드의 시장점유율*			
M.I.T.†	1935~1952	17	$5.54억 (1952)	$2,280억	15.3%(1950)	1.2%
IDS ‡	1953~1982	29	$75억 (1972)	$1,540억	15.8%(1964)	0.8%
피델리티	1983~2003	10	$6,450억 (1999)	$1.5조	13.8%(1999)	8.3%
뱅가드	2004~2018	13	$4.3조 (2018)	$4.3조	24.2%(2018)	24.2%

(그림 9.4) 최대 운용사들의 시장점유율, 1935~2018(미국 내 주식형과 채권형 뮤추얼펀드만 포함).
출처: Wiesenberger Investment Companies, Strategic Insight Simfund.

* 머니마켓펀드는 제외.
† 처음 회사명은 매사추세츠 인베스터스 트러스트(Massachusetts Investors Trust)였고, 지금은 매사추세츠 파이낸셜 서비스(Massachusetts Financial Services)의 자회사이다.
‡ 업계 선두일 때의 회사명은 인베스터스 디버서파이드 서비스(Investors Diversified Services, IDS)였으며, 1894년 창립 시의 회사명은 인베스터스 신디케이트(Investors Syndicate)였다. 이 회사는 여러 번의 인수합병을 거쳤으며 현재는 컬럼비아 스레드니들 브랜드를 달아 뮤추얼펀드를 판매한다.

나는 프린스턴 재학 시절 뮤추얼펀드 산업을 연구하던 중 1949년 〈포천〉에 실린 M.I.T 기사를 보게 되었다. M.I.T.의 분산투자 포트폴리오는 오늘날의 다우존스 산업평균 지수에 속한 30개 '블루칩 종목' 목록과 모양새가 어느 정도 비슷했다. 이 회사의 투자 전략에서는 놀랄 만한 소지가 없었다. 오늘날로 말하면 M.I.T.의 펀드는 시장 표준을 수용하고 저비용에 시장 수익률을 꾸준하게 제공하는 이른바 '유사 인덱스펀드 Closet Index Fund'였다.■ M.I.T.의 시장점유율은 1950년에 15.3%로 가장 높았다.

시간이 지나면서 M.I.T.와 비슷한 유형의 보수적 투자 상품을 판매하는 경쟁사들이 늘어났다. 웰링턴 자산운용사를 포함해서 이 펀드사들의 뮤추얼펀드는 주식 브로커를 통해 유통과 판매를 한다는 점은 다 같았다. 웰링턴 펀드의 큰 차이점은 자산 배분의 균형이었는데, 자산의 대략 2/3는 다른 경쟁 펀드들처럼 블루칩 종목에 투자했고 나머지 1/3은 "바람 부는 방향으로 닻을 내려" 자산을 보호할 목적으로 투자적격등급 채권에 투자했다. 웰링턴 펀드는 증권사가 유통하는 펀드들 중에서는 수십 년째 최대 혼합형 펀드 지위를 유지했다.

점점 늘어나는 펀드 유통사들이 주식 브로커 집단의 관심을 독점하거나 직접 중개에 참여하려고 치열하게 경쟁을 벌이는 통에 M.I.T.가 석권 중이던 점유율에도 빨간불이 켜질 수밖에 없었다. 게다가 1940년대

■　1969년까지 M.I.T.의 신탁관리인들과 투자운용 담당자들은 신탁회사로부터 직접 보수를 받았다. 그러다가 신탁관리인들은 매사추세츠 파이낸셜 서비스를 따로 차리고 신탁회사와 자매 펀드의 운용과 유통, 관리를 맡았다. 그리고 신탁관리인들은 MFS의 소유와 통제를 '스스로에게' 넘겨주었다. 1980년에 이들 신탁관리인들은 캐나다의 선 라이프(Sun Life)에 회사를 매각했다. '저비용' 투자 운용사에서 외부 운용사로, 그러다가 공개회사로 탈바꿈하는 과정은 우연의 일치인지는 모르겠지만 웰링턴이 뱅가드로 변모한 과정과는 거의 정반대였디. 현재 뱅가드 점유율이 높은 깃은 우리가 핀드 주주들을 위해 올바른 선택을 했다는 의미일 수 있다.

가 되면서 '직접 유통사'라는 새로운 유형의 경쟁자가 등장했다.

몇몇 펀드 운용사들은 전담 영업사원을 배치하고 잠재 고객들을 직접 접촉해서 펀드 상품 판매에 나섰다. 이 직접 유통사는 펀드 '상품' 판매 선택권을 가진 주식 브로커들이 지배하던 유통 시장을 강하게 잠식해 들어갔다. 자산 기준으로 1950년 15.3%나 되던 MFS의 시장점유율은 직간접적으로 경쟁이 치열해지고 인덱스펀드까지 등장하면서 2018년 중반에는 고작 1.2%밖에 되지 않았다.

IDS, 그리고 지금의 컬럼비아 스레드니들

이런 펀드 직접 유통사들 중에서도 가장 강력하게 치고 올라온 회사는 1894년에 세워진 미니애폴리스 소재 거대 자산운용사인 인베스터스 디버서파이드 서비스(또는 IDS)였다. 이 회사가 오랫동안 주력으로 판매한 상품은 고정 이자를 지급하는 '액면증서 Face Amount Certificates, FAC'였다(고객은 10년 만기의 1만 달러 증서를 매수하면 만기까지 이를테면 연 7%의 이자를 보장받을 수 있다).

IDS와 고객 모두에게는 안타까운 일이지만, 대공황 시절에는 금리가 곤두박질쳤다. 회사는 액면증서에 약정된 이자를 지급해야 하는 계약 의무를 준수할 수가 없게 되었고, IDS는 자사의 대규모 영업진을 동원해 무언가 신상품을 팔아야 했다. 그래서 찾은 두 가지 활로가 생명보험과 뮤추얼펀드였다.

IDS는 1940년 자사 최초의 뮤추얼펀드인 인베스터스 뮤추얼펀드

Investors Mutual Fund를 출시했다. 이 혼합형 펀드 다음으로 1941년에는 주식형 펀드인 인베스터스 스톡 펀드Investors Stock Fund를 출시했으며 이후에도 여러 펀드를 내놨다. IDS의 자산은 점점 늘어서 1972년 정점일 때는 75억 달러였고, 점유율은 1964년에는 15.8%까지 올랐다.

IDS는 순위권 밖이던 자산운용사에서 펀드 산업의 리더가 되어 25년 가깝게 선두를 유지했지만, 주식 브로커들의 판매가 성황을 맞으면서 이 회사의 직접 판매 전략은 휘청거렸다. 그리고 IDS의 자산 기준 시장 점유율은 추락할 대로 추락해 현재는 0.8%이다.

피델리티

M.I.T.와 뒤를 이은 IDS의 부상은, 다음 리더인 피델리티 인베스트먼트에 비교하면 거의 아무것도 아니었다. 내가 1950년에 처음 피델리티를 연구했을 때 이 회사는 뮤추얼펀드 업계 12위였다. 펀드로는 피델리티 펀드Fidelity Fund가 유일했고 총자산은 고작 6,400만 달러로, 시장 규모 31억 달러 중 점유율은 2%였다. 피델리티는 블루칩 종목 중심의 전통적인 주식형 펀드였다. 고-고 시대가 오자 피델리티는 다른 전통적인 펀드 운용사들보다 먼저 투기성 펀드 만들기에 앞장섰다. 피델리티가 펀드 산업에 현대적인 마케팅 기법을 도입했다는 것은 사실이다. 그게 좋은 일인지 나쁜 일인지는 상관없이 말이다.

1958년에 피델리티는 피델리티 캐피털 펀드Fidelity Capital Fund를 만들고 책임 포트폴리오 매니저로 제럴드 차이Gerald Tsai를 임명했다. 그는 펀드 업계에 센세이션을 불러일으켰다. 캐피털 펀드는 (잠시나마) "압도적인" 수익을 올렸다. 캐피털 펀드는 얼마 뒤 피델리티 창업자이며 CEO인 에드워드 C. 존슨 2세의 아들인 젊은 에드워드 C. 존슨 3세Edward C. Johnson III가 매니저를 맡은 피델리티 트렌드 펀드Fidelity Trend Fund에 병합되었다. 트렌드 펀드도 얼마간은 높은 수익을 달성했다.

증시는 강세였고, 두 펀드도 날개를 단 듯 빠르게 성장했다. 1967년 두 펀드의 자산은 22억 달러로 늘어났고 시장점유율은 5%였다. 당시 피델리티의 점유율이 8%였으니, 그중 2/3가 이 두 펀드의 공이었다. 하지만 강세장이 끝나고 약세장이 찾아오면서 캐피털과 트렌드는 나란히 추락했고, 실망한 주주들은 줄지어 돈을 인출했다. 그렇더라도 피델리티는 증권사들에게 그 이름을 확실하게 각인시켰다. "시장 수익률에 자족하지 마라. 우리는 더 잘할 수 있다".

마젤란 펀드

고-고 시대는 펑 소리를 내며 끝을 맞이했지만, 피델리티의 명성은 끝나지 않았다(브로커들은 빨리 잊는다). 피델리티는 1963년에 이후 펀드 산업의 규정집을 새로 쓰게 되는 피델리티 마젤란 펀드Fidelity Magellan Fund를 출시했다. 이 펀드는 1975년부터 1983년까지 S&P 500을 '매년' 22.5%포인트나 상회하는 괴물 같은 수익률을 달성했다. 아쉬운 점은 이 놀라운 수익을 거둔 기간 대부분이 이 작은 펀드가 공모를 하기 전이었다는 사실이다.

마젤란 펀드는 초기만큼은 아니지만 그후 10년 동안 우수한 성과를 달성했다. 1984~1993년까지 S&P 500 지수를 연 3.5%포인트씩 웃도는 초과수익을 냈다. 마젤란 펀드의 자산은 폭발적으로 증가해 1,000억 달러를 넘겼다. 그러다 1990년 스타 포트폴리오 매니저 피터 린치Peter Lynch가 은퇴한 직후부터는, 지수에 조금씩 밀리기 시작하더니 다음 24년 동안은 지수보다 연평균 거의 2%포인트를 밑도는 실적을 냈다. 근 4반 세기 동안 S&P 500의 누적수익은 805%였지만 같은 기간 마젤란 펀드의 누적수익은 이것보다 266%포인트나 낮은 539%였다.

고-고 시대에는 인기 펀드 2개의 성공에 의지하고 1980년대에는 대성공을 누린 펀드 1개에만 의존한 것이 피델리티의 패착이었다. 고작 10만 달러에서 출발한 마젤란 펀드의 자산은 2000년 최정점기일 때는 1,100억 달러로 증가했다. 하지만 마젤란 펀드의 거품은 결국 꺼지고 말았다.

주주들의 드높은 기대에 부응하지 못하면서 2018년 마젤란 펀드의 자산은 정점기보다 930억 달러나 줄어든 170억 달러로 쪼그라들었다. 피델리티의 시장점유율도 당연히 하락했다. 1999년 주식형과 채권형 뮤추얼펀드 시장 총자산의 13.8%를 차지하던 점유율은 2018년에는 8.2%로 떨어졌다. 옛말은 틀리지 않았다. "검으로 흥한 자, 검으로 망할 것이다".■

■　2018년 초가 되면서 피델리티는 인덱스펀드 사업이 성장한 덕분에 점유율도 안정세를 찾았나. 현재 피델리티에서는 인덱스펀드기 주식형 펀드 자산의 25%를 차지한다.

뱅가드

그렇다면 뱅가드는 왕관을 썼던 이전 펀드 회사들과 어떻게 다른 길을 걸었는가? 뱅가드는 순자산 기준 모든 주식형과 채권형 뮤추얼펀드를 통틀어 24%라는 기록적인 시장점유율을 달성했다.

이전의 리더들보다 1.5배가 넘는 점유율인데도, 뱅가드는 왕관을 불편하게 여겨야 하는가? 당연히 불편하게 여겨야 한다! 회사의 최대 숙적은 성공에 안주하는 것이다. 뱅가드의 독특한 상호소유구조, 저비용의 인덱스펀드 중심 전략이라면 지금의 왕좌를 이전의 리더들보다는 훨씬 오래 유지할 수 있을 것이다.

- M.I.T.의 문제는 브로커-딜러 판매망이 공고하지 못하고 고질적인 경쟁과 갈등으로 몸살을 앓는다는 데 있었다. 뱅가드는 노로드 펀드를 직접 유통하면서 대리인 지원이 아니라 고객 서비스에 중점을 둔다. M.I.T는 준상호소유구조에서 MFS로 바뀌었다가 다시 캐나다 생명보험회사에 인수된 적이 있지만, 아무 도움도 되지 못했다.
- IDS의 판매망 통제는 성공적인 펀드 유통을 위한 최적의 방법이었을지도 모른다. 그러나 영업사원들은 몇 종류 되지 않는 자사 펀드만 판매해야 했기에 유연성도 떨어졌고 어쩔 수 없이 "강매"도 자주 해야 했다는 것이 치명적인 약점이었다. 투자자들의 불만이 속출했고 IDS는 점유율 추락이라는 뼈저린 대가를 얻어야 했다.
- 피델리티는 시장의 변덕과 "신의 손"을 가진 자산운용 전문가들

에게 승부수를 걸었고 결과는 성공적이었다. 이 전략으로 펀드 운용사들은(펀드 투자자들이 아니라) 단기적으로 흡족해했을지는 몰라도 장기적으로는 아니었다. 피델리티는 펀드 수익률에 "평균 회귀"라는 절대 불변의 원칙이 존재한다는 사실을 무시했다. 수익률이 좋은 펀드도 나쁜 펀드도 언젠가는 평균 수익률로 회귀하고 그다음에는 평균 아래로 떨어지거나 위로 올라가기 마련이다. 뱅가드는 상대적 예측 가능성이 높은 펀드에 주력하기 때문에 액티브 운용사 중 하나가 신의 손에서 마이너스의 손으로 추락한다고 해도 회사 전체가 영향을 받을 가능성은 거의 없다.

전략은 구조를 따른다

기록은 거짓말을 하지 않는다. 94년이라는 뮤추얼펀드 산업 역사 동안, 왕관을 썼던 세 펀드 회사와 뱅가드는 투자자 서비스에 있어서 완전히 다른 접근법을 택했다. 뱅가드의 구조와 전략을 보면 알 수 있다.

세 펀드 회사는 세일즈망을 통한 펀드 판매 전략을 구사했기에 브로커나 영업사원에게 경쟁적으로 높은 보수를 주는 데 주력할 수밖에 없었다. 과거의 세 리더들은 2장에서 코헨 SEC 위원장이 말했듯이 자문사의 이익 증대를 최우선 목표로 삼았다. 반대로 뱅가드는 상호소유구조의 저비용 펀드이므로 별도의 외부 자문사나 영업사원, 브로커나 딜러가 아니라 펀드 투자자들의 이익 증대를 목표로 삼는다.

저비용 구조

뱅가드처럼 상호소유구조에 초점을 맞추는 펀드에서는 저비용의 가치를 쉽게 측정할 수 있다. 이런 구조를 따르는 전략에서 나올 만한 펀드 유형은 3가지이다.

1. 인덱스펀드. 운영에 문제가 없다면 S&P 500 지수를 추종하는 모든 펀드는 비용 차감 전 총수익률이 같다. 그러므로 투자자 입장에서는 비용이 최저인 인덱스펀드가 수익률이 가장 높다.
2. 채권형 펀드. 뱅가드의 저비용 구조에서는 포트폴리오에 고등급-저리스크의 채권을 보유하고 있지만 수익률은 경쟁사보다 더 높다는 것을 강조할 수 있다.
3. 머니마켓펀드. MMF는 SEC 규제 조건을 충족하기 위해서라도 특정 등급 이상의 단기 증서를 보유해야 할 의무가 있다. 따라서 MMF 포트폴리오에 포함된 단기 증서는 우량 등급이 대체로 균일한 편이다. 그렇다면 저비용 MMF인지가 경쟁사보다 높은 수익을 제공하는 관건이다.

액티브 운용 주식형 펀드가 시장을 지배하더라도, 저비용 인덱스펀드가 가진 장기적 우위는 웬만해서는 쉽게 사라지지 않는다. S&P 500처럼 종합지수를 모델링한 인덱스펀드들은 더도 덜도 아니고 딱 시장 수익률만큼만 번다. 반대로 액티브 주식형 펀드들의 수익률은 오르락내리락하며, 고수익을 낸 '다음'에야 투자 대중의 돈이 펀드에 몰린다. 훌륭한 액티브 펀드의 수익률도 언젠가는 휘청거리게 마련이고, 기대심리가 꺾인 투자자들은 애초에 잘못된 타이밍에 샀던 펀드를 환매한다. 이렇듯 투자자들의 최대의 적은 투자자들 본인이기도 하다.

나는 펀드 투자자들이 지난날의 고수익 뒤꽁무니만 쫓는 백해무익한 상황이 만들어지는 것을 피하기 위해 뱅가드가 최초의 인덱스펀드를 만들기 훨씬 전부터 핵심 매니저들에게 '상대적 예측 가능성'의 중요성을 강조했다. 이런 철학은 외부 투자자문사들이 운용하는 뱅가드 주식형 펀드 상당수가 성공을 거둘 수 있었던 중요한 요인이었다.

‖ '상대적 예측 가능성'의 실제

뱅가드의 눈부신 성장 비결은 인덱스펀드 분야의 리더여서가 아니라, 최저비용 펀드 회사의 위치를 고수하기 때문이라는 말도 더러 들린다. 하지만 이에 대해 나는 그렇지 않다고 장담한다. 오히려 반대이다. 우리의 저비용 구조에서는 인덱스펀드 전략이 '강력하게' 필요하다.

뱅가드의 액티브 운용 펀드들이 낮은 비용비율과 (전반적으로) 낮은 회전율을 조합해서 경쟁 펀드들보다 상당한 경쟁력을 가진 것은 부인할 수 없는 사실이지만, 이들 중 상당수는 경쟁 펀드나 비슷한 주식시장 세그먼트에 뒤지지 않는 수익을 내기 위해 의도적으로 복수 운용사 체제로 구성된다. 뱅가드는 1987년에 액티브 운용 펀드 하나에 이런 복수 운용사 접근법을 도입했고, 2018년 현재는 5개의 액티브 주식형 펀드가 복수 운용사에 외혀 포트폴리오를 운용하고 있다. 그 이유는 하나의 펀드를 비슷한 전략을 구사하는 여러 운용사로 조합해서 각자 포트폴리오를 운용하게 한다면, 이 펀드의 최종 수익률은 벤치마크 수익과 거의 대동소이해질 것이기 때문이다.

상대적 예측 가능성의 효과

뱅가드는 누가 뭐래도 저비용 펀드 회사로서의 입지를 단단히 구축했다. 상대적 예측 가능성에서는 목표와 전략이 비슷한 펀드라면 '총' 수익률이 어차피 비슷하므로 결국 저비용 펀드일수록 '순' 수익률이 높을 수밖에 없다. 어떤 펀드의 연간 총비용(비용비율, 회전비용, 판매수수료를 포함)이 1.5%포인트 정도 낮다면, 10년만 지나도 이 펀드는 비슷한 전략을 구사하는 경쟁사 펀드들보다 '추가적인 리스크 부담은 전혀 없으면서도' 20%포인트나 더 높은 누적수익을 낸다.

웰링턴 펀드의 수익률은 이런 상대적 예측 가능성의 효과를 명확하게 보여준다.[■] 웰링턴 펀드가 벤치마크로 삼는 주식/채권 혼합 포트폴리오는(독립변수) 지난 10년 동안 이 펀드의 월간 수익률을(종속변수) 98% 설명해주었다(이것을 결정계수 R^2이라고 하며, 펀드와 벤치마크의 수익률을 비교할 때 흔히 사용되는 지표이다.[■■] 어떤 인덱스펀드가 오로지 벤

[■] 웰링턴 펀드는 자문사가 벤치마크 지수를 상회하는 성과를 거둘 때는 별도로 인센티브 수수료를 지급하고, 반대로 수익률이 벤치마크보다 낮을 때는 페널티 수수료를 물린다. 웰링턴 펀드가 벤치마크 지수로 삼는 포트폴리오의 구성은 S&P 500 지수 65%, 블룸버그 바클레이 미국 A등급 이상 채권 지수 35%이다.

치마크로 삼는 두 개의 시장 지수로만 구성된다면 R2은 100%가 된다). 이 말인즉 펀드 자문사는 수익 중 2%에 대해서만 공과가 있다는 뜻이다.

웰링턴 펀드와 벤치마크의 수익률은 거의 일치하지만, 이것은 뱅가드 액티브 운용 펀드들 여러 개가 보이는 특징이기도 하다. 그림 9.5에는 그중 몇 가지 예를 적었다.

펀드명	R^2
웰링턴 펀드	0.98
익스플로러 펀드	0.99
비과세 중기채권 펀드	0.97
윈저 펀드	0.95
프라임캡 펀드	0.93
캐피털 오포튜너티 펀드	0.92
뱅가드 주식형 펀드 평균 결정계수	0.96
타사 액티브 운용 주식형 펀드 평균 결정계수	0.88

(그림 9.5) 뱅가드 몇몇 펀드들의 결정계수, 2018.

뱅가드 액티브 운용 펀드

상대적 예측 가능성이 높으면 시장과 비슷한 수익을 낸다는 뚜렷한 장점이 있지만, 뱅가드의 모든 액티브 운용 펀드가 무조건 이 기준에 부합해야 한다는 뜻은 아니다. 우선, 고객이 뱅가드 액티브 펀드를 선택했

■■   결정계수는 뮤추얼펀드 수익률의 변량 중에서 해당 시장 지수 수익률의 변량으로 설명할 수 있는 부분을 백분율로 표시한 수치이다. 결정계수는 상관계수를 제곱한 값이기에 리스크를 측정하는 훨씬 엄격한 척도이다.

다면 패시브 운용을 하는 뱅가드 인덱스펀드를 매수할 생각은 없다는 의미로 봐도 무방할 것이다(우리가 1974년 뱅가드를 세웠을 때는 액티브 펀드만 있었다).

그러니 가끔, 아주 가끔 스타 매니저가 탄생하면 그 매니저는 신주단지나 다름없다. 윈저 펀드의 존 네프, 배로 핸리의 짐 배로 Jim Barrow, 프라임캡의 하워드 쇼우와 미첼 밀리어스가 그런 스타들이다. 그들이 원래 있던 자문사를 떠나게 되면, 우리는 후임자들의 실력을 살펴본 후 자문사와의 계약을 그대로 유지할지 아니면 외부 운용사를 추가로 선정해서 기존 매니저들을 보완해야 할지를 결정한다(나는 언제나 기존의 자문사를 긍정적으로 고민해보는 쪽이었다).

필요할 때는 신규 투자자 모집을 중단한다

그렇다. 뮤추얼펀드 수익의 평균회귀는 과거나 지금이나 보편적인 법칙이나. 하지만 펀드 자산이 크게 불어나면 결국에는 결단을 내려야하는 순간이 찾아오게 된다. 펀드 주주들의 장기 이익을 보호하는 중요한 방법 한 가지는 거대해진 자산 규모가 초과수익 달성에 악영향을 미치지는 않는지 예의 주시하는 것이다.

현금 유입으로 인해 펀드 자산이 불어나면 펀드 운용사는 추가 현금을 최상의 투자 아이디어에(더 높은 가격으로) 투자하거나, 차선의 아이디어에 투자하거나, 그도 안 되면 세 번째나 네 번째로 좋은 아이디어에 투자해야 한다. 현금 유입이 과도해지면 액티브 매니저는 투자 목표를 달성하기가 더 힘들어진다. 그런 상황이 오면 펀드 운용사는 어쩔 수 없이 신규 투자자 모집을 중단할 수밖에 없다.

1985년 윈저 펀드로의 현금 유입이 늘어나면서, 자산이 감당하지 못하는 수준으로 증가하는 것을 막기 위해 뱅가드는 사상 두 번째로 펀드 문을 닫아걸었다. 지난 30년 동안 뱅가드는 30번이 넘게 신규 투자자의 펀드 가입을 중단했다. 계속 신규 투자자를 받았다가는 매니저의 성공적인 목표 달성에 저해가 될 수도 있어서였다. 다행히 (이번에도!) 우리는 상호소유구조이기 때문에, 신규 투자자 모집 중단이라는 전술도 거리낌 없이 쓸 수 있다.

솔직히 말하겠다. 뱅가드가 초창기 펀드를(웰링턴과 윈저) 유지하지 못했거나 그 후로 만든 액티브 펀드들이(윈저 II, 프라임캡, 인터내셔널 그로스 등) 없었다면, 우리는 지수연동투자가 융성하기 전 20년의 세월을 버텨내지 못했을 것이다.

뱅가드의 상호소유구조

뱅가드의 상호소유구조는 우리의 저비용 사업모델 덕분에 저비용 펀드를 탄생시킬 수 있었다. 관행적으로, 펀드 회사가 뮤추얼펀드 주주들에게 높은 수수료를 부과하고 거기서 버는 사업 이익을 운용사 주주들이 가져갔다. 반면에 뱅가드의 저비용 펀드에서는, 잠재적인 사업 이익'이 펀드 자체로 귀속되었다.

이런 특징을 가진 상호소유구조는 논리적이고 직관적이며 44년이 넘도록 그 진가를 입증했다. 뱅가드 그룹의 주주 집단에 돌아가는 이익을 줄인 것이야말로 뱅가드 펀드의 주주들이 경쟁 펀드의 주주들보다 훨씬 높은 수익률을 거둘 수 있었던 중요한 비결이었다.■

수수료율은 낮지만 수수료 금액은 적지 않다

최저비용의 펀드는 분명 우리의 자부심이다. 하지만 자문수수료 액수와 자문수수료율을 혼동하지는 말기를 바란다. 뱅가드는 외부 자문사와 펀드 운용수수료 구조를 두고 협상을 할 때는 양보 따위는 모른다. 그렇다고 이 외부 자문사들이 뱅가드 펀드를 운용하려고 수도사들처럼 청빈서원을 해야 하는 것은 아니다. 뱅가드의 그늘 아래에 있는 펀드들은 자산 규모가 꽤 크기 때문에 금액으로 따지면 수수료도 상당히 많은 편이다.

"뱅가드라고…… 다를 것이 없다" 정말로 그러한가?

더 정확히 말하면, 뱅가드의 구조와 전략은 내가 일찍이 1995년에 예견했던 "지수연동투자의 승리"를 이끈 주역이기도 했다. 나는 이 두 요

■   뱅가드 뮤추얼펀드들 여러 개가 모닝스타가 투자자에게 가장 추천하는 등급인 '골드' 등급을 받았다는 점은 우리의 성공을 가장 인상적으로 보여주는 척도일 것이다. 2018년 초에 골드 등급을 받은 뱅가드 펀드는 48개였다. 반면에 4대 경쟁사 펀드들은 다 합쳐서 43개가 골드 등급을 받았다.

인이 앞으로도 우리의 탄탄한 기반이 될 것이라고 믿는다. 다가오는 시대에도 뱅가드가 펀드 리더의 왕관을 계속 쓰고 있을 것이다.

물론 다른 펀드들은 우리의 상호소유구조가 펀드는 물론이고 투자자들에게도 가치를 창조해주었다는 사실을 부인했다. 실제로도 명망 높은 몇몇 학자들은 상호소유구조가 뱅가드에 어떤 차이를 만들어낸 것인지 도무지 모르겠다는 말도 했다. 〈예일 로 저널Yale Low Journal〉 2014년 3월호 기고문에서 존 몰리John Morley 교수는 뱅가드가 최저비용 구조와 전략을 갖추고 뮤추얼펀드 산업 최강자로 우뚝 서기까지 상호소유구조가 결정적인 역할을 했다는 논리에 대해 코웃음을 치며 부인했다.

> 뱅가드 창업자 잭 보글은 펀드와 운용사의 분리를 강력하게 비판하는 사람이다…… 경제적 사실로 따진다면 뱅가드 투자자들은 운용사의 진정한 '소유주'는 아니다…… 현실적으로 뱅가드는 다른 뮤추얼펀드 운용사와 유의미하게 다를 것이 전혀 없다.

몰리 교수에게 딱 한 마디만 말하고 싶다. "기록을 보시기를".

성공이 성공을(또는 실패를?) 부른다……

수십 년 전부터 시작된 성장 모멘텀은(그리고 뮤추얼펀드들은) 차곡차곡 쌓여 뱅가드의 단단한 바탕이 되어주었다. 2006~2018년 동안 뱅가드의 성장은 눈부셨다. 1985년에 나는 어리석게도 특화 섹터 포트폴리오를 출시하는 실수를 저질렀지만, 적어도 그중 하나인 헬스케어 펀드만큼은 회사 역사상 최대의 성과를 내는 펀드 중 하나가 되었다. 우리가 1995년에 만든 호라이즌 펀드도 마찬가지로 삐걱거렸다. 하지만 그것들을 제외한 다른 펀드 자산은 별 탈 없이 증가했다. 1987년 270억 달러를 기점으로 성장에 불이 붙기 시작한 뱅가드 펀드 자산은 그 후로 성장에 가속도가 붙었다.

"성공이 성공을 부른다"라는 옛 격언이 있다. 확인할 필요도 없이 뱅가드의 상황과 들어맞는 진실이다. 하지만 그 반대인 "성공이 실패를 부른다"라는 격언도 있음을 기억해야 한다. 과거에 왕관을 쓰고 있다가, 밀려나 땅으로 추락한 세 펀드 회사들의 이야기는 이 격언도 틀리지 않았음을 입증하고 있다.

이 세 회사들은 오랜 치세가 끝나자 놀라고 당황했을 것이다. 뱅가드 역시 지금의 자리에 안주해서는 안 된다. 역사는 어차피 우리 모두를 바보로 만들기 때문이다.

미래에 다가올 수많은 미지의 도전을, 다시 말해 그동안 뱅가드를 키우면서 부딪쳤던 것과는 다른 새로운 도전 역시도 성공적으로 해결해야 한다. 그래야만 우리는 왕관을 계속 쓰고 있을 수 있을 것이다.▪

▪ 뱅가드가 미래에 부딪힐 도전에 대해서는 3부 "투자운용의 미래"에서 자세히 설명할 것이다.

┃ ······나무는 아무리 자라도 하늘에 닿지 못한다

┃ 뱅가드가 직명하고 있는 한 가지 중요한 도전을 꼽는다면, 지금 뱅가드 펀드가 기업 지배구조에 거대하고 강력한 영향을 미친다는 사실이다. 뱅가드 펀드는 모든 미국 주식의 약 8%를 보유하고 있고 그 숫자는 하루가 다르게 늘고 있다. 우리는 기업 지배구조 문제에 훨씬 적극적으로, 그리고 훨씬 철저하게 참여해야 할 것이다. 상위 3대 인덱스펀드 회사들이 보유한 의결권 주식은 미국 모든 기업을 통틀어 20%에 육박하기에, 여기서 불거진 기업 소유권 집중의 문제를 하원과 규제 당국이 방관할 리가 없다.

대대로 뮤추얼펀드 왕관을 썼던 이들은 강세장의 큰 사랑을 받았고, 뱅가드에 대한 사랑은 단연코 그중 최고였다. 그러나 나무는 아무리 자라도 하늘에 닿지 못한다. 오늘날의 주식 밸류에이션은(PER 배수) 사상 최고치이고 배당률은 거의 사상 최저이다.

뱅가드의 탄생 이후, S&P 500은 오랫동안 연평균 12.1%의 명목수익률을 달성하면서 6년마다 두 배가 되었다. 그 전 반세기 동안의 연평균(인플레이션 조정) 명목수익률인 8.7%를 껑충 뛰어넘는다. 그러나 앞으로의 주식 수익률은 그 근처에도 미치지 못하고, 다가올 10년은 고작해야 연 3~5%에 그칠 소지가 크다는 것이 대체적인 중론이다(수익률이 4%면 주가가 두 배가 되는 데는 18년이 걸린다). 미래가 어떨지 정확히 알 도리는 없지만, 신중을 기해야 하는 것은 맞다.

인덱스펀드에 닥친 도전

전체 인덱스 뮤추얼펀드 자산 점유율 중 80%는 단 세 개의 인덱스펀드 회사가(뱅가드, 블랙록, 스테이트 스트리트) 차지하고 있다. 세 회사의 경쟁이 치열해지면서 세 그룹의 펀드 수수료도 낮아졌고, 덩달아 다른 대형 뮤추얼펀드 회사들도 수수료 인하 압박을 받고 있다. 피델리티에서 2018년에 "제로 비용" 인덱스펀드가 출시되었으니 수수료는 떨어질 만큼 떨어졌다고 볼 수 있다. 주식 보유가 소수의 펀드 운용사들에게 집중되면서 대기업 지배권, 경쟁, 신인의무에 대한 이슈가 제기될 것이고, 미국 정부도 예의 주시할 것이 분명하다(이 문제는 3부 "투자 운용의 미래"에서 심층적으로 설명할 것이다).

과거의 경험이 말해주듯이, 시장이 내려갈 때는 S&P 500 인덱스펀드도 여타의 뮤추얼펀드와 비슷한 속도로 떨어졌다. 인덱스펀드로 들어오는 순현금흐름이 지난 몇 년간 (대부분은 최고점에 가까운 시장 밸류에이션에 힘입어) 유례없이 많았으므로 인덱스펀드 투자자들이 앞으로 반드시 있을 침체장에서 과잉반응할 것이 눈에 훤하다. 그들은 시장이 꼭대기 근처일 때 주식을 사고 반대로 시장이 바닥 근처일 때 주식을 내다 팔 것이다.

불확실성이 특히나 높은 시기일수록 나는 투자자들에게 "흔들리지 마라"라고 강조해왔다. 뱅가드의 긴 역사 내내 이 조언은 벅찰 정도로 들어맞았다. 그러나 주식시장에서 과거가 프롤로그는 아니듯, 투자자들이 이 조언에 귀를 기울일지는 시간만이 알고 있을 것이다.

소중히 여길 줄 아는 조직

마지막으로 규모가 커진 조직은 몸이 굳고, 안주와 탐닉에 빠지고, 처음의 마음가짐을 잊어버리기 쉽다. 혹여라도 뱅가드의 리더들이(뱅가드의 리더들에 대한 설명은 조금 뒤의 부록 1에 자세히 나온다) 초심을 잊고 투자자 수익을 최우선으로 하는 사명감에서 벗어난다면, 뱅가드의 왕관도 순식간에 다른 이에게 넘겨질 것이다(어떤 회사가 그 왕관을 가지게 될지는 나도 전혀 모르겠다). 이것은 뱅가드가 마주할 "알려진 미지"의 일부일 뿐이다. 더욱 무섭고 거대한 도전은 아마도 "알려지지 않은 미지"일 것이다.

그러나 이 모든 미지 속에서도, 한 가지 사실은 분명하다. 경력 15년 이상의 베테랑이 포진한 뱅가드 임직원은 동기부여가 충분하고, 전적으로 믿을 수 있으며, 처음의 사명을 머릿속에 확실하게 새기고 있는 사람들이라는 사실이다. 그들은 서로를, 고객과 오너를, 그리고 뱅가드라는 기관을 소중히 여기는 품성을 길러왔다. 그리고 우리는 빠르게 성장하는 펀드를 운용함에 있어서 앞으로도 그런 방향을 가장 중요한 요소로 삼아야 할 것이다. 그것이 우리가 확실하게 할 수 있는 최선이다.

흔들리지 마라

2004년, 뱅가드는 뮤추얼펀드 산업의 리더가 되었다. 1924년 개방형 뮤추얼펀드가 탄생한 후 네 번째로 왕관을 쓴 회사였다. 전대 리더들도 모두 전성기에는 강력한 펀드 회사였지만, 차츰 방향을 잃고는 투자환경이나 투자자 선호, 그리고 펀드 유통 시스템의 변화에 제대로 대처하지 못했다.

뱅가드는 다르다. 우리는 산업 리더로 우뚝 서게 된 2004년보다 이미 30년 전부터 "주주 최우선"이라는 길잡이별을 충실히 따랐다. 우리의 상호소유구조와 인덱스펀드 전략이 흔들리지 않는 한, 뱅가드는 앞으로도 수십 년은 리더 자리를 지킬 수 있을 것이다.

뱅가드는 안주하지 않으려는 노력을 게을리해서는 안 된다. 몇십 년째 지켜온 길을 벗어나 흔들려서도 안 된다. 자칫했다간, 미래의 새로운 도전이 뱅가드가 힘들게 쟁취했던 왕관을 강제로 빼앗을 것이다.

나의 후임자들

나는 1996년 1월 31일에 이사회 의장직만 유지하고, 뱅가드 CEO 자리에서 물러났다. 더 젊은 사람들에게 경영을 넘기는 게 낫다고 쭉 생각하고는 있었지만, 건강이 나빠지면서 조금 일찍 자리를 물려주게 되었다.

나는 1960년 31살 때 처음 심장마비가 온 후로 고질적으로 심장에 문제가 있었고 이후 36년 동안 자주 합병증을 앓았다. 그러다가 필라델피아의 하네만 병원에서 언제 끝날지도 모르는 대기를 기다린 끝에 마침내 128일만인 1996년 2월 21일에 심장 이식 수술을 받을 수 있었다(또 한 번의 잊지 못할 이정표가 된 날이었다!). 그로부터 22년이 넘을 동안 모두의 염려 덕에 내 건강은 아직 괜찮다.■

이식 수술을 받고 20여 년이 지났지만 나는 아직도 뱅가드의 보글 파이낸셜 마켓 리서치 센터 대표로 열심히(아주 열심히) 일하고 있다. 이 연구소는 금융산업을 연구하며, 중점 연구 분야는 뮤추얼펀드 산업이다. 나는 뱅가드의 내 사무실로 매일 출근한다. 이곳에서 연구소장인 마이클 놀런Michael Nolan과 내 자랑스러운 보좌관들인 에밀리 스나이더Emily Snyder와 케이시 융커Kathy Younker가 연구하고 분석한 결과물들은 내 연설문과 저서들의(이 책도 포함해) 토대가 되었다.

나는 뱅가드의 여러 동료 및 직원들과 여전히 협력 관계를 이어가고 있고, 그들의 기념일과 은퇴식도 축하하며 지낸다. 그리고 뱅가드의 성장 기세가 여전히 꺼지지 않는 것을 즐겁고 자랑스러운 마음으로 지켜보고 있다.

이 성장을 전반적으로 주도한 것이 인덱스펀드였고 특히나 1975년에

■   존 보글은 2019년 1월 16일 향년 90세를 일기로 별세했다. (역주)

내가 만들었던 전통적 인덱스펀드들의 활약이 눈부셨으니 말해 뭐하겠는가.

존 브레넌

내가 후임자로 선택한 사람은 존 브레넌John Brennan이었다. 그는 하버드 경영대학원을 졸업하고 1982년에 두 번째 직장으로 뱅가드에 내 보좌관으로서 입사했다. 우리는 끈끈한 관계로 지냈으며(자주 스쿼시 시합도 했다), 그는 뱅가드에서 고속 승진을 했다. 1985년에 CFO 자리에 오르고 나서는 실력을 유감없이 발휘하면서 강인한 경영자라는 평판도 얻었다. 내가 같이 일한 사람들 중에서 원하는 것을 이루는 능력에 있어서만큼은 브레넌을 따라갈 사람이 없었다.

그는 1996년 1월 31일에 뱅가드 CEO에 취임했다. CEO로서 그가 이룬 몇 가지 업적을 손에 꼽는다면, 뱅가드의 스펙트럼에서 마케팅의 위치를 지금보다 훨씬 강력한 위치에 올려놓은 것과 전사적 차원의 데이터 중심 성과관리 시스템을 제도화한 것이었다.

또한 브레넌의 최종 결정 아래 뱅가드 ETF가 만들어졌고, 그가 책임지고 앞장서서 ETF를 지원하는 조직을 구축하게 되었다. 내가 뱅가드의 해외 시장 진출에 대해서 소극적이었던 반면, 브레넌은 미국 밖 여러 시장으로의 사업 확장을 시도했다. 다만, 브레넌 역시 해외 사업을 공격적으로 넓히는 것에는 회의적이었다. 뱅가드가 유럽과 아시아, 아메리카 대륙으로 사업을 크게 확장한 것은 브레넌의 후임인 F. 윌리엄 '빌' 맥냅 F.William 'Bill' McNabb이 CEO로 취임한 후였다.

F. 윌리엄 '빌' 맥냅

브레넌은 12년 동안 CEO의 자리를 지킨 후 2008년에 자리에서 물러났다. 브레넌의 후계자 선택에 반대한 사람은 없었다. 빌 맥냅은 와튼 경영대학원을 졸업하고 체이스 맨해튼 은행에서 근무하다가 1986년에 뱅가드로 이직했다. 고속 승진을 이어가던 그는 1995년에 뱅가드 국제 마케팅 사업부의 책임자가 되었다.

빌은 흔히 말하는 "인간적인 사람"이다. 빌은 다소 딱딱했던 뱅가드를 펀드 산업 중에서도 가장 끈끈한 조직으로(이건 내 사견이다) 키워내면서 직원들과도 원만하게 지냈다. 이것만 가지고는 이정표로 여기기 힘들겠지만, 직원의 수가 늘어나도 여전히 뱅가드가 인간적이고 친밀한 회사로 남기를 바라던 내 꿈을, 빌이 되살렸다는 점에서는 이정표로 보기에 충분하다.

또한 2015년에 빌이 내린, 뱅가드가 개인투자자에게 자문서비스를 시작한다는 과감한 결단도 하나의 이정표가 되기에 마땅하다. 이 대담한 전략적 결정으로 인해 뱅가드 펀드를 고객들에게 소개하는 일을 대행하던 전문투자자문사Registered Investment Adviser, RIA들과의 직접적인 경쟁이 불가피해졌다.

새로운 경쟁 상대의 등장에 일부 RIA들과 브로커들은 달가워하지 않았지만 이로 인한 문제가 오래 영향을 끼치지는 못했다. 2018년 중반까지 뱅가드로 현금이 1,000억 달러가 더 들어왔다는 것은 뱅가드가 성장 일로인 '로보 어드바이저' 시장에(특히 개인투자자에게 낮은 수수료의 알고리즘 구동 자산배분 전략을 조언하는 시장에) 진출한 것이 시의적절한 결정이었음을 입증했다. 게다가 그 현금 유입의 대부분은 뱅가드의 기존 고객에게서 나온 것이었다.

무엇보다도 나는 빌이 미국 거의 모든 상장기업에서 뱅가드의 대주주로서의 역할을 강화했다는 점에 박수갈채를 보내는 바이다. 2018년을 기준으로 뱅가드가 가진 미국 상장기업의 지분은 다 합쳐 8%가 넘는다. 기업 지배구조에서 내가 생각하는 뱅가드가 맡은 역할은 기업이 주주 이익을 최우선순위에 두고 경영을 하는지 관리하고 감독하는 것이다. 나는 빌이 뱅가드의 역할을 강화하기로 결정한 것에 무척이나 기뻤다.

모티머 J. '팀' 버클리

빌은 2017년 12월 31일 이사회 의장직은 유지한 채 CEO 자리에서는 물러났다. 후임 CEO는 1991년에 내 보좌관으로 뱅가드에 입사했던 모티머 J. '팀' 버클리Mortimer J. 'Tim' Buckley였다. 입사하고 2년 뒤 팀은 하버드 경영대학원에 입학해 MBA 학위를 취득한 후 다시 뱅가드로 돌아왔다.

내 눈에 비친 팀은 대단히 침착하고 현명한 젊은이였다. 재입사하고 19년 동안 빌은 개인투자자 서비스 사업부, 기술 서비스 사업부, 투자 운용 사업부 등에서 리더 자리를 거쳤다. 뱅가드 여러 부서의 리더로서 폭넓은 경험을 쌓으며, 그는 CEO가 되기 위한 준비를 착실하게 마쳤다. 고객들은 믿고 안심해도 될 것이다.

팀은 5조 달러 규모의 펀드 회사를 경영하면서 거대한 도전을 마주할 것이다. 그는 해커 전성시대에서 주주들의 개인 정보를 보호하기 위해 만전을 기해야 하고, 오늘날의 펀드 산업에 만연한 강매 행위를 피해야 하고, 다가오는 데이터관리 혁명의 물결에 합류해야 하고, 인공지능의 영향을 파악해야 하고, 인덱스펀드를 비롯해 대형 기관투자자들의 미국 상장 대기업에 대한 소유권과 지배권이 커지면서 불거질 결과에도 잘 대처해야 한다.

이는 내가 부딪쳤던 도전과는 질적으로 달라도 너무나도 다르다! 내 임무는 거의 맨땅에서 출발해 신생 펀드의 생존 전략을 모색하고, 전략이 잘 실행되도록 주관하고, 신생 펀드의 성공을 이끄는 것이었다. 팀은 이미 많이 성장한 펀드 회사를, 그리고 아직도 성장 모멘텀이 거대한 회사를 이끌어야 한다. 뱅가드가 이룬 거대한 규모와 산업 지배력을 제대로 다루고 관리하는 것은 절대로 만만한 도전이 아니다. 그가 무사히 헤쳐 나가기를 기원한다.

숫자로 보는
뱅가드의 역사

연도	총자산* (연말) (단위: 백만)	장기자산 시장 점유율	총비용 (단위: 백만)	비용비율†	시장가격 상승 (단위: 백만)	현금흐름 (단위: 백만)	자산 5년 이동평균 대비 현금흐름	펀드의 수 (ETF 포함)	임직원 수	임직원 수/ 자산 (단위: 십 억)	장기자산 대비 인덱스 펀드
1974	$1,457	4.3%	$10	0.66%	–	-$52		6	28	$19	–
1975	1,758	4.16	11	0.66	$360	-60		8	47	27	–
1976	2,035	4.26	11	0.59	411	-133		10	97	48	0.8%
1977	1,831	4.02	12	0.60	-105	-99		13	99	54	1.4
1978	1,919	4.15	12	0.62	105	-17	-4.4%	13	106	55	4.1
1979	2,380	4.48	12	0.58	315	146	-2.0	15	133	56	4.1
1980	3,326	4.97	16	0.58	840	106	-0.3	18	167	50	4.3
1981	4,161	4.86	20	0.53	781	54	1.6	20	272	65	3.9
1982	5,660	14.82	31	0.63	913	586	5.4	21	360	64	3.4
1983	7,316	4.95	40	0.61	306	1,350	10.3	24	431	59	4.8
1984	9,877	5.40	48	0.56	821	1,739	13.6	32	663	67	4.4
1985	16,408	5.19	69	0.53	2,222	4,308	21.4	37	886	54	2.9
1936	24,961	4.73	101	0.49	2,736	5,817	28.2	44	1,124	45	2.5
1987	27,007	4.13	102	0.39	1,874	173	25.5	48	1,497	55	4.5
1988	34,172	4.42	120	0.39	6,942	222	20.9	53	1,588	46	5.1
1989	47,562	5.07	145	0.35	9,080	4,311	18.6	53	1,873	39	6.8
1990	55,711	5.40	172	0.33	3,792	4,357	11.7	57	2,230	40	9.7

연도	총자산* (연말) (단위: 백만)	장기자산 시장 점유율	총비용 (단위: 백 만)	비용비율†	시장가격 상승 (단위: 백만)	현금흐름 (단위: 백만)	자산 5년 이동평균 대비 현금흐름	펀드의 수 (ETF 포함)	임직원 수	임직원 수/ 자산 (단위: 십 억)	장기자산 대비 인덱스 펀드
1991	$77,027	6.19%	$211	0.32%	$8,198	$13,117	9.4%	57	2,631	$34	12.8%
1992	97,412	6.56	258	0.30	4,821	15,564	13.3	68	3,112	32	14.4
1993	125,755	6.53	336	0.30	11,303	17,040	16.6	69	3,520	28	16.1
1994	130,743	6.49	392	0.31	2,853	2,135	14.4	79	3,545	27	18.8
1995	178,317	7.15	485	0.31	32,957	14,617	14.8	83	3,927	22	24.2
1996	236,006	7.82	606	0.29	31,498	26,191	13.1	87	4,798	20	31.0
1997	322,441	8.69	762	0.27	50,844	35,590	12.0	87	6,400	20	36.6
1998	431,693	9.77	1,044	0.28	63,087	46,165	11.4	92	8,113	19	41.5
1999	537,405	9.94	1,299	0.27	62,313	43,399	13.1	94	9,886	18	48.8
2000	561,236	10.42	1,479	0.27	4,183	19,649	11.6	99	10,129	18	47.2
2001	577,942	11.26	1,521	0.27	-18,604	35,310	9.9	96	11,200	19	46.5
2002	555,789	11.80	1,466	0.26	-59,473	37,320	8.2	115	10,495	19	44.0
2003	689,980	11.77	1,623	0.26	100,170	34,021	6.5	121	10,007	15	47.2
2004	818,513	12.20	1,753	0.23	72,999	55,534	6.1	132	10,251	13	49.3
2005	928,862	12.37	1,888	0.22	63,062	47,287	6.5	133	11,205	12	50.0
2006	1,122,722	12.58	2,187	0.21	145,238	48,621	6.3	148	12,000	11	53.4
2007	1,304,606	12.86	2,280	0.19	101,388	80,496	6.5	154	11,944	9	56.2
2008	1,045,935	14.62	2,060	0.18	-331,385	72,714	6.4	157	12,534	12	55.0

연도	총자산* (연말) (단위: 백만)	장기자산 시장 점유율	총비용 (단위: 백 만)	비용비율†	시장가격 상승 (단위: 백만)	현금흐름 (단위: 백만)	자산 5년 이동평균 대비 현금흐름	펀드의 수 (ETF 포함)	임직원 수	임직원 수/ 자산 (단위: 십 억)	장기자산 대비 인덱스 펀드
2009	$1,336,082	14.82%	$2,409	0.20%	$167,843	$122,304	7.1%	165	10,251	$9	56.3%
2010	1,563,797	15.25	2,594	0.18	137,260	90,454	7.3	181	11,205	8.0	60.7
2011	1,649,177	16.21	2,551	0.16	8,087	77,294	7.2	180	12,000	7.8	62.3
2012	1,973,503	16.85	2,643	0.15	184,861	139,465	7.5	180	11,944	6.8	65.2
2013	2,441,655	17.62	3,091	0.14	338,693	129,459	7.7	182	12,534	5.7	69.7
2014	2,848,111	19.13	3,513	0.13	187,680	218,776	7.1	177	14,200	5.0	71.6
2015	3,073,030	20.91	3,671	0.12	-5,189	230,107	7.4	194	14,000	4.6	72.7
2016	3,612,844	22.80	3,738	0.11	263,776	276,039	8.2	198	15,000	4.6	72.7
2017	4,547,219	24.06	4,174	0.10	591,101	343,274	8.4	210	17,000	3.7	77.4
6/2018	4,671,986	24.06	4,610	0.10	43,175	81,593	7.8	217	17,000	3.6	77.9

* 미국 대상 뮤추얼펀드 자산. 미국 외 대상의 뮤추얼펀드 자산 총액은 4,000억 달러.
† 자산 중 외부 자문사에 지급하는 운용수수료를 포함해 전체 비용이 차지하는 비중.

10장

소중히 여겨야 하는 것

창업자의 유산

9장까지는 뱅가드의 기본 구조와 전략의 발전을 집중적으로 살펴보며 뱅가드 창립의 토대를 설명했다. 뱅가드가 눈부시게 성장할 수 있는 원천에는 훌륭하고 혁신적인 아이디어들이 있었고, 역사가 그것을 입증했다. 또한 우리의 혁신적인 아이디어들은 투자의 근본적 성격도 바꾸었다. 몇 번이고 말해도 부족하지 않다. "아이디어는 아무것도 아니다. 실행이 전부이다".

제1부의 마지막 장에서는 뱅가드에서 아이디어를 실행하는 사람들, 즉 우리 임직원이 실력을 발휘하고, 공정한 대우를 받고, 적절한 훈련을 받고, 알아야 할 것을 확실하게 알고, 사명에 충실하고, 창립 가치로부터 영감을 받기 위해, 내가 어떤 노력을 기울였는지를 설명하려 한다. 이런 일들을 잘할 수만 있다면 체계적이고 활기찬 전략 실행은 저절로 따라올 것이다.

뱅가드의 창립 가치에는 나의 개인적 가치가 상당히 많이 반영돼 있다. 사실 특별할 것이 전혀 없는 전통적 가치들이다. 빈부귀천에 상관없이 인생의 여정에서 만나는 모든 사람을 존중하고, 공정하게 거래를 하며, 동료와의 신의를 지키고 일에 헌신하며, 신뢰를 주고 신뢰를 받는 사람이 되고, 개인의 순수성을 지키고, 열정과 에너지를 유지하고, 우리의 고객/오너, 공동체, 사회에 봉사하라는 것이다.

창업자 정신

회사가 1974년에 세워졌으므로 우리의 창립 유산도 채 50년이 되지 않는다. 하지만 나는 뱅가드의 유산이 앞으로도 회사와 1만 7,000명이 넘는 임직원들을 이끄는 동력이 되리라고 믿는다. 『창업자 정신』에[■] 나오는 몇 개의 문단만큼 뱅가드 창업자로서 내가 전하려는 유산을 더 잘 표현한 것은 없다고 본다.

지속 성장을 달성한 기업들 대부분은 한 가지 공통점을 공유한다. 대담하고 야심이 크며 해야 할 일을 가장 먼저 하는 창업자 시절부터 시작되었을 행동과 태도에 동기를 부여받는다는 공통점이다. 규모의 경제를 달성해 큰 이익을 내는 기업들은…… 반역자를 자처하기도 한다. 그들은 푸대접받는 고객을 대변해서 자신들이 속한 산업과 산업 기준과 교전을 벌이거나 완전히 새로운 산업을 만들어낸다. 이런 회사들은 사명의식과 초점이 명확하며, 회사의 모든 임직원은 회사가 상징하려는 것을 잘 이해하고 관계를 맺는다. 이런 식으로 경영되는 기업은 직원 개개인에게 깊은 책임감을 심어주는 능력이 탁월하다.

(창업자들은) 복잡성과 관료주의는 물론이고 완벽한 전략 수행에 방해가 되는 것은 무엇이든 혐오한다. 그들은 사업 활동의 세세한 부분도 가볍게 보지 않으며, 고객과 직접 접촉하는 일선 직원들의 노고를 소중하게 여긴다. 이런 행동과 태도가 합쳐져 만들어지는 창업자의 마인드는 사업 성공을 위한 가장 중요한 비결이기도 하지만 또한

■   Chris Zook and James Allen, 『The Founder's Mentality』(Boston: Harvard Business School Press, 2017). 국내 번역서는 『창업자 정신』(한국경제신문사).

가장 경시되는 비결 중 하나이기도 하다.

창업자의 정신은 크게 3가지 기질로 이루어지는데, 반역자로서의 사명, 오너로서의 마음가짐, 그리고 일선 작업에 대한 강박이다. 직원들의 일상적인 결정과 행동을 이끄는 지침이 되는 원칙과 기준과 가치에 창업자의 영향이 여전히 뚜렷하게 남은 기업일수록 이 3가지 기질도 가장 순수하게 보전되어 있다.

와우! "대담하고 야심이 큰 창업자…… 반역자, 자신들이 속한 산업과 교전…… 완전히 새로운 산업 창조…… 명확한 사명의식…… 직원 개개인이 깊은 책임감…… 복 잡성과 관료주의 혐오…… 일선 직원들의 노고를 소중하게 여긴다".

몇 번이고 독자들에게 하고 싶은 말이다. 이 인용구와 뱅가드의 정신이 놀랍도록 유사하다는 것을 모르고 지나가는 사람이 없도록 말이다. 솔직히 말해서, 이 인용구는 내가 그토록 최선을 다해 만들려고 노력했던 뱅가드 정신을 완벽하게 축약하고 있다. 그리고 이 정신이 현재 1만 7,000명에 달하는 뱅가드 임직원에게도 거의 고스란히 계승되었다고 자신한다.

역사의 위대한 지도자들

나는 사람들이 전형적으로 떠올리는 카리스마와 리더십을 소유한 사람은 절대로 아니었다. 그러나 알렉산더 해밀턴을 위시한 미국 건국의 아버지들, 에이브러햄 링컨, 시어도어 루스벨트, 윈스턴 처칠 등등 역사의 위대한 지도자들은 언제나 내게 큰 영감의 원천이었다. 1974년 회사 이름을 고민할 때 나는 또 다른 영웅인 호레이쇼 넬슨Horatio Nelson 제독을 떠올리며 '뱅가드'라는 이름을 골랐다. 『1775-1815 대영제국 해전사』를 공부하면서 영국 해군의 전설적인 사령관이었던 넬슨 제독에 대해 많은 것을 알게 되었다.

넬슨 제독: "신뢰의 전염"

2005년 10월 3일, 트라팔가르 해전에서 전사한 넬슨 제독의 200주기 추념식이 열렸다. 내 아내인 이브와 나는 웅장한 런던 세인트폴 대성당에서 열린 추념식에 영국 해군본부의 귀빈 자격으로 참석했다. 영국 성공회 주교이며 런던 주교인 리처드 차르트르Richard Chartres가 이 위대한 인물을 기리며 한 설교에 우리는 숙연해졌다.

실제로도 넬슨은 완벽한 전문가이자 근면한 경영자였습니다……그러나 결단의 시기에 리더는 자신의 가슴 깊숙이에서 우러나오는 근본적인 신념과 소명의식을 맞이해야 합니다. 이것은 건강한 자신감의 원천이며, 극단적인 상황에서 두려움을 극복하고 사람들에게 용기를 불어넣는 능력입니다. 어떤 교육제도건 유능한 리더와 추종자를 만들기를 원한다면, 이런 근본적인 신념을 형성하기 위해 진지하게 노력해야 합니다.

그러나 우리가 사는 이 기묘한 시대에서는 주기율표라든가 계량화와 수학적 진실로 압축할 수 있는 것은 어느 것이건 현실을 정확히 설명한다고 간주됩니다. 반대로 성서의 팔복八幅과 세상의 지혜로운 전통이 전하는 가르침은 죽은 현자들이 남긴 토론할 만한 사유 정도로만 치부됩니다.

넬슨이 한 인간이자 개인으로서의 소명감을 기른 전통에서는 영적 삶의 성장은 곧 이웃에 대한 사랑을 키우는 것과도 같았습니다. 넬슨은 동료 해군들의 옆에 서서 그들에게 이바지하는 고통을 마다하지 않았습니다. 넬슨이 보여준 신뢰는 부하 해군들에게로 전염되면서 그들의 안에 있는 최상을 이끌어냈고, 수하들을 그가 믿는 이상에…… 인간을 신뢰할 때 자신들도 신뢰할 수 있는 사람이 될 수 있다는 믿음에 동참하게 만들었습니다.▪

넬슨의 200주기 추념식에서 근본적 신념을 역설하는 감명 깊은 설교를 들으면서, 나는 내가 1974년 뱅가드를 설립할 때 넬슨의 철학을 얼마나 많이 모방하고 있었는지 벼락처럼 깨달았다. 그의 철학은 대기업의 시대에, 빅데이터와 로봇의 시대에, 그리고 금융의 가치가 도덕적 절대주의(동기주의)에서 도덕적 상대주의(결과주의)로 안타깝게도 조금씩 바뀌는 시대에도 빛이 바래지 않았다.

▪ 기념식 참석자들에게 배포된 프로그램 안내문에는 차르트르 주교의 설교 전문이 인쇄돼 있었다. 본문 인쇄를 원하는 사람은 다음 사이트를 참조하기 바란다. www.leadershipnow.com/leadingblog/2008/12/out_of_context_tho_leadership.html.

뱅가드 우수직원상

회사를 창립하는 일은 언제나 큰 도전이다. 뱅가드가 그랬던 것처럼, 출발부터 가혹한 상황이라면 도전은 몇 배로 더 어려워진다. 그렇기에 나는 전략을 짜고 새 펀드를 만드는 것에 집중했고 그게 맞는 행동이었다. 뱅가드 임직원들의 품성과 사기를 유지하는 데에도 과거에도 지금도 최선의 노력을 아끼지 않았다. 그건 임직원 수가 고작 430명이던 1983년에도 마찬가지였다.

아직은 작은 기업의 장기적 발전을 도모하기 위해 우리는 사내 혁신을 추진했다. 그 일환으로 동료 직원들이 직접 뽑은 우수 직원에게 수여하는 뱅가드 우수직원상Vanguard Award for Excellence, AFE을 제정했다. 상을 제정한 연유는 단순했다. 고객에게 가치 있는 서비스를 제공하려면, 그에 앞서 우리의 가치를 지키고, 우리의 기업 성격을 유지하고, 우리의 정신을 잘 표출하기 위해 동료 직원들에게도 맡은 바 소임을 다하는 사람이 필요하다. 한마디로, '소중히 여길 줄 아는' 사람이 필요하다.

충성은 쌍방향이다

뱅가드의 임직원에게 우리의 조직과, 더 나아가 살아 숨 쉬는 진짜 사람들인 우리의 고객/오너를 소중히 여겨달라고 요구하려면 그전에 우리 직원들끼리 서로를 소중히 여겨야 한다. 이는 누구나 알 수 있는 사실이다.

결론부터 말하면, 충성은 쌍방향이다. 우리는 뱅가드의 모든 직원을 직위에 상관없이 마땅히 존중함으로써 그들 모두를 소중히 여기고 있음을 분명하게 보여줄 것이다. 이런 정책을 실천할 때는 일부 기업의 '윗사람들'이 당연히 여기는 특혜를 최소화하는 것이 중요하다. 그렇기에 뱅가드에는 임원 특전도, 전용 차량도, 전용 주차장도, 일등석 제공도, 전용 식당도 없다.

직원이 경영진을 신뢰해주기를 기대한다면 경영진도 직원을 신뢰해야 한다. 모두가 매일 출근해서 소매를 걷어붙이고 일해야 한다. 내가 뱅가드의 모든 경영자부터 평직원에게까지 보편적으로 강조하는 행동 기준은 "해야 할 일을 하라. 확신이 없으면 상사에게 질문하라"이다.

이 생각을 실천하기 위해 도입한 것이 "뱅가드 정신"을 구현한 임직원에게 상을 주는 정기 시상식이었다. 상을 제정하고 34년 동안 분기마다 시상식이 행해졌고, 현재까지 500명이 넘는 직원들이 AFE를 수상했다.

"단 한 사람일지라도 차이를 만들 수 있다"

뱅가드 AFE 수상이 특별히 더 의미가 있는 이유는 상의 후보자를 동료들이 직접 선정한다는 데 있다. CEO로서 나는, 시상식에 직접 참석해 많은 동료들이 다 보는 가운데 수상자에게 상을 수여했다. 시상식 오찬에서는 직원들이 선정한 자랑스러운 후보들을 다 호명했다. 사람을 섬기고 더불어 다른 사람에게서도 섬김을 받는 조직에서 우수직원상이란 개개인의 노력과 팀워크, 전문가 정신에 바치는 찬사이다.

"나는 단 한 사람일지라도 차이를 만들 수 있다고 믿는다". AFE 수상자가 받는 상패에는 그런 문구가 새겨져 있다. 그렇기에 뱅가드의 자산이 아무리 성장했고, 직원 수가 많아지고, 선단이 커졌어도, 단 한 사람이 차이를 만들 수 있다는 것을 잊지 않는다. 2018년인 지금도 나는 창립 원칙이 여전히 중요하다는 것을 강조하기 위해 AFE 수상자와 1시간 동안 일대일로 대화를 나눈다. 우리의 임직원 모두는 내가 그들을, 그리고 뱅가드를 소중히 여기고 있다는 것을 잘 안다.

조직을 소중히 여겨라

뱅가드의 직원들과 대화를 나눌 때면 나는 1966~1971년까지 MIT 대학교 총장을 지낸 하워드 M. 존슨Howard M. Johnson이 했던 다음의 말을 종종 인용하곤 했다. 내가 그의 말을 처음 인용한 1986년에 우리 직원은 1,100명까지 불어나 있었다.

우리에게 필요한 건 조직을 소중히 여기는 사람입니다. 인간은 (조직을) 집중적으로 보살피고 육성해야 합니다. 잘못하거나 비틀거리는 조직도 소중히 보살핌을 받아야 합니다. 그리고 그 보살핌의 부담은 조직에서 일하는 모두가, 조직을 소유한 모두가, 조직의 고객 모두가, 조직을 지배하는 모두가 나눠야 합니다.

잘 알다시피 소중히 보살피는 것은 힘들고 까다로운 일입니다. 관심과 열정과 배려만으로는 부족합니다. 자기희생, 지혜, 강인한 마음가

짐, 자기 단련도 필요합니다. 책임감이 강한 사람은 자신의 삶과 관련이 있는 조직을 마음 깊숙이 소중하게 보살핍니다.

"소중히 보살피다". 이 말이야말로 내가 뱅가드 직원들과 고객을 어떤 눈으로 바라보는지를 함축하고 있다. 그러나 이 말을 현실로 만들려면 어떻게 해야 하는가? 말로 하는 아이디어는 여기까지만이다. 말을 현실이자 실제로 만드는 것은 행동이다.

뱅가드 파트너십 플랜: 또 다른 이정표

뱅가드 초창기에 나는 자산 규모가 어느 수준을 넘어서면 직원들에게 연설을 했는데, 그럴 때마다 우리가 비용비율을 얼마나 낮췄는지를 자랑스럽게 말했다. 우리의 목표는 세계 최저비용의 뮤추얼펀드 회사가 되는 것이었다. 하지만 갈수록 솔직히 임직원들이 그 목표를 마냥 환영하지만은 않는다는 것이 느껴졌다. 그들은 저비용 원칙으로 인해 혹여 받을 보상이 줄지는 않을까 걱정하고 있었다.

그들의 걱정을 해소하는 방법은 복잡하지 않았다. 주주/오너를 위해 비용을 절감하는 만큼 그 금액의 일정 부분을 임직원이 공유하는 상여금 제도를 만들면 되는 일이었다. 초창기 시절에는 비용 절감 압박이 워낙에 컸기 때문에 이런 상여금 제도는 아이디어에 불과했다. 그러나 1984년에 이르면서 뱅가드 자산은 급속도로 성장했고 비용비율은 크게 줄었으며 현금유입 증가는 역대 최고치였다. 뱅가드 파트너십 플랜

Vanguard Partnership Plan,VPP 을 실행할 적기였다.

1984년 말, 우리는 무언가 실질적인, 그리고 뱅가드 우수직원상보다도 더 관습에 얽매이지 않는 제도를 만들었다. 우리는 뱅가드의 순이익을 공유하는 배에 임직원을 하나도 빠짐없이 탑승하게 했다. 주주와 조직을 위한 가치 창출에 임직원 모두가 다 같이 노력했음을 인정하기 위해 만든 것이 VPP였다.

보너스는 미루지 않는다

VPP가 실행되면서 모든 임직원은 매년 상당한 현금보상을 보너스로 받았다. 지급액은 고객을 위해 절감한 비용과 경쟁 펀드보다 우리 펀드가 초과로 거둔 투자 수익을 근거로 산정했다. 제도가 실행된 첫날부터 직원들은 뱅가드 그룹에 단 한 푼도 투자하지 않았지만 뱅가드의 파트너가 되었고 VPP 제도에 따라 보상을 나눠 가졌다.

내가 앞에서 언급한 '이정표'들은 작은 알에 불과했던 뱅가드가 오늘날 날개를 활짝 펼친 제국으로 성장하기까지 넘어야 했던 큰 장애물들을 의미한다. 하지만 뱅가드 파트너십 플랜이야말로 가장 중요한 이정표라고 말할 수 있는데, 이 제도의 의도가 직원과 주주 간의 이익공동체를 공고히 다지는 데 있기 때문이었다. 다시 말해 직원들이 서로를 소중히 여기고 동시에 투자자들도 소중히 여기는 마음을 갖게 하는 것이 VPP를 제정한 목표였다.

이정표 12, 1984

뱅가드 파트너십 플랜: 어떻게 했고, 왜 했는가

우리는 직원의 이해관계와 성공적인 투자 수익을 연결하는 다리를 짓고자 뱅가드 파트너십 플랜을 제정했다. 뱅가드가 창사 시절부터 정한 펀드 구조와 혁신적 전략을 실행하는 당사자인 임직원들을 만족시키면서, 동시에 고객에게 경쟁사보다 더 낮은 비용으로 더 높은 투자 수익을 성공적으로 제공하고자 했다. 그 결과는 놀라울 정도로 좋았다. VPP 단위당 순이익은 1984년 3.43달러에서 2017년에는 248.45달러로 늘어났다. 연간 복합성장률이 13.9%나 되는 것이다.

뱅가드는 진정한 '상호소유구조'의 뮤추얼펀드이라 할 수 있다. 다만 실질적 소유주는 외부 운용사가 아니라 뮤추얼펀드 주주이기 때문에 회사의 순이익을 공식적으로 계산하기는 힘든 부분이 있다. 그래서 우리는 주주 수익에서 늘어난 가치를 아래 두 가지 방식으로 계산하고 이 둘을 합산해서 순이익을 정의했다.

1. 뱅가드 펀드의 비용비율과 최대 경쟁 펀드 비용비율의 차이. 이 차이를 뱅가드 펀드의 운용자산에 곱한다.
2. 펀드의 초과 투자 성과로 인해서 주주들이 벌게 된 초과수익(또는 미달 수익).

이 둘을 합산하면 절감된 총액이 계산되고, 그중에서 근소한 부분을 뱅가드 파트너십 플랜에 할당한다.

2017년 뱅가드의 비용비율은 경쟁사보다 총자산 기준 0.65%포인트가 낮았다. 이 비율을 평균 자산인 4.5조 달러에 곱하면 그 해의 순절감액(순이익)은 295억 달러였다. 연간 절감액 중 임직원이 공유하는 비율은 경영진이 정한다(나는 CEO 자리에서 물러났기 때문에 현재는 순이익 공유 비율 결정에 관여하지 않는다).

뱅가드 파트너십 플랜으로 비용이 나가기는 하지만, 나는 직원들의 헌신적인 노력과 경영진의 효과적인 운영, 그리고 효율성과 생산성은 그 몇 배에 해당하는 보답을 소유주/투자자들에게 안겨줄 것이라고 자신한다.■

■   내가 CEO로 있는 동안에는 여기서 설명한 VPP 조항들을 대부분을 실행했다. 내가 최고경영자 자리에서 물러난 2000년부터는 나는 VPP 제도 운영에는 일절 관여하지 않았다. 기쁘게도 이 제도는 아직도 시행 중이다.

VPP 시행 초기에는 매년 6월 뱅가드 파트너십 피크닉을 개최해서 직원들에게 수표를 나눠주었다. 수표 금액이 많을 때는 장기근속 직원 연봉 기본급의 30%나 되었다. 밸리 포지 시에 있는 사옥 주차장에 쳐진 거대한 천막 아래에서, 수천 명의 직원이 왜 환호성을 질렀는지 이유가 쉽게 짐작이 갈 것이다. 그곳에서 나는 뱅가드의 기업 가치와 사업 전망에 대해 나름 유익하면서도 영감을 주는(그랬기를!) 연설을 했다(사람들은 내가 연례 VPP 피크닉이나 다른 특별한 행사에서 하는 연설을 두고 "설교"라고 했다. 칭찬의 의미가 아니라는 것은 미루어 짐작이 간다).

거듭 말한다. 충성은 쌍방향이어야 한다. 가장 힘들고 고된 일을 하는 일선 직원들에게 충성을 맹세하지 않는 회사에는 재난이 있을 것이다. 돈은 최고다. 하지만 그 돈에는 내가 임직원들에게 전하고 싶은 메시지도 함께 전달하고 있다. "여기서는 우리 모두가 함께합니다".

우리의 항해 유산

나는 개개인의 인식과 파트너십 참여의 가치를 인정하는 것이 중요하다는 점에는 깊이 통감했지만, 우리 모두를 하나로 묶으려면 무언가가 더 필요하다는 사실도 절감했다. 그래서 나는 CEO로 재직하는 23년 동안 직원들에게 우리가 중요한 항해를 함께하고 있다는 사실을 거듭 상기시키고는 했다. 우리의 오너/주주 집단을 섬기는 것이, 그리고 HMS 뱅가드호에 ▪ 승선한 승무원 개개인들이 서로를 위해 자신의 역할을 다하는 것이 큰 차이를 만들 수 있다는 사실을 그들에게 자주 말하곤 했다.

닻이 아무리 좋아도 사슬의 연결 부위가 한 군데라도 약하면 튼튼한 닻이 될 수 없다. 그렇기에 우리는 모든 부서와 임직원이라는 연결 부위가 다 튼튼하게 유지될 수 있도록 최선을 다했다(이 지상에서 그렇게까지 완벽한 연결은 매우 드물다는 것도 내내 인정하고는 있었다). 전현직 임직원들은 가치 있는 사업에 동참하고 있다는 느낌을 내게 보냈고, 지금도 보내고 있는 수백 통의 편지에서도 확연하게 드러난다.

이름의 의미?

"뱅가드"라는 이름에는 오래도록 공명하게 만드는 힘이 있는 것이 분

▪ HMS는 영국 해군에 전통적으로 붙인 집루어로 여왕 폐하의 배(Her Majesty's Ships)라는 뜻이다. (역주)

명하다. 우리의 항해 유산은 뱅가드의 구석구석까지 스며들었다. 필라델피아 교외의 신사옥을 짓기 위한 재원 마련과 건축 계획이 완성될 즈음(7장 참조), 우리는 1798년 나일 해전에서 전투를 벌인 넬슨 함대를 기리는 의미로 사무동마다 그 전함들의 이름을 붙였다. 하나같이 웅장하고 가슴을 뛰게 만드는 이름들이었다.

나열하면 이렇다. 처음 완공된 중앙 구역 사무동들의 이름은 HMS 빅토리Victory, 골리앗Goliath, 마제스틱Majestic, 오데이셔스Audacious, 질러스Zealous, 스위프트슈어Swiftsure라고 지었다. 동쪽 구역 사무동의 이름은 HMS 알렉산더Alexander, 린더Leander, 테세우스Theseus였다. 새로 올린 서쪽 사무동들에는 HMS 오리온Orion과 디펜스Defense라고 이름지었다.

1985년에 자산 규모 100억 달러 돌파를 축하하는 기념 연설에서 나는 이 전함들의 이름이 가진 뜻을 빌려와 우리 회사가 중심을 두는 가치를 설명했다.

우리는 열의에 차 있습니다Zealous —"헌신적이고 근면합니다".

우리는 대담합니다Audacious —"과감하고 겁을 모르며 관습을 거부합니다".

우리는 신속합니다Swift —"아주 빠르게 움직일 수 있으며", 당연히 Sure "자신감이 높습니다".

우리는 최선을 다한다면 마침내 웅대해질 것입니다Majestic■ —"우리

■　내 후임자는 1999년에 중앙 구역의 중심에 있는 마제스틱 사무동을 내 친구이자 멘토이며 웰링턴 펀드 창업자인 월터 L. 모건을 기리기 위해 "모건"으로 개명했다. 추후에 뱅가드 연수 시설을 확장하면서 새로 마련한 사무동에 다시 "마제스틱"이라는 이름을 붙였다.

의 위대한 모습이 세상에 드러날 것입니다". …… 우리는 "당당한 품위"를 보이면서도 지배자로서 군림하지 않았으며, 우리의 산업에서 가장 자랑스러운—그리고 그럴 뜻이 있다면 가장 위대한—이름 중 하나가 되었습니다.**

상호보완적인 두 가지 시각

"소중히 보살핀다는 것"의 의미를 상호보완적인 두 가지 시각에서 설명하며 이번 장을 마무리하려 한다. 첫 번째 시각은 1976년 뱅가드가 처음으로 인사부 설립을 시도했을 때의 일화이다. 두 번째 시각은 영국 시인 존 던John Donne이 1620년에 쓴 묵상집 『드러나는 일들에 부치는 묵상Devotions Upon Emergent Occasions(국내에는 '인간은 섬이 아니다'라는 제목으로 번역되었다)』에 나오는 유명한 발췌문이다.

좋은 사람들

1974년 28명의 직원으로 출발했던 뱅가드는 조금씩 커가면서 어느새 1980년 말에는 직원의 수가 167명까지 늘어났다. 인사부를 따로 마련해야 할 시점이 되었다. 아직은 재무적으로도 쪼들리는 상태였고 비용을 낮추려는 노력도 계속 진행 중이었다.

** 2장에서도 나오지만, 1974년의 위기를 한창 헤쳐나오고 있을 때 당시 사외이사들을 이끌었던 찰스 D. 루트 2세(Charles D. Root, Jr)는 "나가서 (뱅기드를) 빌어먹을 뮤주얼펀드 산업에서 가장 빛나는 이름이 되게 하자"를 뱅가드의 목표로 정했다.

내가 판단하기에는 인사부 부장을 새로 채용할 정도의 여력은 없었다. 그래서 기존 직원들 중 당시 회사의 유일한 변호사인 레이먼드 캐플린스키Raymond Kaplinsky의 비서로 일하는 엘리노어 젠트그래프Eleanor Zentgraf가 눈에 들어왔다. 그녀는 똑똑하고 성격도 좋고 성실하고 전문 능력까지 겸비한 사랑스러운 여인이었다. 나는 엘리노어에게 인사부를 맡아줄 수 있겠냐고 타진했다. 엘리노어는 즉시 수락하고는, "원하신다면요, 보글 씨".라고 말하며 내 사무실을 나갔다.

그녀는 잠시 후 다시 와서는 물었다. "그런데 정확히 제가 무얼 하기를 원하시는 건가요?" 나는 잠깐 고민을 하고는 대답했다. "당신이 뭘 했으면 하는지 정확히 말하기는 힘드네요. 하지만 한 가지는 확실합니다. 남을 소중히 보살필 줄 아는 좋은 사람을 채용하고, 그 사람들이 다시 남을 보살필 줄 아는 좋은 사람을 채용하게 하는 겁니다".

2018년 현재 우리 뱅가드에는 남을 보살필 줄 아는 좋은 직원들이 17,000명이나 된다. 엘리노어 젠트그래프에게 이 말만은 꼭 해주고 싶다. "정말 잘했습니다!"

"누구든 온전한 섬이 아니다"

이번 10장은 마음을 울리는 존 던의 묵상 기도문으로 마치 하나의 작물처럼 엮어내며 썼다. 던의 묵상은 우리 직원들이 얼마나 중요한 역할을 했는지를 새삼 떠올리게 한다. 무엇보다도 15년 넘게 장기근속한 직원들의 노고에 대한 고마움이 들게 한다. 아무리 열심히 일한 직원도 어느샌가 결국에는 회사를 떠나기 마련이긴 하지만 말이다.

나는 뱅가드를 만드는 걸 도와준 훌륭한 사람들을 소중하게 생각한다. 그것도 마음 깊숙이 아주 소중하게 생각한다. 오랫동안 일한 직원이 회사를 떠날 때마다 나는 받아들이기가 몹시 힘들었다. 그들이 퇴사하는 만큼 우리 회사는 약해지기 때문이다. 던의 묵상을 보면서 나는 다시금 깨닫는다. 나는 내 긴 생애와 다사다난했던 사회생활 내내 뱅가드를 키우는 데 최선을 다했지만, 내 인생도, 사회생활도 결코 영원하지는 않다.

누구든 그 자체로서 온전한 섬은 아니다.
모든 인간은 대륙의 한 조각이며 전체의 일부이다.
흙덩이가 바닷물에 씻겨 내려가면
유럽은 그만큼 작아질 것이고,
곶串이 씻겨 내려가도 마찬가지이며
그대의 친구들이나 그대의 땅이 그리되어도 마찬가지이다.
어느 누가 죽어도 나는 약해진다.
나는 인류 전체에 속해 있기 때문이다.
그런고로 누구를 위하여 종은 울리는지 알고자 사람을 보내지 마라.
종은 그대를 위해 울리나니.

그날이 올 때까지 나는 내 다사다난했던 경력을 추억할 것이다. 나는 뱅가드의 주주이며 내 지지자이기도 한 사람들—미국의 인기 금융 웹사이트인 '보글헤드'가 그중에서도 가장 유명하다—로부터 거의 매일 편지를 받는다. 또한, 이 책 이전에 집필한 11권의 책을 좋게 읽은 열광적인 독자들로부터도 열렬한 반응을 얻었다. 멋진 임직원들과 함께 일했던 즐거움은 아직도 생생하다. 내가 수십 년 전에 세웠던 뱅가드는, 최선을 다해 보살핌의 가치를 앞으로도 성실하게 지켜나갈 것이라고 나는 강하게 확신한다.

▌흔들리지 마라

▌뱅가드의 상징인 상호소유구조와 선구적인 인덱스펀드 전략은 뮤추얼펀드 산업을 바꾼 두 가지 중요한 축이었다. 이 두 개의 축으로 뱅가드는 계속 성장할 수 있을 것이다. 내가 1996년에 CEO직에서, 그리고 2000년에 이사회 의장직에서 물러난 후에도 두 축의 지위는 별로 변하지 않았다. 하지만 우리가 크게 성장할 수 있었던 데에는 또 하나의 축이 존재했다.

그 제3의 축은 바로 '사람'이다. 뱅가드와 뱅가드의 가치를 마음 깊이 소중히 여기는 헌신적인 사람들이 세 번째 축이었다. 나는 지금처럼 직원 수가 17,000명으로 거대해져도 회사를 소중히 여기는 마음이 그대로일 수 있도록 할 수 있는 모든 것을 다했다. 시대와, 산업, 그리고 시장은 결국 변하지만, 근본 가치는 변하지 않을 것이라고 나는 확신한다. 뱅가드의 직원들은 서로를 아끼고 고객을 소중히 여기는 태도를 길러왔다. 이런 가치를 숭상하고, 흔들리지 말아야 미래에도 뱅가드가 리더 자리를 유지할 수 있을 것이다.

나는 뱅가드를 창업하면서 유산을 남기겠다는 생각은 조금도 하지 않았다. 나에게는 그저 주주의, 주주에 의한, 주주를 위한 펀드 그룹을 만들어야겠다는 목표만이 있었다. 나는 지금 완전한 은퇴를 앞두고 있다. 그렇지만 나는 이 순간에도 지금부터 수 세대가 지나더라도 뱅가드는 "흔들리지 않을" 것이라고, 내가 나를 던지면서까지 흥겹고 기쁘게 매진했던 그 가치를 이어나갈 것이라고 자신한다.

2부

뱅가드
펀드들

1부에서는 뱅가드의 역사와 설립 구조, 그리고 이 구조가 요구하는 인덱스 전략에 중점을 두었다. 이번 2부에서는 뱅가드 그룹 산하의 뮤추얼펀드를 면밀하게 관찰할 것이다. 이 펀드들은 뱅가드가 리더 자리에 우뚝 설 수 있게 해준 일등 주역이다. 2부의 마지막 장에서는 뱅가드 펀드 중 처음에는 그 역할을 충실히 하다가 몇 년, 혹은 몇십 년 후에 삐걱대며 결국에는 실패로 끝나버린 펀드들을 평가할 것이다.

2부의 첫 장인 11장에서는 뱅가드 설립의 토대가 되었던 웰링턴 펀드를, 12장에서는 뱅가드의 인덱스펀드들을 주로 설명할 것이다. 인덱스펀드가 뱅가드 총자산의 약 2/3를 차지할 정도로, 뱅가드는 지수연동투자와 동의어가 되다시피 했다.

이후 13장과 14장에서는 가장 성공적인 액티브 운용 주식형 펀드 몇 개를 집중적으로 살펴볼 것이다. 13장(윈저 펀드)에도 나오지만, 윈저 펀드는 뱅가드의 전신인 웰링턴 자산운용사의 첫 주식형 펀드였다.

1980년대 중반까지 윈저 펀드는 계속 성공 가도를 달렸지만, 더 성장하기 위해 신규 투자자 모집을 중단할 수밖에 없었다. 다행히 신규 투자자 모집을 잠시 중단하면서 대안으로 출시한 윈저 펀드 II도 큰 성공을 거두었다. 14장에서는 프라임캡 펀드에 대해 자세히 이야기한다. 초과수익을 자랑하는 프라임캡 펀드는 액티브 운용 펀드이기는 하지만, 저비용이고 회전율이 낮다는 점에서 지수연동투자의 최고 장점도 어느 정도 갖고 있다는 특징이 있다.

15장에서는 뱅가드의 채권형 펀드에 초점을 맞춘다. 우리가 액티브 운용 시장에 진출하고 가장 먼저 만든 것이 뱅가드 픽스드 인컴 그룹이었고, (당연히) 뱅가드는 채권형 인덱스펀드의 선구자였다.

마지막으로 16장은 내가 출시했던 신설 펀드 두 개를 조명한다. 뱅가드 U.S. 그로스 펀드와 애셋 앨러케이션 펀드는 처음 몇십 년 동안은 괄목할 만한 성과를 냈지만 점차 비틀거리다가 실패로 끝났다. 또한 출발부터 삐걱거리는 듯 싶더니 역시나 참패를 면치 못한 뱅가드 그로스 에쿼티 펀드Vanguard Growth Equity Fund을 설명하며 2부를 마무리할 것이다.

11장

웰링턴 펀드

뱅가드의 알파와 오메가

뱅가드의 알파

1928년에 세워진 웰링턴 펀드(지금의 뱅가드 웰링턴 펀드 ■)는 뱅가드 그룹의 알파(대장) 펀드이며, 우리의 첫 펀드이고, 또한 뱅가드 그룹이라는 회사로서의 성격적 표준을 마련하는 데 일조한 혼합형 펀드이다.

웰링턴 펀드는 출시되고 반세기 동안 웰링턴 자산운용사가 유일하게 직접 운용하는 펀드였다. 2018년 기준 웰링턴 펀드의 자산 규모는 1,040억 달러였고, 뱅가드 최대 펀드인 동시에 혼합형 펀드로는 업계 양대 산맥 중 하나이다. 웰링턴 펀드는 혼합형 펀드의 프로토타입을 유지하고 있다. 이런 펀드는 포트폴리오의 35% 정도를 투자적격등급 채권에 투자하고 나머지 65%를 블루칩 종목에 투자하는 것이 대체적인 관례이다.

시장이 상승할 때는 시장만큼 쭉쭉 올라가는 데 한계가 있지만 반대로 시장 하락 시에는 하방을 보호한다는 점에서 웰링턴 펀드는 진정한 "올시즌all seasons 펀드"였다. 우리가 몇 년이나 내걸었던 슬로건도 "하나의 증권으로 완전한 투자 프로그램을 갖추세요"였다.

■　뱅가드가 1980년에 산하 모든 펀드에 '뱅가드'라는 이름을 붙이기로 하면서 웰링턴 펀드의 공식 명칭도 "뱅가드 웰링턴 펀드"로 바뀌었다. 웰링턴 펀드의 역사를 더 자세히 알고 싶다면 책 『The Clash of the Cultures』(Hoboken, NJ: Wiley, 2012)의 8장 "웰링턴 펀드의 성쇠와 부흥"을 참조하기 바란다. 국내 번역서는 『존 보글, 가치투자의 원칙』(해의시간).

설립 취지

웰링턴 펀드는 신설 때부터 3가지 목표를 추진했다. (1)자본 보전, (2)합리적인 경상수입, (3)과도한 리스크 없는 이익 창출. 웰링턴 펀드가 오랜 역사 내내 이 세 가지 목표를 망각한 적은 없었지만, 실행에 있어서는 언제나 다소 부족한 편이었다.

처음 40년 동안 웰링턴 펀드 포트폴리오는 장기보유를 염두에 두고 주로 투자적격등급 채권과 블루칩 주식으로 구성되었다. 그러다가 1966년 웰링턴 펀드가 보스턴 소재 투자 운용사를 합병하면서, 새로운 투자 전략가들이 파트너로 들어온 후로 이 펀드의 투자 기조가 바뀌었다. 새 파트너들이 임명한 포트폴리오 매니저는 공격적인 전략으로 고수익을 추구했다. 포트폴리오에 투기성이 높은 종목 비중이 크게 늘어나면서 새 전략은 이후 10년 동안 처참하게 실패했다.

월터 L. 모건, 웰링턴의 창업자이자 멘토

나는 1951년 7월 9일에 웰링턴 펀드의 투자자문사인 웰링턴 자산운용사에 입사했다. 웰링턴이 운용하는 뮤추얼펀드는 웰링턴 펀드 하나였는데, 당시에는 흔한 풍경이었다. 1928년 뮤추얼펀드의 선구자인 월터 L. 모건이 만든 이 혼합형 뮤추얼펀드가 감독하는 자산의 규모는 1억 7,400만 달러로, 총자산이 31억 달러 규모인 뮤추얼펀드 시장에서 점유율은 8위였다. 모건은 내 멘토이자 내 사회생활의 설계자가 되었다.

웰링턴 펀드의 89년 역사 중에서 나는 67년이나 이 펀드와 함께했다. 그러다 보니 웰링턴 펀드 역사에 있었던 두 번의 중대한 전환점 모두에서 내가 핵심 의사결정자가 되었다. 첫 번째 전환점은 1966년으로, 펀드의 수익률 악화를 만회하기 위해 새로운 포트폴리오 매니저를 영입했을 때였다. 안타깝게도 이 새 매니저는 보수적인 투자 상품에 집중하는 전통적 전략을 내던지고 훨씬 공격적이고 리스크가 큰 전략을 구사하며 웰링턴 펀드의 성격을 바꿔 버렸다. 그리고 10년 내내 이 전략은 무참히 무너졌다.

웰링턴 펀드는 1928~1960년까지 훌륭하게 성장하며 점유율을 높여왔다. 이때의 성적에 대해서는 내가 하나도 기여한 것은 없었지만 그 이후는 달랐다. 1960~1965년 동안에는 투자위원회의 위원이었으니, 나에게도 실패에 대한 막중한 책임이 있었다. 이때의 경험은 내게 반면교사가 되어주기도 했다.

이후 1978년에 두 번째 전환점이 왔을 때, 나는 어느 정도 준비가 된 상태였다. 우리는 펀드의 투자 방식을 원래대로 장기 투자로 되돌려야 했다. 다시 말해 우량 등급의 주식과 채권, 경상수입, 리스크 통제, 최소한의 자문수수료와 관리비용, 경쟁력 있는 투자 수익에 집중하는 혼합형 포트폴리오로 돌아가야 했다. 그러기 위해서는 지혜와 결단력, 그리고 전통에 대한 존중이 필요했다.

나는 웰링턴 펀드 투자 방식의 전통적인 뿌리를 되살리기 위해 과감하게 움직였다. 그리고 이어진 수십 년 동안 전략은 성공적인 결과를 냈다.

추락: 웰링턴 펀드 최악의 순간(1965~1978)

1966년 합병이 완료된 후 우리의 공격적인 새 매니저들은 웰링턴 펀드에 기다리지 않고 바로 손을 댔다. 그들은 뒤질세라 투자 포트폴리오를 '현대화하는' 작업에 들어갔다. 이 보수적인 펀드는 새로운 투기 행렬에 동참했다. 지금 보면 참으로 부적절하기 그지없는 결정이었다. 1967년에 그들은 펀드의 포트폴리오 매니저로 월터 M. 캐벗Walter M.Cabot을 지명했다.

캐벗은 퍼트넘 펀드Putnam Fund에 있다가 웰링턴 자산운용사에 들어왔다. 그가 제일 먼저 한 행동은 62%였던 웰링턴 펀드 포트폴리오의 주식 비중 목표치를 75%로 올린 것이었다. 캐벗이 어떤 투자 철학을 가지고 있는지는 웰링턴 펀드 1967년 연차보고서에 잘 나타나 있다.

분명한 것은 시대가 변하고 있다는 겁니다. 웰링턴 펀드의 포트폴리오에 더 현대적인 개념과 기회를 도입하려면 우리도 바뀌어야 합니다. 우리가 선택한 투자 철학은 "역동적 보수주의Dynamic Conservatism" 입니다. 이 철학은 변화에 부응하고 변화를 형성하고 변화에서 이윤을 내는 능력을 입증하는 회사를 강조합니다…… 보수적으로 투자하는 펀드는 공격적으로 보상을 추구하는 펀드이며…… 상상력과 창의성, 유연성을 요구하는 펀드입니다…… 그렇기에 역동적인 투자와 보수적인 투자는 대치되는 투자가 아닙니다. 강한 공격은 최상의 방어이기도 합니다.

새 파트너들의 응원을 받으며 캐벗은 웰링턴 펀드 역사에서 유례가 없었던 공격적 자세를 취했다. 그는 1972년까지 주식 비중을 펀드 사상 최고치인 81%까지 끌어올렸다. 그러다 바로 위대했던 강세장이 정점을 찍었고, 이윽고 끝도 모를 약세장이 시작되었다.

"역동적 보수주의?"

이번 약세장에서 S&P 500 지수는 직전 고점 대비 48% 추락했고 웰링턴 펀드의 자산가치도 40%가 떨어졌다. 지수에서는 거의 80%나 하락했으니, 웰링턴 펀드가 대대적으로 자랑하는 장점인 "하방 보호"가 무색해지는 충격적인 수치였다. 11년이 지난 후인 1983년이 되어서야 펀드는 이때의 손실을 만회할 수 있었다.

이번 일로 캐벗의 "강력한 공격"에는 어떤 "방어"도 없다는 것이 입증되었다. 우리는 1960년대 초 내내 부진했던 웰링턴 펀드의 수익률을 개선하기 위해 새 매니저를 파트너로 영입했지만, 이것 역시 악수에 불과하게 되었다(물론 여기에서도 심오한 교훈을 얻을 수 있다!).

균형 잡힌 "우량" 투자를 추구했던 웰링턴 펀드는 근본적인 보수적 투자에서 한참이나 이탈해 있었다. 펀드는 주식 비중을 높인 것도 모자라 리스크 노출마저도 기존 수준보다도 한참이나 높였다. 포트폴리오에 미심쩍은 투기성 주식, 안전성이 검증되지 않은 주식, 그리고 시장 밸류에이션이 역사상 최고치 수준으로 매겨진 주식을 마구잡이로 집어넣은 것이다.

1972년 3월: 투기 경고

웰링턴 펀드의 성격이 변한 것에 나는 소스라치게 놀랐다. 1972년 3월 10일 나는 투자 관련 중역들에게 펀드의 리스크가 과도하게 높고 포트폴리오의 모든 종목이 전부 불행한 결과를 맞이할 가능성이 높다고 날카롭게 경고하는 비망록을 보냈다. 그중 몇 문장만 적으면 다음과 같다.

> 지금의 웰링턴 펀드는 균형잡힌 "혼합형 펀드"라고 보기 어렵습니다…… 펀드의 주식 비중이 81%까지 올랐습니다. 우리가 펀드 투자설명서에 명기한 투자 정책을 준수하고 있는지 심히 의심스러울 지경입니다.
> 웰링턴 펀드는 우리 회사를 받치는 토대입니다. 웰링턴 펀드에서는 그 이름 자체가 지니는 가치와 호감도가 크게 작용합니다. 웰링턴 자산운용사에서 우리가 하는 일도 거의 다 그 이름에 기대고 있습니다.

캐벗은 곧바로 반박했다. 그는 내 의견에 동의하지 않았고 내 결론도 받아들이지 않았다. 그의 답변은 다음과 같았다.

> 내 사견이긴 하지만 이것은 마케팅의 문제일 뿐, 웰링턴 펀드의 투자 목표나 전략과는 별로 상관이 없습니다…… 나는 웰링턴 펀드를 전통적 투자 방식으로 되돌리지 않을 겁니다…… 혼합형 투자는 시대에 맞지 않습니다.

나로서는 무척이나 불만족스러운 답변이었다. 하지만 차라리 그의 생각이 옳았으면 얼마나 좋았을까 싶다.

처참한 패배

캐벗이 운용을 맡으면서 새로운 고리스크 전략으로 갈아탄 웰링턴 펀드는 하락의 직격탄을 세게 맞았다. 1966~1979년까지 웰링턴 펀드의 '총' 수익률은 −6.3%였다. 경쟁사 혼합형 펀드들의 평균치인 +14.4%에 한참이나 뒤진 성적이었다. 캐벗이 운용하는 그 10년 내내 동안 꼴찌를 면치 못했고, 심지어 시장이 회복세로 돌아선 후에도 웰링턴 펀드의 수익률은 경쟁사들보다 계속 뒤처졌다.[■]

저조한 수익률과 험난한 시장 상황의 무시무시한 결합으로 치른 대가는 혹독했다. 웰링턴 펀드의 자산은 갈수록 줄어들었다. 1965년 말 20억 달러로 정점을 찍었던 웰링턴 펀드 자산은, 하염없이 추락하더니 1982년 6월에는 4,700만 달러라는 신저점을 기록했다. 탈출구가 어디에도 보이지 않을 만큼 절망적인 상황이었다.

나는 한때 우리를 뮤추얼펀드 산업의 높은 위치로 올려준 웰링턴 펀드라는 일등 공신을 다른 펀드에 병합해서 관리하는 것이 맞지 않을까, 하는 생각도 아주 잠시나마 했었다. 하지만 금방 이 생각을 접었다. 단지

[■]   캐벗은 웰링턴을 나간 이후 하버드 자산운용사의 대표이사 겸 히비드대학 기부금신탁기금의 매니저가 되었다.

웰링턴 펀드의 창업자 월터 모건에 대한 충성심 때문만은 아니었다. 이 펀드의 혼합형 투자 개념이 근본적으로 괜찮은 투자 철학이라는 확신이 든 것도 크게 작용했다.

내 의도와 상관없이, 나는 모건이 내게 준 신뢰에 부응하지 못했다. 그는 나를 채용했고 내 판단을 믿었으며 1965년 봄에 나를 웰링턴 자산운용사의 CEO로 임명했다. 내가 이룬 모든 것은 다 경이로운 멘토 덕분이었기에, 그의 기대를 저버릴 수 없었다. 나는 웰링턴의 세 가지 설립 취지―(1)자본 보전, (2)합리적인 경상수입, (3)과도한 리스크 없이 이익 창출―에 문제 해결의 답이 있다고 믿었다.

웰링턴 펀드를 과거의 위대한 모습으로 되돌리기 위해서라면 나는 무엇이든 할 각오가 돼 있었다. 이건 일생일대의 기회였다. 이를 위해 나는 웰링턴 펀드와 다른 뱅가드 펀드들의 회장이자 대표이사로서 내가 가진 힘을 이용하기로 했다. 그리고 그 힘은 보기보다 강력했다.

▌1978~2018: 부흥

▌웰링턴 펀드 이사회의 의장으로서, 내게는 뱅가드의 각 펀드가 벌어들이는 수익을 평가해야 하는 책임이 있었다. 내 동료 이사들도 나 못지않게 좋았던 웰링턴 펀드의 평판이 무너진 것을 깊이 우려하고 있는 상황이었고, 웰링턴 펀드 재건은 결코 만만한 작업이 아니었다. 하지만 1977년 웰링턴 펀드 이사회에 합류한 버턴 말킬 프린스턴대학교 교수의 도움을 받은 덕분에 우리는 그 어려운 일을 해냈다.

1978년에 이사회는 내가 제안한 세 가지 투자 방침을 받아들이기로 동의했다. (1)포트폴리오의 주식 비중을 60~70% 범위 이내로만 유지한다. (2)안정적으로 배당을 지급하는 블루칩 종목에 중점을 두며, 배당률이 낮은 성장주에 대한 의존을 줄인다. (3)펀드의 배당인컴을 크게 올린다.

나는 이사회에 보낸 비망록의 재건 방안을 보냈고, 웰링턴 자산운용사가 실행을 맡기로 했다.

우리가 현재와 미래에 창출할 수 있는 배당인컴은 얼마라고 보십니까? 가령 주식 65%, 채권 35%를 가정한다면 몇 가지 예측이 나옵니다…… 이런 변화는 (점진적으로 실행한다면) 1978년 주당 0.54달러였던 웰링턴 펀드의 배당을 1983년에는 주당 0.91달러로 높일 수 있습니다(70% 증가).▪

배당인컴의 70% 증가

웰링턴 펀드의 1978년 연차보고서에 나는 펀드 배당을 어떤 식으로 바꿀 것인지를 발표했다.

이사회 여러분께서 승인해주신 대로 투자 접근법을 바꾸게 된다면

▪ 　웰링턴 자산운용사의 업무를 돕기 위해 나는 내가 요약한 기준에 부합하는 50개 종목으로 구성된 모델 포트폴리오를 제시해 주었다. 이 목록은 밸류 라인 인베스트먼트 서베이(Value Line Investment Survey)기 발긴한 금융 데이터를 토대로 작성했다.

웰링턴 펀드가 보통주에 투자해서 벌게 되는 배당금 액수가 늘어날 것입니다. 이 목표는 반드시 이뤄야 하지만…… 그 대가로 잠재적 "총수익(배당인컴과 자본 상승을 합친 금액)"이 실질적으로 줄어드는 일이 있어서는 안 됩니다. 우리는 1978년 결산월의 배당을 높이기 위한 프로그램을 단호히 시작했고, 1979년에도 펀드 인컴 배당을 올리는 데 더욱 주안점을 둘 계획입니다.

내 거침없는 주문을—특히 펀드의 인컴 배당을 5년 동안 70% 올려야 한다는 주장에—웰링턴 자산운용사는 달가워하지 않았다. 파트너들은 성장주가 최적의 선택이며, 고배당 주식 비중을 높이는 것은 펀드 성과를 저해할 것이라고 믿었다.

그러나 현명한 매니저는 고객의 소리를 흘려듣지 않는다. 웰링턴 자산운용사는 새로운 투자 전략에 마지못해 합의했지만, 캐벗의 후임으로 포트폴리오 매니저가 된 빈센트 바자키안Vincent Bajakian은 그 일을 훌륭하게 해냈다. 펀드의 연간 인컴 배당은 꾸준히 늘어났다. 실제로도 1978년에 1983년을 목표로 정했던 주당 0.91달러의 인컴 배당은 목표치를 초과 달성해서 0.92달러가 배당되었다. 말이야 쉽지만, 절대로 만만치 않은 일이었다.

| 전략 + 실행 - 비용 = 펀드 수익률

| 펀드 수익률을 회복하는 것은 결코 쉽지 않은 일이었다. 하지만 일단

수익률을 회복하고 나니 웰링턴 펀드의 본성이 되살아났고, 펀드의 50여 년 수익률 기록도 경쟁사 혼합형 펀드 평균보다 꽤 높은 수준까지 올라갔다.

1965~1982년까지 웰링턴 펀드의 수익은 동종 펀드보다 아래였다. 동종 펀드의 연평균 수익률이 8.0%인데 반해 웰링턴 펀드는 5.7%에 불과했다. 그러나 웰링턴 펀드가 강력한 회복세로 접어들고 1982~2017년 동안 연평균 수익률은 과거의 부진을 훌훌 벗어내고 11.0%로 뛰어올랐다.

1965~2017년까지의 연평균 수익률도 동종 펀드 평균인 8.1%를 1.2%포인트 앞지른 9.3%였다. 결과는 숫자가 말해준다. 1965년에 웰링턴 펀드에 투자원금 1만 달러를 넣은 후 힘들었던 시기가 이어지는 동안에도 흔들리지 않았던 투자자는 2018년에 들어 자산이 100만 5,734달러로 불어났을 것이다(그림 11.1 참조). 같은 시기에 경쟁사 동종 펀드에 자산을 넣었던 투자자의 자산은 56만 6,955달러가 되는 데 그쳤다. '복리 수익의 마법'은 이렇게나 위대하다.

고난의 시대: 1965~1982			
1965년의 투자원금	잔존가치 (Terminal Value) 1982	연평균 수익률	타사 혼합형펀드 평균 수익률
$10,000	$25,996	5.8%	8.0%

장밋빛 시대: 1982~2017			
1982년의 투자원금	잔존가치 2017	연평균 수익률	타사 혼합형펀드 평균 수익률
$28,996	$1,005,734	11.0%	8.1%

50여 년 혼합: 1965~2017			
1965년의 투자원금	잔존가치 2017	연평균 수익률	타사 혼합형펀드 평균 수익률
$10,000	$1,005,734	9.3%	8.1%

(그림 11.1) 웰링턴 펀드: 투자원금 1만 달러의 성장, 1965~2018. 출처: 뱅가드.

내가 더 좋아하는 표현이 있다. 장기 복리 수익의 "마법"이 아무리 힘이 세도 장기 복리 비용의 "횡포" 앞에서는 아무 힘도 발휘하지 못한다. "중요한 것은 비용이다!" 웰링턴 펀드는 경쟁사의 동종 펀드와 다르게, 뱅가드만의 독특한 상호소유구조를 따른다. 그렇기에 무지막지한 복리 비용의 횡포라도 그 위력은 반감되었고, 웰링턴 펀드 주주들은 복리 수익의 영원한 마법을 누리며 부를 쌓을 수 있었다.

	수익과 비용(1965-2017)		
	비용 차감 전 총수익률	비용비율	비용 차감 후 순수익률
웰링턴 펀드	9.58%	0.39%	9.20%
혼합형 펀드 평균	9.32	1.10	8.21
웰링턴 펀드의 우위	0.26	-0.71	0.99

(그림 11.2) 경쟁 펀드를 압도하는 웰링턴 펀드의 장기 수익률. 출처: Wiesenberger Investment Companies, Vanguard.

비용우위

웰링턴 펀드는 경쟁사 대비 높은 비용우위를 가지고 있었다. 그리고 그것이 큰 물줄기가 되어 비교우위(더 높은 수익)면에서 경쟁사들을 앞섰다는 점에는 논란의 여지가 없을 것이다. 웰링턴 펀드의 비용우위는—웰링턴 비용비율 0.39%, 경쟁사 혼합형 펀드들의 평균 비용비율 1.10%—순수익 0.71% 증가로 '직접' 결부된다(그림 11.2 참조). 절대로 사소한 수치가 아니다. 이 차이가 수십 년 쌓였으니 웰링턴 펀드의 누계 수익률이 폭발적으로 증가한 것도 당연한 일이었다.

그림 11.2에도 나오지만, 웰링턴 펀드가 매년 경쟁사보다 0.99%나 높은 순수익률을 거두게 해준 일등 공신은 연간 0.71%의 막대한 비용 우위였다. 비용 차감 전 50여 년의 연평균 총수익에서 0.26% 차이가 나는 것은—이것은 뱅가드의 좋은 시절과 그전의 힘들었던 시기를 종합한 수치임을 알아주기 바란다—웰링턴이 보수적인 투자 전략을 실행한 덕분이었다. 웰링턴 자산운용사에 의해 2000년에 포트폴리오 매니저로 임명된 에드워드 P. 보사Edward P. Bousa가 투자 전략을 훌륭히 실행했으며 2018년 현재도 펀드의 포트폴리오를 책임지고 있다.

웰링턴 펀드가 포트폴리오 보유 종목 회전율이 경쟁사들보다 낮은 것도 비용우위가 높은 또 다른 이유이다. 웰링턴 펀드는 장기 투자를 중시하고 포트폴리오 매니저 임의의 단기 매매는 지양하기 때문에 펀드 전체의 거래비용도 경쟁사들보다 낮은 편이다. 웰링턴 펀드의 장기적인 연평균 회전율은 31%였지만, 다른 혼합형 펀드들의 연평균 회전율은 87%였다. 단기 매매 횟수를 줄이는 것은 주주에게는 비용 절감과 수익률 제고라는 직접적인 결과로 돌아가며, 이 우위가 한두 해 안에는 사라지지 않을 것이다. 웰링턴은 비교우위의 이 두 번째 요소에서만도 경쟁사들이 넘보기 힘든 우위를 달성했다.

요약

웰링턴 펀드는 굴지의 증권사들이 선호하는 미국 내 최대의 혼합형 뮤추얼펀드로 자리매김하면서 1966년을 시작했다. 자산 규모는 펀드 역사상 최고치인 21억 달러까지 치솟았지만, 1982년에는 여기서 70%나 쪼그라든 4억 7,000만 달러에 불과했다. 이런 인고의 시간을 지나고 나서야 마침내 장기적인 성장 가도에 접어들었고, 1989년에는 이전 최고치이던 21억 달러를 넘어섰다(그림 11.3 참조).

성장은 멈추지 않았다. 웰링턴 펀드의 총자산 규모는 계속 늘어나 2018년에는 그 50배인 1,040억 달러가 되었다. 무엇보다 금융시장의 탄탄하고 장기적인 성장이 펀드 자산 증가의 핵심 배경이었지만, 투자자들의 순현금유입도 자산 증가에 중요하게 작용했다. 웰링턴 펀드는 1985~2014년 중 대부분 기간에(25년) 순현금유입이 높은 플러스 수치를 기록했다.

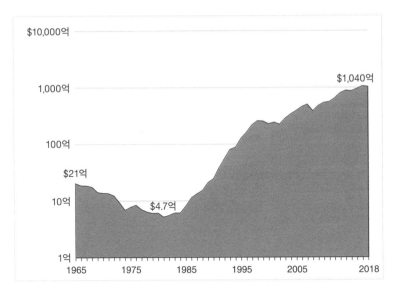

(그림 11.3) 웰링턴 펀드 자산, 1965~2018. 출처: 뱅가드, Strategic Insight Simfund.

뱅가드의 오메가

1928년에 출시한 웰링턴 펀드는 반세기 동안은 우리의 첫 펀드이자 유일한 펀드였고, 이후 거의 90년 동안 뱅가드 그룹의 알파 펀드였다(현재 뱅가드 그룹 산하 뮤추얼펀드는 미국 시장에서만 180개이다). 그러나 뱅가드의 보수적인 투자 전통의 관리인이자 모범으로서의 웰링턴 펀드가 맡은 중요한 역할은 앞으로도 사라지지 않을 것이다.

웰링턴 펀드는 뱅가드의 처음이자 끝the Alpha and the Omega이다. 이 펀드의 혼합형 투자 철학은 여전히 승승장구 중이며, 이 영광이 앞으로도 영원할 것이라고 나는 믿는다. 웰링턴 펀드의 포트폴리오 밸런스 목표치는 주식 65%, 채권 35%이다. 뱅가드 펀드들의 자산 전체의 구성비는 주식 71%, 채권 29%로 웰링턴과 크게 다르지가 않다. 한때는 하나의 뮤추얼펀드만 혼합형 투자를 했지만 현재는 뱅가드 펀드 포트폴리오 전반이 채권과 주식을 혼합하는 투자를 하고 있다. 혼합형 투자가 구시대의 유물이 되는 일은 앞으로도 없을 것이다. 19세기 프랑스 언론인이자 비평가였던 장-밥티스트 알퐁스 카 Jean-Baptiste Alphonse Karr의 말처럼, "많은 것이 변화하나 본질은 변하지 않는다".

12장

인덱스펀드

뱅가드는 1975년 세계 최초로 인덱스펀드인 퍼스트 인덱스 인베스트먼트 트러스트 펀드(1981년부터는 뱅가드 500 인덱스펀드)를 출시하며 모두를 놀라게 했다. 하지만 몇십 년 동안은 작은 시냇물처럼 영향력이 많지 않았다. 인덱스펀드 개념이 제법 큰 개울이 된 것은 1990년대 중반이 되어서였다. 2000년에 인덱스펀드는 강이 되었고, 2018년에 이 강은 거센 물줄기를 뿜어내며 힘차게 흐르고 있다.

5장에서 나는 최초의 인덱스펀드를 만들면서 힘들었던 부분들을 설명했다. 운도 많이 따랐고, 시기도 적절했지만 초기의 열정이 떨어지자 이윽고 실망감이 엄습했다. 다르게 비유하자면, 작은 도토리가 시련을 이겨내고 마침내 거대한 참나무로 자라난다는 식의 결말은 도통 오지 않을 것만 같았다.

이번 12장에서는 하나의 펀드만 살펴보는 것이 아니라 뱅가드 전체에 무성하게 뿌리를 내린 인덱스펀드 제국을 관찰할 것이다. 21세기 초 내내 지수연동투자는 뱅가드를 성장시킨 지배적인 힘이었다. 뱅가드의 총자산 5조 달러 중 인덱스펀드는 77%인 3.5조 달러를 차지하고 있다.

모두 우리의 인덱스펀드를 모방하고······ 칭송하고 있다

뱅가드 500 인덱스펀드를 일종의 표준 삼아서 혁신을 따라 하는 인덱스펀드들이 줄줄이 탄생했다. 첫 모방자는 웰스 파고였고(1984), 다음은 콜로니얼Colonial(탄생 1986년, 사망 1993년. 명복을 빈다), 또 다음은 퍼델리티였다(1988). 지금은 SPDR(또는 스파이더)로 잘 알려진 최초의 상장지수펀드는 1993년에 탄생했으며 마찬가지로 S&P 500 지수를 추종한다.

얼마나 대단했는지 더 들어보고 싶은가? 뱅가드 500 인덱스펀드의 가장 열렬한 찬미자는 워런 버핏이다. 조언을 원하는 투자자들에게 버핏은 뱅가드 500 인덱스펀드를 자주 추천했다. 그는 적어도 20년 전부터 그런 조언을 했다고 한다. 버핏은 1996년 버크셔 해서웨이 연차보고서에서도 인덱스펀드를 추천한다.

기관이든 개인이든, 대부분 투자자는 수수료가 최저인 인덱스펀드를 이용하는 것이 주식을 소유하는 가장 좋은 방법임을 알게 될 것입니다. 이 방법을 따른다면 투자 전문가들 대다수가 달성하는 순수익(수수료와 여러 비용을 차감한 후의 수익)을 확실하게 이길 수 있습니다.

시작부터 우리는 S&P 500 지수가 미국 종합주가지수를 완벽하게 까지는 아니어도 괜찮게 반영한다는 사실을 잘 알고 있었다(그 당시에는 미국 종합주가지수를 완벽하게 반영하는 것은 윌셔Wilshire 5000이라는 것이 중론이었다). S&P 500과 미국 종합주가지수의 차이는 장기적으로는 아주 미미했다.

S&P 지수가 처음 발표된 1926년부터 2018년 현재까지의 S&P 500 연평균 수익률은 10.1%였으며, 미국 종합주가지수의 연수익률은 9.9%였다. 1930년부터의 연수익률은 똑같았는데, S&P 500은 9.7%이고 종

합지수도 9.7%였다. 이 말인즉, 윌셔 5000의 수익률이 S&P 500 수익률 변량의 99% 이상을 설명한다는 뜻이다.

500 인덱스펀드를 선택한 이유

뱅가드는 첫 인덱스펀드의 추종 지수로 S&P 500 지수를 선택했지만, 이상적으로 시장 전체 수익을 따라잡는 가장 순수한 수단은 종합주가지수라는 사실을 모르지 않았다. 그래서 1987년에 두 번째 주식형 인덱스펀드인 뱅가드 익스텐디드 마켓 인덱스펀드를 만들었다. 이것은 S&P 500에 없는 중소형주도 포함하는 "완성형 펀드"였다.

뱅가드에 투자하며 주식시장 전체를 소유하고 싶으면 대략 80%는 뱅가드 500 인덱스펀드에, 나머지 20%는 뱅가드 익스텐디드 마켓 인덱스펀드에 배분하면 된다. 투자를 분산할 목적으로 익스텐디드 마켓 인덱스펀드를 이용하는 투자자도 있었지만, 이 펀드에 투자한 사람들은 대부분은 중소형주의 장기 수익률이 대형주보다 높을 것이라 믿는 사람들이었다.

익스텐디드 마켓 인덱스펀드는 2018년 중반 자산이 680억 달러가 되면서 인덱스펀드의 전당에서 상당히 높은 자리를 차지했다. 투자 목적에 상관없이, 이 펀드는 투자자들에게 2018년 S&P 500에 들지 못한 3,270개 종목들의 수익도 고스란히 향유하는 기회를 제공해 주었다.

1990년대에 접어들어 지수연동투자의 성공을 보여주는 증거가 속속들이 쏟아져 나오면서, 뱅가드는 인덱스펀드 상품 구성을 계속해서

넓혀 나갔다. 미국 주식시장 전체를 모델링하는 펀드로는 이미 뱅가드
500 인덱스펀드(1975)와 뱅가드 익스텐디드 마켓 인덱스펀드(1987)가
있었고, 채권시장에 대해서는 뱅가드 토털 본드 마켓 인데스펀드(1986)
가* 있었다. 이제는 미국을 넘어 해외 주식시장을 추종하는 인덱스펀드
를 만드는 것이 논리적인 수순이었다.

해외 주식시장 인덱스펀드

뱅가드는 1990년에 미국 외 주요 선진시장의 주식들을 망라하는
MSCI EAFE(유럽, 오스트레일리아, 극동)를 추종하는 인덱스펀드 출시
를 고려했다. 하지만 당시의 일본 시장을 보자 나는 심각하게 고민이 되
었다.** 투자자들은 해외 시장에 골고루 노출되기를 원할 것인데, 그들
의 해외 투자 자본 중 67%를 태평양 지역에 집중시켜야 하는 상황이 내
키지 않았다. 그래서 우리는 1990년 6월에 유럽 주식시장과 태평양 지
역 주식시장을 추종하는 해외 인덱스펀드를 각각 출시했다.*** 이번에
도 전례가 없는 혁신이었다.

■　　1986년에 출시된 뱅가드의 두 번째 인덱스펀드인 뱅가드 토털 본드 마켓 인덱스펀드에 대해서는
15장에서 자세히 설명할 것이다.

■■　　1989년 니케이 지수는 역사상 최고점인 3만 8,900까지 올랐고 주가수익배율(PER)은 거의 70
까지 치솟았다. 이후 니케이 지수는 곤두박질을 해서 2003년에는 8,000 이하로 내려앉았다. 한때 글로벌
시가총액의 45%나 차지하던 일본 증시의 시가총액은 2010년에는 7%대로 떨어졌다.

■■■　뱅가드 유로피안 스톡 인덱스펀드(Vanguard European Stock Index Fund)와 뱅가드 패시픽
스톡 인덱스펀드(Vanguard Pacific Stock Index Fund). (역주)

1994년에는 업계 최초로 뱅가드 이머징마켓 인덱스펀드Vanguard Emerging Market Index Fund를 출시하며 계속해서 해외 주식시장을 목표로 한 혁신을 이어나갔다. 이 펀드의 투자자들은 세계 신흥시장들의 주식에 폭넓게 분산투자하는 효과를 얻을 수 있었다.

뱅가드의 혁신적인 해외 투자 행보는 거기서 끝나지 않았다. 현재 뱅가드 산하에는 미국 주식시장까지 포함하는 뱅가드 토털 월드 인덱스펀드Vanguard Total World Index Fund를 비롯해 해외의 고배당주와 소형주 펀드에 이르기까지 11개에 걸친 다양한 종류의 해외 시장 인덱스펀드가 있으며, 2개의 해외 채권 인덱스펀드도 있다. 뱅가드가 운용하는 해외 시장 인덱스펀드들의 자산 규모는 다 합쳐서 7,000억 달러가 넘는다.

토털 스톡 마켓 인덱스펀드를 시작하다

우리는 1992년 초에 또 한 번 크게 도약했다. 안타깝게도 미국 주식시장 전체를 보유하는 포트폴리오를 구성한다는 "완성형 펀드" 접근법은 만족스럽지 않은 결과로 끝났다. 투자자들이 미국 주식시장 전체를 보유하려면 인덱스펀드 2개에—500 인덱스와 익스텐디드 마켓 인덱스—따로 투자해야 한다는 자체가 거추장스럽고 복잡하기만 한 일이었기 때문이다. 종합주가지수를 추종하는 투자가 필요 이상으로 어렵고 까다로워야 할 이유는 없다.

우리가 내릴 결정은 분명했다. 뱅가드가 생각한 최선의 전략은 투자자 누구나 저비용으로 미국의 모든 주식 종목을 보유할 수 있게 해주는 포트폴리오를 만드는 것이었다. S&P 500 지수를 추종하는 최초의 선구적인 인덱스펀드를 만들고 17년이라는 시간이 흐른 1992년 4월 27일에, 우리는 뱅가드 토털 스톡 마켓 인덱스펀드를 출시했다. 토털 스톡 마켓 인덱스펀드는 거침없이 질주했다. 2018년 중반을 기준으로 이 펀드는 총자산이 7,400억 달러를[■] 넘는 세계 최대의 뮤추얼펀드이다.

그로스 인덱스펀드와 밸류 인덱스펀드

우리는 불과 몇 달 후인 1992년 11월에 뱅가드 그로스 인덱스펀드와 밸류 인덱스펀드를 펀드 라인업에 추가함으로써 지수연동투자의 개념을 더 세심하게 다듬었다. 두 펀드는 1991년부터 S&P가 발표한 성장주 지수와 가치주 지수에 근거한 펀드였다. 두 지수의 산정 기준은 아주 간단했다. 우선 각 종목의 주당순자산을 현재 주가로 나눠서(주당순자산/주가) 이 비율이 낮으면 성장주이고 높으면 가치주이다.[■■] 그런 다음 S&P 500의 모든 종목을 두 개의 그룹으로 나눠서 절반은 '성장주' 지수 카테고리에 집어넣었고 다른 절반은 '가치주' 지수 카테고리에 집어넣었다.

[■]   기관투자자들을 위한 자매 펀드의 자산까지 합친 금액임을 밝힌다.

[■■] 이 구분은 조악해 보이기는 하고 실제로도 그렇다. 하지만 S&P 성장주 지수와 가치주 지수의 수익 중 97%는 더 정교한 방식을 이용하는 러셀 1000 (대형) 성장주와 가치주 지수의 수익으로도 설명이 된다(결정계수). 2003년에 뱅가드 그로스 펀드와 밸류 펀드는 벤치마크를 MSCI 미국 프라임마켓 성장주/가치주 지수로 바꿨다가, 2013년에는 CRSP 미국 대형 성장주/가치주 지수로 바꾸었다. (원주)

우리가 아는, 주가/주당순자산인 주가순자산비율(PBR)과 반대라고 생각하면 된다. PBR이 높으면 보통은 성장주로 분류되고 PBR이 낮으면 가치주로 분류된다. (역주)

처음 두 지수를 발표했을 때 성장주 지수에 포함된 종목은 190개였고, 가치주 지수 종목은 310개였다. 2018년에 지금의 CRSP 지수**** 를 추종하는 펀드들이 늘어나면서 성장주 지수에 포함되는 종목은 300개, 가치주 종목은 337개가 되었다.

펀드는 성공, 투자자는 실패

뱅가드 그로스/밸류 인덱스펀드는 반쪽짜리 성공이었다. 2018년 중반 자산 규모는 각각 790억 달러와 660억 달러로, 모닝스타가 선정한 "전략적 베타" 펀드 카테고리에서 최고最古이자 최대의 펀드 1위와 2위를 나란히 차지했다. 전략적 베타 펀드는 "스마트 베타" 또는 "팩터" 펀드라고도 불리는데, 주식시장 전체보다 수익률을 높이고 리스크를 최소화하기 위해 가치주, 소형주, 모멘텀 주식 등 특정 범주의 주식을 보유하는 전략을 쓴다.

그러나 7장에서 말했듯이 두 펀드의 25년 동안 9% 안팎의 연수익률을 올렸으나, 투자자들에게 돌아간 실제 수익률은 그것보다 못했다. 투자자들이 실제로 손에 쥔 수익률은 그로스 인덱스펀드의 경우 펀드 수익률보다 2.7%포인트가, 밸류 인덱스펀드의 경우는 1.4%포인트가 낮았다. 나는 투자자들의 장기투자를 목표로 그로스 인덱스펀드와 밸류 인

■■■ 시카고대학 부스경영대학원의 증권가격연구소(Center for Research in Security Prices, CRSP)가 시가총액, 성장, 가치, 섹터의 4개 범주로 나눠서 제공하는 여러 개의 지수. 뱅가드는 2013년부터 CRSP 지수들 중 16개를 벤치마크로 이용하고 있다. (역주)

덱스펀드를 만들었고 투자자들에게는 두 펀드를 시장 "타이밍" 용도로 쓰지 말라고 자주 경고했었다.

투자자들은 내 충고를 귀담아듣지 않은 듯했다. 그로스 인덱스펀드도, 밸류 인덱스펀드도 대부분 어떤 팩터가 더 고수익을 얼마나 오래 줄 것인지 안다고 자처하는 단기 트레이더들이 투자하고 있었다. 그러니 뱅가드 그로스/밸류 인덱스펀드의 역사를 "의도하지 않은 결과의 법칙"이라고 불러도 무방할 것이다.

그 밖의 뱅가드 인덱스펀드들

우리는 뱅가드 그로스/밸류 인덱스펀드를 1992년 11월에 출시하고 나서 곧바로 펀드 업계 최초로 주식과 채권을 혼합해서 보유하는 뱅가드 밸런스드 인덱스펀드를 만들었다. 1996년 4월에는 유럽, 태평양 지역, 이머징마켓 인덱스펀드들을 한데 묶어서 뱅가드 토털 인터내셔널 스톡 인덱스펀드를 내놓았다(2018년 기준 이 펀드의 포트폴리오는 FTSE 미국 외 글로벌 종합지수FTSE Global All-Cap Ex-U.S. Index에 속한 종목들로 구성되어 있다). 토털 인터내셔널은 2018년 중반 자산 규모 3,430억 달러를 기록하며 뱅가드에서 네 번째로 큰 인덱스펀드가 되었다.

뱅가드가 인덱스펀드 시장을 지배하게 되기까지는, 지수연동투자 혁신을 "선도"하는 리더답게 행동한 것이 무엇보다도 가장 크게 작용했다. 뱅가드는 1996년 이후로 미국 투자자들을 위해 59개나 되는 인덱스펀드를 만들었으며, 현재는 유럽과 아시아, 캐나다, 라틴아메리카 투자자들에게도 인덱스펀드를 판매하고 있다.

오늘날 뱅가드는 미국 주식시장의 "9박스 세그먼트(가로: 대형주, 중형주, 소형주; 세로-성장주, 혼합, 가치주)" 각각을 포트폴리오로 보유하는 인덱스펀드들, 섹터별 인덱스펀드, 미국 국채와 회사채를 보유하는 인덱스펀드, 지방채 인덱스펀드 등 다양한 인덱스펀드를 제공한다. 우리의 베테랑 펀드들은 모두 2000년도 전에 출시된 것들이고 이 초기 펀드들의 총자산규모는 뱅가드 인덱스펀드 자산의 86%인 2.9조 달러이다. 그림 12.1은 주요 묶음별 뱅가드 75개 인덱스펀드와 이 펀드들의 2018년 자산 규모 및 신설 시기를 보여준다.

펀드명	출시년도	총자산 (단위: 10억)	비용비율 (애드머럴/ETF)
500 인덱스	1976	$640	0.04%
토털 본드 마켓 인덱스	1986	355	0.05
익스텐디드 마켓 인덱스	1987	67	0.08
라지캡/미드캡/스몰캡 인덱스*	1989~2006	296	0.07
유로피안/퍼시픽 스톡 인덱스*	1990	33	0.10
토털 스톡 마켓 인덱스	1992	742	0.04
그로스/밸류 인덱스*	1992	145	0.06
밸런스드 인덱스	1992	38	0.07
본드 인덱스*	1994	94	0.07
이머징마켓 인덱스	1994	89	0.14
토털 인터내셔널 스톡 인덱스	1996	343	0.11
REIT 인덱스	1996-2017	64	0.10
디벨롭드 마켓 인덱스(Developed Markets Index)	1999	110	0.07
FTSE 소셜 인덱스(FTSE Social Index)	2000	4	0.20

섹터 인덱스(Sector Index)*	2004	$63	0.10%
디비든드 인덱스(Dividend Index)*	2006	64	0.08
기타 논-U.S. 스톡 인덱스(Non-U.S. Stock Index)*	2007-2009	61	0.11
코퍼레이트/트리저리/MBS 본드 인덱스(Corporate, Treasury, MBS Bond Index)*	2009	64	0.07
쇼트텀 TIPS 인덱스(Short-Term TIPS Index)	2012	25	0.06
토털 인터내셔널 스톡 인덱스	2013	107	0.11
기타	2007-2017	48	0.17
총계		$3,451	0.09%

*복수 펀드

(그림 12.1) 출시 순서별 뱅가드 인덱스펀드의 자산과 비용비율, 2018년 12월 31일 기준, 출처: Vanguard.

시장 지수는 액티브 운용 펀드 중 91%를 앞질렀다

2018년 봄에 S&P는 모든 주요 자산군에서 액티브 운용 펀드의 15년 간 연수익률을 계산하고, 이 결과를 각 범주별 S&P 지수의 수익률과 비교했다. "S&P 지수 대 액티브"라는 제목의 이 보고서는 "SPIVA 스코어카드 SPIVA Scorecard"로 더 잘 알려져 있다.

놀랍게도 SVIPA 스코어카드에서는 범주에 상관없이 모든 지수가 수익률이 더 높았다(그림 12.2). 미국 내 대형주, 중형주, 소형주 범주 모두에서 액티브 운용 펀드들의 93%가 S&P 지수를 하회하는 수익을 냈다. 적게는 소형가치주 펀드들의 86%가 지수를 하회했고, 많게는 소형성장주 펀드들의 99%가 지수를 밑돌았다. 가장 유명한 지수인 S&P 500의 경우, 지수 수익률이 대형주 액티브 펀드들의 92%를 상회했다. SPIVA 스코어카드는 지수연동투자야말로 투자자들에게는 성공 투자를 위한 최고의 기회가 된다는 것을 압도적으로 증명한다.■

펀드 범주	벤치마크 지수	15년 동안 벤치마크 지수를 밑도는 수익을 낸 펀드들의 비율
대형주	S&P 500	92%
대형성장주	S&P 500 성장주 지수	94%
코어	S&P 500	95%
대형가치주	S&P 500 가치주 지수	86%
중형주	S&P 중형주 400 지수	95%
중형성장주	S&P 중형주 400 성장주 지수	95%
코어	S&P 중형주 400 지수	97%
중형가치주	S&P 중형주 400 가치주 지수	89%
소형주	S&P 소형주 600 지수	96%
소형성장주	S&P 소형주 600 성장주 지수	99%
코어	S&P 소형주 600	97%
소형가치주	S&P 소형주 600 가치주 지수	90%
평균		94%
기타	S&P U.S. REIT 지수	81%
부동산	S&P 글로벌 1200 지수	83%
글로벌	S&P 인터내셔널 700 지수	92%
해외(미국 외)	S&P 미국 외 선진시장 소형주 지수	78%
해외 소형주(미국 외)	S&P/IFCI 종합지수	95%
이머징마켓		

■ SPIVA 스코어카드는 살아남은 데이터가 중심이 되는 "생존자 편향(Survivorship Bias)"의 오류에서 자유롭지 않다. 15년 전에 영업을 시작한 뮤추얼펀드 중에서 지금까지도 존재하는 펀드는 40%에 불과했다.

| 모든 펀드 | 모든 지수 | 91% |

(그림 12.2) 벤치마크 지수보다 낮은 수익을 낸 미국 주식형 액티브 펀드들, 2017. 출처: S&P SPIVA, 2017년 연말 기준.

인덱스펀드가 시장을 지배하다

뱅가드는 1975년 운 좋게도 세계 최초의 인덱스펀드인 퍼스트 인덱스 인베스트먼트 트러스트를 만들었고 현재까지 미국에서만도 75개의 인덱스펀드를 산하에 거느리고 있다. 뮤추얼펀드 산업에서 인덱스펀드의 시장점유율은 계속 늘어나고 있으며, 그 선두에 선 것이 뱅가드이다. 그림 12.3에 나오듯, 미국 내 모든 주식형 펀드 자산에서 인덱스펀드가

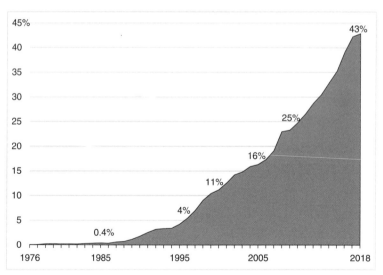

(그림 12.3) 주식형 뮤추얼펀드 산업에서 인덱스펀드 점유율(자산 기준), 1976~2018. 출처: Vanguard, Strategic Insight Simfund.

차지하는 점유율은 1985년 4%에서 2018년 중반에는 43%까지 치솟았다. 우리는 지수연동투자의 승리를 목격했으며 그 승리의 행진은 아직 끝나지 않았다.

뱅가드의 TIF는 전체 TIF 시장에서 거의 80%를 차지하며, 뱅가드 ETF의 시장점유율은 25%이다. 이 둘을 합하면 미국 인덱스 뮤추얼펀드 산업 자산의 절반가량이 뱅가드의 인덱스펀드라는 것을 알 수 있다.

뱅가드가 리더의 자리를 유지할 자격이 있는지는, 그 영향력을 이어갈 수 있느냐에 달려 있다. 뱅가드는 앞으로 돈을 예탁한 투자자들의 신뢰를 확보해야 하고, 계좌를 효율적이고 경제적으로 관리해줄 것이라는 장기적인 기대에도 부응해야 한다. 또한 투자자들 사이에서도 TIF가 사촌격인 ETF보다 결과적으로는 더 높은 수익을 안겨준다는 인식이 늘어날 수 있도록 해야 한다(그림 12.4 참조).

	TIF	ETF	전체 인덱스펀드
뱅가드 인덱스펀드 자산	2.6조 달러	8,850억 달러	3.5조 달러
업계 전체 인덱스펀드 자산	3.3조 달러	3.5조 달러	6.8조 달러
뱅가드 점유율	78%	25%	51%

(그림 12.4) 자산 기준 뱅가드의 인덱스펀드 시장점유율, 2018.

시장 주요 섹터에 골고루 폭넓게 분산투자하고 장기적인 바이앤홀드 전략에 집중하는 것이 인덱스펀드로서 최적의 성공 투자 방법이라는 것은 이미 충분히 증명되었다. 나는 대다수 투자자들이 경험이라는 값진 대가를 치르고 나면 결국에는 ETF보다는 TIF를 더 선호하게 될 것이라고 장담한다. 시간문제일 뿐이다.

인덱스펀드가 놀라운 성공을 거두면서 수백만의 투자자들이 수조 달러의 현금을 예탁했다. 그러나 거듭 말하지만 우리는 "성공이 성공을 이끈다"는 옛 격언이 "성공이 실패를 이끈다"는 말로 바뀌는 사태가 없도록 신중을 다해야 한다. 미래에 인덱스펀드의 성장을 가로막을 도전은 여러 가지가 있고, 거기에 대해서는 3부 "투자 운용의 미래"에서 자세히 설명할 것이다.

13장

윈저 펀드

1928년부터 1958년까지 웰링턴 펀드는 웰링턴 자산운용사의 유일한 펀드였다. 웰링턴이 창설 이후부터 보수적인 혼합형 펀드에만 주력한 것은 이 펀드가 동종 뮤추얼펀드 산업을 지배하는 데도 도움이 되었다. 웰링턴은 당시 주식형 펀드에만 집중하던 경쟁사들이 거의 도전할 시도조차 하지 않았던 "틈새를 조각한" 운용사였다.

그러다가 1950년대 말에 들어서 주식 브로커들의 관심과 호의를 끌어오려는 경쟁이 치열해졌다. 그들이 대부분의 공모펀드 판매를 전담하기 때문이었다. 웰링턴 자산운용사의 영업진도 투자자들에게 마땅히 판매할 자사의 주식형 펀드가 없다는 사실에 크게 초조해했다.

그중에서도 가장 초조해진 사람은 아마도 나였을 것이다. 나는 웰링턴 자산운용사의 사장이기도 한 조지프 E. 웰치Joseph E. Welch에게 사태에 대해 강하게 경고하는 보고서를 제출했고, 웰치는 이 보고서를 CEO 겸 회장인 월터 모건에게 보고했다. 내 보고서의 핵심 메시지는 "우리는 주식형 펀드를 만들고 제시해야 합니다. 지금이 적기이고, 시간이 관건입니다"였다.■

내가 주장한 논리가 먹힌 것도 있었지만 펀드 공모에 성공하면 당시 웰링턴 자산운용사의 유일한 오너인 자신에게도 즉시 큰 이익이 된다는 생각에 모건은 진행하라는 신호를 보냈다.

■　그전보다 먼저 1958년에 2개의 주식형 펀드가 출시되었는데, 리먼 브라더스의 원 윌리엄 스트리트 펀드(One William Street Fund)와 라자드 프레레스(Lazard Freres)의 라자드 펀드(Lazard Fund)였다. 원 윌리엄 스트리트는 IPO에서 1억 9,800만 달러의 자본을 모집했고(2018년 자산 규모는 약 17억 달러), 라자드 펀드는 1억 1,800만 달러를 모집했다(2018년 자산은 10억 달러). 1958년 뮤추얼펀드 산업으로의 순현금유입 총액이 11억 달러였다는 것을 고려하면 깜짝 놀랄 만한 모집 금액이었다.

직원 수가 얼마 되지 않았기 때문에 뮤추얼펀드를 새로 만들고 IPO 투자설명서를 준비할 기회가 내게 기회가 돌아왔다. 경력이 얼마 안 되는 내게는 단연코 가장 신나는 프로젝트였다.

우리는 펀드 IPO 대표 주간사로 키더 피바디^{Kidder Peabody}를, 공동 주간사로 바슈앤컴퍼니^{Bache&Company}를 선정했다. 두 회사 모두 실력 좋은 증권인수 전문가들을 직원으로 채용하고 있었고, 웰링턴 펀드 주식 유통에도 오랫동안 적극적으로 활동한 증권사들이었다. 우리는 모건의 집무실에 있는 커다란 테이블에 변호사들과 둘러앉아 몇 주에 걸쳐 세부 사항을 두고 씨름을 벌였다. 펀드 목표나 정책, 관리 절차, 펀드 이사진 선정(웰링턴 펀드의 이사진과 같았다) 등등 여러 세부 사항이 논의되었다.

신생 펀드명은 내가 제안한 "웰링턴 에쿼티 펀드"로 하기로 했다. "웰링턴 스톡 펀드"와 뜻은 같지만 "어감"이 더 좋을 듯해서 제시한 이름이었다.

이름의 의미?

정작 중요한 것은 신생 펀드의 이름이 아니었고, 우리는 생각지도 못했던 어려움에 부딪쳤다. 웰링턴 펀드의 주주들은 신생 펀드의 이름에 불만을 품고서 "웰링턴"이라는 이름은 웰링턴 펀드의 독점 재산이므로 웰링턴 에쿼티 펀드는 그 이름을 사용할 자격이 없다고 주장하며 변호사까지 고용해 고소를 했다.

우리로서는 어처구니없는 상황이었지만 소송은 쉽지가 않았다. 델라웨어 지방법원은 원고측 주장을 받아들여 주었고, 델라웨어 대법원도 마찬가지였다. 미국 대법원은 우리의 항소를 기각해 버렸다. 우리가 진 것이다.

펀드 이름을 새로 짓는 수밖에 없었다. 내 선택은 윈저 펀드였다. 이렇게 해서 "영국식 W" 전략이 시작되었다. 우리는 이후 웰슬리 인컴 펀드Wellesley Income Fund, 웨스트민스터 본드 펀드Westminster Bond Fund, 화이트홀 머니마켓펀드Whitehall Money Market Fund, 워윅 뮤니시펄 본드 펀드Warwick Municipal Bond Fund, 심지어는 W. L. 모건 그로스 펀드W.L. Morgan Growth Fund도 출시했다. 이 이름들은 1980년까지 유지되다가 통일된 "브랜딩" 정책을 추진하면서 폐기되었다. 이후부터 뱅가드의 모든 펀드 이름에는 "뱅가드"가 붙게 되었다.

나쁘지 않은 IPO, 초라한 수익률

안타깝게도 10월에 증권인수 작업이 시작되면서 막상 뮤추얼펀드 IPO에 쓸 수 있는 돈이 거의 없었다. 그래도 IPO 결과는 나쁘지 않아서 3,840만 달러의 자본을 모집할 수 있었다. 웰링턴 에쿼티 펀드는 1958년 10월 23일에 투자를 시작했다. 하지만 우리의 펀드 경영지원과 유통 준비는 제대로 되었으나, 운용에서는 준비가 미흡했다.

윈저 펀드는 처음 몇 년은 운용사들이 방향을 제대로 잡지 못한 탓에 수익이 저조했다. 당시 S&P 500은 강세장의 밀물을 타고 1958~1964년에 연평균 11%나 올랐다. 그러나 아직 개명 전인 웰링턴 에쿼티 펀드의 연수익률은 7.7%로 시장에 한참이나 뒤처졌다. 웰링턴 에쿼티 펀드의 자산은 1963년 중반에서야 7,500만 달러의 문턱을 넘었다. 그러다가 구원의 손길이 찾아왔다. 구사일생의 구원이었다! 이후부터 웰링턴 에쿼티 펀드의 수익률도 몰라보게 좋아졌다.

▌존 B. 네프를 맞이하다

▌웰링턴 에쿼티 펀드의 신임 포트폴리오로 임명되기 전에 존 B. 네프는 새로운 경력을 쌓을 기회를 찾고 있었다. 그는 클리블랜드에 있는 내셔널 시티 뱅크의 신탁부서에서 8년을 일했고, 이만하면 새로운 일에 도전할 시기가 되었다고 생각했다.

네프는 (당시에 웰링턴 에쿼티에서 개명한) 윈저 펀드가 새로운 도전 기회를 준다고 판단했다. 그는 1964년 여름부터 윈저 펀드의 포트폴리오 매니저로서 일하기 시작했다. 그는 고향에 온 듯한 기분을 느꼈고, 나와는 금세 죽이 잘 맞는 친구가 되어서 평생 우정을 이어나갔다.

존은 우리의 우정이 시작된 순간을 이렇게 묘사했다. "우리는 곧장 마음이 잘 맞는 친구가 되었죠. 나한테 뭔가 호감을 느끼긴 했는데, 그게 뭔지는 그도 콕 집어 말하지는 못하더군요. 그런데 나는 그게 뭔지 압니다. 그땐 우리 둘 다 짧은 스포츠형 머리였거든요".

네프의 가치투자 철학이 윈저 펀드의 수익률 향상이라는 가시적 결과로 이어지기까지는 상당한 시간이 걸렸다. 네프가 포트폴리오 매니저이던 시절의 윈저 펀드는 보수적이면서도 공격적인 펀드였다. 보수적이라고 말하는 이유는 그가 가치투자를 하는 "신중한 사람"이기 때문이었다. 그는 저평가된 고배당 종목을 꼼꼼하게 분석하면서 하방 리스크를 최소화하는 접근법을 강조하는 사람이었다.

그러나 네프의 투자 접근법은 공격적이기도 했는데, 그가 주로 선호하는 종목에 포트폴리오가 집중된 편이기 때문이었다. 이 말인즉, 윈저 펀드의 단기 수익은 시장에 넓게 분산투자하는 경쟁 펀드들의 단기 수익보다는 상대적 예측 가능성이 떨어진다는 뜻이기도 했다. 네프는 자신의 투자 철학을 관철하는 데 어려움을 겪기는 했지만 윈저 펀드는 결국 승자가 되었다.

▌높은 펀드 수익률, 높은 순현금유입

1965년이 되면서 윈저 펀드의 수익률이 상승 기류를 타기 시작했다. 1970년까지 윈저 펀드는 연평균 12.6%의 수익률을 기록했고, 같은 기간 S&P 500 상승은 고작 5.8%에 그쳤다. 물론 성장주 광기가 기승을 떨쳤던 1970~1973년의 "니프티 피프티" 시기에 윈저 펀드의 성적표는 S&P 500을 밑돌았다. 하지만 1974~1979년의 윈저 펀드 연수익률은 16.8%, S&P 500 상승은 6.6%였다(1965~1979년의 누적수익은 윈저가 +359%, S&P 500이 +126%였다).

뮤추얼펀드 세상에서 고수익 펀드에는 투자자들과 기회를 엿보는 증권브로커들의 관심이(그리고 돈도) 몰리기 마련이나. 윈저 펀드에는 네

프라는 귀재가 건재했으므로 관심과 돈의 증가는 좋은 결과로 이어졌다. 그러나 성공적인 경쟁 펀드들에서는 그 결과가 항상 좋기만 한 것은 아니었다. 펀드의 "뜨거운" 인기는 금세 싸늘하게 식곤 하기 때문이다.

1981년을 시작했을 때 윈저 펀드의 총자산은 10억 달러가 되지 않았다. 뱅가드 MMF로 거대하게 쏟아져 들어오던 투자자들의 순현금유입이 기세가 한풀 꺾이는가 싶더니, 윈저 펀드가 그 기세를 이어받았다. 1981~1984년 윈저 펀드로의 순현금유입은 총 9,650만 달러로, 뱅가드 펀드 전체 순현금유입의 17%나 되는 금액이었다. 1985년을 마감하는 시점에 윈저 펀드는 총자산 40억 달러를 넘기면서 미국 최대 주식형 펀드가 되었다.

주식형 펀드라면 숙명처럼 맞이하게 되는 '수익률 평균회귀의 악마'도(16장에서 자세히 설명할 것이다) 윈저 펀드는 피해 가는 듯싶었고 존 네프의 행진은 계속되었다. 1989~1990년에 잠깐 뜻밖의 부진을 겪었지만 윈저 펀드는 1980~1992년 동안 17.2%의 훌륭한 연평균 수익률을 거두면서 S&P 500 수익률을 매년 1.2%포인트씩 가뿐히 앞질렀다.

"시간이 되었습니다"

뱅가드 함대의 기함이 웰링턴 펀드에서 윈저 펀드로 교체되기는 했지만, 존 네프도 나도 "나무는 아무리 자라도 하늘에 닿지 못한다"라는 진리를 잊지 않고 있었다. 뱅가드로서는 힘든 결정일 수도 있지만 언젠가는 펀드 문을 닫아걸어야 할 날이 올 것이라는 데 우리 둘 다 원칙적으로 동의하고 있었다. 필요한 순간에 결단을 하지 못하면 윈저 펀드의 몸집이 너무 커져서 네프의 트레이드마크인 투자의 유연성이 크게 저해될 것이 빤한 일이었다.

1995년 5월, 존 네프가 내 사무실로 들어와 앉으며 말했다. "윈저 펀드로 들어오는 현금흐름을 막아야 할 시간이 되었습니다". 그가 그 말을 꺼내기도 전부터 나는 내심 동의하고 있었다. 나는 네프 이상으로 "황금알을 낳는 거위를 죽일" 마음이 추호도 없었다.■

윈저 펀드가 신규 투자자에게 문을 닫아건 것은 뮤추얼펀드 산업에서 전례가 없는 일이었다. 전통적 구조의 펀드운용사들은 플래그십 펀드로 들어오는 현금흐름을 막고 밥줄인 펀드에서 들어오는 높은 운용수수료까지 줄면 금세 운영난에 시달릴 것이다. 하지만 뱅가드의 상호소유구조에서는 이런 고민이 애초부터 생길 여지가 없다. 나는 운용자산을 늘려서 자문수수료 수입을 최대화하는 것에는 관심이 없었다.

그러면 무엇을 해야 하는가?

나는 갈수록 늘어나는 뱅가드 펀드 투자자들에게 가치 지향적인 펀드를 제공하는 것을 멈춰서는 안 된다고 확신했다. 이런 이유로 나는 웰링턴 자산운용사에게 자문을 받지 않고 독립적 포트폴리오 매니저가

■　윈저 펀드가 1985년 신규 계좌 개설을 중단했을 때의 자산 규모는 36억 달러였고 S&P 전체 시가총액의 0.3%를 점유하고 있었다. 2018년 금액으로 환산한 S&P 500의 0.3%는 약 630억 달러이다.

운용하는 두 번째 가치주 펀드를 시작할 결심을 품게 되었다. 그 자체로
는 논란의 소지가 없었지만, 자매 펀드의 이름을 윈저 펀드 II로 결정한
후 혹독한 비난이 쏟아졌다. "보글은 윈저 펀드의 이름과 존 네프의 뛰
어난 성과를 이용하고 있다. 윈저 II가 '절대로' 윈저 펀드에 필적하는 고
수익을 내지는 못할 것임을 잘 알고 있을 테니 말이다". 하지만 그들의
비난은 완전히 틀렸다.

회의론자들을 잠재운 놀라운 결과

1985년 봄에 우리는 가치투자 운용사로 평판이 좋은 6곳의 자산운
용사들과 면접을 봤다. 우리가 선택한 운용사는 텍사스주 댈러스에 본
사를 둔 명망 높은 자산운용사이며 경험 많은 전문가들을 포진하고 있
는 배로, 핸리, 뮤힌니 앤 스트라우스였다. 회사 리더인 제임스 P. (짐) 배
로는 뱅가드가 신뢰할 수 있는 좋은 파트너가 될 사람으로 보였고, 이사
회도 동의했다.

1985년 5월 15일, 우리는 윈저 펀드 신규 가입을 중단한다는 발표와
동시에 바로 가입을 중단했다. 결정을 미리 발표하면 우리의 의도와는
반대로 윈저 펀드로 한꺼번에 돈이 몰려들 것이 빤했다. 윈저 펀드 II의
공모는 한 달 후에 시작되었다.

■　1964년부터 1995년까지 네프가 포트폴리오 매니저를 맡은 동안 윈저 펀드는 S&P 지수를 매년
3.4%포인트씩 상회했다. 이 정도의 성적은 뮤추얼펀드 산업 역사에서 전례를 찾아보기 힘들 것이다. 존
B. 네프 만세!

배로, 핸리, 뮤힌니 앤 스트라우스를 선택한 것은 지금 생각해도 잘한 결정이었다. 33년이 지난 2018년 현재에도 이 회사는 윈저 II 자산 중 가장 큰 포트폴리오를 운용하고 있다. 윈저 II 펀드는 자랑스러운 선조의 이름에 먹칠하기는커녕 살짝 더 높은 수익률을 벌어들였다. 윈저 펀드의 연평균 수익률은 10.1%, 윈저 II는 10.5%였으니 말이다. 이게 다 짐 배로의 훌륭한 포트폴리오 운용 덕분이었다.**

| 복수 운용사 선정

| 나는 윈저 II 펀드 수익률의 "상대적 예측 가능성"을 확보할 필요가 있다는 판단에 따라, 윈저 II의 자산이 늘어나면 포트폴리오를 추가로 분산하기로 내심 결정을 내렸다. 1989년에 윈저 II 자산이 20억 달러를 넘어서면서 뱅가드는 두 번째 운용사로 애틀랜타 소재의 인베스코 Invesco를 선정했다. 인베스코가 운용 책임을 맡은 윈저 II 자산은 2억 5,000만 달러였다.

이 결정은 뱅가드가 하나의 펀드를 복수 운용사에게 맡겨보는 첫 번째 시험대였다. 복수 운용사를 선정하는 이유는 펀드 수익률의 상대적

■■   짐 배로는 뛰어난 재치로 자신의 투자 전략 재능을 감출 줄 아는 멋진 성격의 소유자다. 뱅가드 이사 중 하나가 짐에게 시장 조정을 걱정해야 하느냐고 물었을 때 그는 재빨리 이렇게 대답했다. "아니요, 아직 뚱뚱한 여가수가 등장하지 않았잖아요." (원주)
끝날 때까지 끝난 게 아니라는 뜻으로, 뚱뚱한 여가수는 오페라 말미에 아리아를 부르는 여가수를 비유한다. (역주)

예측 가능성을 유지하기 위함이었다. 펀드가 비용 차감 전 총수익률이 동종 경쟁 펀드들과 비슷하기만 하다면, 저비용 기조만 유지해도 이기는 펀드가 될 수 있다. 그리고 이건 뱅가드 투자자들에게도 실질적으로 효과가 있는 투자 철학이었다.

우리는 머릿속으로만 알고 있던 것을 윈저와 윈저 II에서 적용하면서 실제로 확인할 수 있었다. 두 포트폴리오 매니저 집단이 있을 때, 두 집단 모두 가치투자에(또는 성장투자) 대한 철학이 확고하고, 각 집단의 리더가 경험이 풍부하고 실력도 입증된 사람들이라면, 두 매니저 집단의 장기수익도 비슷할 것이고 리스크 노출에도 별 차이가 없다. 1985년 이래로 윈저 펀드의 변동성은 17.2%였고 윈저 II의 변동성은 16.0%였다 (S&P 500의 변동성은 그 중간인 16.5%였다).

1985년부터 2015년까지 짐 배로가 리드 매니저로 윈저 II를 운용했고, 전체적으로 경쟁력 있는 수익을 창출했다. 이 펀드는 1989년까지 타사의 가치주 펀드보다 매년 평균 1.4%포인트의 초과수익을 벌었다.

네프가 은퇴한 직후, 웰링턴 자산운용사가 임명한 그의 후임자들은 1995~1998년까지 고전을 면치 못했다. 윈저 II가 연평균 27.7% 수익률이라는 기염을 통하는 동안 윈저의 연평균 수익률은 19.2%에 그친 것이다. 하지만 언제나 그렇듯 평균으로의 회귀가 다시 엄습했고, 1999~2007년에는 수익률이 꺾이면서 연수익률이 윈저는 8.0%, 윈저 II는 고작 6.5%였다. 2007년 말부터 뱅가드 가치주 펀드 두 개의 수익률은 사실상 똑같았다. 윈저는 7.2%, 윈저 II는 6.7%였다.

그림 13.1의 표는 윈저와 윈저 II의 상대적 누적수익을 보여준다. 선이 위로 향하고 있으면 윈저 펀드의 수익이 더 높다는 것이고, 선이 아래로

향하면 윈저 II의 수익이 더 높다는 것이다. 몇 년 동안 수익률이 서로 엎치락뒤치락했지만 윈저가 아주 근소한 차이로 이겼을 뿐 장기 수익률에 있어서는 두 펀드가 흡사했다.

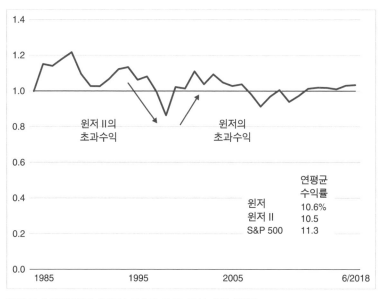

(그림 13.1) 윈저/윈저 II 상대적 누적수익, 1985~2018. 출처: 뱅가드.

역사의 교훈

윈저와 윈저 II의 역사에서 배울 만한 교훈은 무엇인가? 첫째, 뛰어난 포트폴리오 매니저부터 확보하는 것이 우선되어야 한다. 이 점에서 우리는 운이 좋았다. 그리고 그런 매니저를 찾은 다음에는 절대로 그를 보내서는 안 된다. 존 네프가 은퇴한 지도 벌써 23년이 지났지만, 나와 그의 우정은 변함이 없으며 앞으로도 영원할 것이다.

둘째, 시간은 쏜살같이 흐른다. 포트폴리오 매니저의 생명은 유한하고, 그들이 뛰어난 성적을 내는 기간도 마찬가지다. 그렇기에 복수 운용사와 복수 포트폴리오 매니저를 선정해서 운용을 맡기는 것이다. 물론 (윈저 II의 경우처럼) 투자 철학이나 원칙이 같아야 한다는 전제가 깔려 있다. 매니저 수를 제한해봤자 아무런 마법 효과도 나오지 않는다.

셋째, 펀드 비용을 최소한도로 유지해야 한다(수익은 오르기도 하고 내리기도 하지만, 비용은 영원하다). 펀드 주주들에게 유리한 수수료 구조를 유지해야 한다는 뜻이다. 이것은 또한, 포트폴리오 보유 종목의 회전율을 적절한 수준에서 낮게 유지함을 의미하기도 하다. 주식 거래는 비용이 발생하고, 투자자 입장에서는 잦은 거래는 패자의 게임이 될 뿐이다.

넷째, 투자자나 언론, 대중과 소통할 때 가장 중요한 원칙은 솔직함이다. 액티브 운용 뮤추얼펀드의 수익률이 높았거나 낮았던 이유를 정직하게 말해야 한다. 변덕스러운 수익률 급감에 면역력을 가진 펀드는 하나도 없다.

나는 1990년 윈저 펀드 보고서를 쓸 때만큼 이 원칙을 지키느라 안간힘을 썼던 적은 없었다. 회계연도 말에 S&P 500의 수익률은 −7.5%였지만 윈저 펀드 수익률은 그보다도 훨씬 아래인 −27.9%였기 때문이다. 나는 현실을 담담히 인정하며 주주들에게 보내는 편지를 쓰기 시작했다. "저는 주주 여러분께 25년간 편지를 보내왔지만, 지금만큼 편지를 써야 한다는 것이 힘든 적도 없었습니다". 윈저 펀드의 역사에 압축된 것은 흔들리지 않는 투자의 지혜이다.

14장

프라임캡 펀드

1984년 여름, 일생에 한 번 있을까 말까 한 멋진 일이 일어났다. 뱅가드 역사에 획을 긋는 일이었다. 나는 그때 캘리포니아에 있었는데, 새로운 펀드의 운용을 맡을 후보 매니저들과의 면접이 있었다. 윈저 펀드가 주축을 이루는 뱅가드 가치주 펀드 라인업과 균형을 맞추기 위해서라도 새로 성장주 펀드를 출시해야 할 필요가 있었기 때문이다.

1980년대 초에 이르자 독보적인 포트폴리오 매니저로서 위상을 굳힌 존 B. 네프가 운용하는 윈저 펀드의 규모는 뱅가드 주식형 펀드의 자산기반 중 절반을 차지하고 있었다. 윈저는 1985년에는 자산이 40억 달러가 된 것으로도 모자라 성장세가 멈추지 않으면서 미국 내 최대의 주식형 펀드가 되었다. 하지만 내 경험은 시대는 바뀌기 마련이고 투자 방식은 유행을 탄다고 경고했다. 윈저의 빠른 자산 성장 속도가 결국에는 꺾이기 전에 준비 행동을 해야 했다.

1960년대를 휩쓴 고-고 시대의 후유증과 뒤를 이은 1972~1974년 증시 붕괴 여파 속에서 많은 성장주 펀드매니저가 휘청거리고 패배의 아픔을 겪었다. 2장에서 설명했지만 나 역시도 그랬다. 우리는 생존자들 중에서 "유력한 용의자"를 추려내고 있었다.

나는 네 명의 매니저를 만나 보았지만, 마땅한 후보가 나오지 않았다. 그러다가 미첼(미치) 밀리어스가 새로 자산운용사를 세울 계획이라는 말을 들었다. 미치는 1969~1970년에 웰링턴 자산운용사에서 포트폴리오를 운용할 때 꽤 가깝게 일하던 사이였다. 그 후로 그는 웰링턴을 나가 로스앤젤레스의 대형 운용사인 아메리칸 펀드 그룹에 들어갔다. 1984년 다시 만났을 때도 그는 여전히 내가 믿을 수 있는 좋은 사람이었고, 훌륭한 가치관을 가진 우수한 투자 선문가였다.

프라임캡이 탄생하다

재직 중인 캐피털 그룹의 성장 규모에 내심 마음이 불편해진 미치도, 그와 함께 캐피털 산하 신생 펀드인 AMCAP 펀드의 공동 매니저로 일하는 하워드 B. 쇼우도 캐피털의 방침에 매우 실망했다. 캐피털이 덩치가 큰 주식형 펀드들과(지금은 훨씬 커졌다) 자신들의 작지만 성장세인 AMCAP에 거래를 배분하는 방식이 형평성에 맞지 않는다고 생각한 것이다. 두 사람과 동료인 테오 A. 콜로코트론스^{Theo A.Kolokotrones}는 캐피털을 나와 새로 회사를 차리기로 결심했다. 전문 매니저가 먼저 사표를 내는 일을 한 번도 겪지 못한 아메리칸 펀드는 깜짝 놀랐다.■

세 동업자는 회사 이름을 프라임캡 자산운용사라고 지었다. 1983년 9월 15일에 그들은 근처 파사데나에 사무실을 차렸다. 프라임캡은 우수 연기금 고객들을 조금씩 확보해 나갔다. 나는 1년 후 그들을 만나봤다. 미치와는 새로 우정을 다졌고 하위(하워드)와도 안면을 익혔다. 그들은 나와 죽이 잘 맞았고 아직은 미정에 불과한 내 제안에도 꽤 공감하는 기색이었다. 나는 그들에게 다음과 같이 말했다.

뱅가드는 뮤추얼펀드 사업과, 운영 방식, 규제, 유통 요건을 잘 이해하고 있다. 우리 뱅가드는 자산운용에는 관심이 없다. 여러분은 주식시장에 정통하고 자산운용 전문가로서의 실력도 충분히 입증했다. 그러나 여러분은 부가적인(하지만 필수적인) 활동은 하고 싶지가

■   아메리칸 펀드는 캐피털 그룹의 자회사이다. (역주)

않아 보인다. 그러니 여러분과 우리가 힘을 합쳐 펀드를 시작하는 것은 어떤가. 우리는 사업적 운영과 유통을 맡고, 여러분은 펀드 자문으로서 투자에 집중한다. 펀드 신설과 사업적 운영에 드는 비용은 전액 우리가 부담하고 여러분은 한 푼도 들이지 않아도 된다.

그들은 내 아이디어에 호의를 보이면서 생각할 시간을 달라고 했다. 미치는 제휴 관계를 맺고 싶어 했지만 하위는 그런 식의 제휴 관계는 "우리의 사업계획에 없었던 것"이라며 우려를 표했다. 그러나 하위도 이내 마음을 바꾸고 "잭이 믿을 만한 사람이라면" 같이 일하자고 말했다. 젊은 시절 웰링턴에서 몇 년을 같이 일한 경험이 있었기에, 미치는 하위에게 자신과 나 사이에는 끈끈한 신뢰관계가 존재한다고 장담했다. 그렇게 해서 양쪽 모두 단 한 명의 변호사도 동석하지 않고, 단 한 줄의 서면 계약서도 주고받지 않은 채로 계약을 체결했다.

뱅가드 프라임캡 펀드 출시

뱅가드 프라임캡 펀드의 법인은 1984년 8월 20일에 설립되었고, 이사진과 중역진은 다른 뱅가드 펀드들과 동일했다(그때 뱅가드의 총자산 규모는 88억 달러였다). 신생 펀드의 초기 자본금이 10만 달러에 불과했기에 나도 내 사재를 털어 보태야 했다(현행법상 뱅가드 그룹은 산하의 펀드 주식을 소유하는 것이 불가능했다. 나로서는 안타까운 일이었다!). 마침내 필요한 투자자문 계약서에 쌍방이 정식으로 날인을 함으로써 1984년

11월 1일부터 프라임캡 펀드의 정식 투자 운용 업무가 개시되었다.

기록은 거짓을 말하지 않는다

프라임캡 펀드는 처음 몇 년은 성적이 아주 좋았다(그림 14.1 참조). 1984~1986년 프라임캡 펀드 수익률은 S&P 500을 약 16%포인트 상회했다. 그러다가 1987~1989년에는 지수를 25%포인트 밑도는 수익률을 내면서 휘청이다가 결국 출시하고 7년 동안 벤치마크보다 약간 저조한 성적을 내게 되었다. 내가 뱅가드 펀드의 동료 이사들에게 펀드 성적이라는 게 원래 부침이 심하다는 것을 제대로 숙지시키지 못한 탓이었는지는 모르지만, 여러 이사들은 내게 자문 계약을 종료해야 한다고 강요했다. 물론 나는 그들의 제안을 거절했다(그리고 그대로 밀어붙였다!).

나머지는 역대급 성적이었다. 처음의 부진을 딛고 이후 27여 년 동안 수익률에서 부침이 계속되기는 했지만 그건 어떤 펀드건 피할 수 없는 일이었다. 프라임캡은 그 27년 중 17년은 S&P 500을 웃도는 수익을 냈고, 나머지 10년은 S&P 500을 아주 근소하게 밑돌았다. 가장 부진했던 때는 1996년과, "신경제" 거품이 터지면서 시장 전체가 침체장의 소용돌이에 빠졌던 2001년과 2002년이었다. 하지만 회복세로 접어들고 나서 프라임캡은 연평균 17.4%의 수익률을 내면서 S&P 500의 연평균 수익률 12.8%를 압도적인 차이로 앞질렀다.

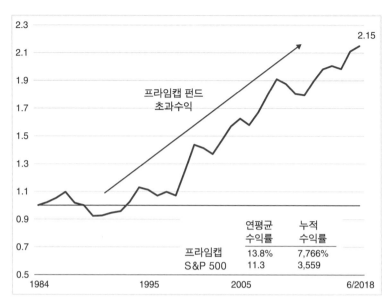

	연평균 수익률	누적 수익률
프라임캡	13.8%	7,766%
S&P 500	11.3	3,559

(그림 14.1) 프라임캡/S&P 500 상대누적수익, 1984~2018. 출처: 뱅가드, 모닝스타.

프라임캡의 초과수익에는
저비용 우위가 크게 기여한다

프라임캡 펀드가 성공을 거둔 데에는 저비용 펀드라는 우위도 크게 작용했다. 프라임캡의 2017년 비용비율은 0.33%로, 다른 대형성장주 펀드들의 비용비율 1.33%보다 무려 1%포인트나 낮다. 프라임캡의 통산 연수익률은 13.8%이고 경쟁 펀드는 10.5%이다. 연평균 수익률이 3.3% 포인트가 벌어지는 데 있어서 뱅가드 비용우위의 공헌도는 과거에는 약 40%였다(프라임캡의 비용비율이 낮은 것은 절반은 뱅가드의 영업 효율과 규모의 경제 때문이고, 절반의 원인은 펀드 자산 대비 자문수료율이 상대적으로 낮기 때문이다)**.

프라임캡 펀드가 투자자들의 관심을 끌기까지는 시간이 제법 걸렸다. 자산도 1992년이 되어서야 5억 달러를 달성했다(이때는 그 정도도 대단하다고 생각했다!). 그러다가 1994년에는 자산 규모가 10억 달러를 돌파했고, 조금씩 계속 늘어나다가 2001년 초에는 220억 달러가 되었다. 2004년부터 신규 계좌 개설을 중단했음에도 불구하고 시황과 수익률이 받쳐준 덕분에 프라임캡 펀드는 자산 규모 650억 달러로 네 번째 10년을 시작하게 되었다.** 모닝스타 "골드" 등급은 이 펀드의 성취에 바치는 찬가였다.

▌뱅가드의 기준, '4P'

▌뱅가드가 신생 성장주펀드 운용사로 프라임캡 자산운용사를 선정한 것은 순전히 운이 좋아서만은 아니었다. 프라임캡 자산운용사는 내가 정한 자문사 선정 기준에 부합하는 회사였다. 나는 1985년 프라임캡 펀드의 첫 연차보고서에 넣기 위해 주주들에게 보내는 회장의 편지를 적

■　　프라임캡 펀드가 성장하면서 비용비율은 급격하게 낮아졌다. 비용비율은 1990년부터 계속 줄어서 0.75%가 2018년에는 0.33%로 절반이 넘게 줄었다. 뱅가드의 영업비용은 0.24%에서 0.14%로, 프라임캡 자산운용사가 받는 자문수수료는 0.51%에서 0.19%로 내려갔다. 수수료율이 낮아졌지만 수수료로 지급하는 금액은 거액이다. 프라임캡 펀드, 캐피털 오포튜너티 펀드, 프라임캡 코어 펀드의 자문수수료로 뱅가드는 프라임캡 자산운용사에 2017년 한 해에만 총 1억 9,100만 달러를 지급했다.

■■　　프라임캡 펀드는 1995년 3월에 처음으로 신규 투자자에게 문을 닫았다가 1996년 10월에 다시 문을 열었다. 그리고 1998년 4월부터 2000년 4월까지 또 한 번 펀드 신규 가입을 중단했다.

으면서 자문사 선정 기준을 설명했다.

제휴 관계를 맺고 첫해에는 프라임캡 자산운용사의 프린서플 파트
너들과 업무 관계를 공고히 발전시키는 것이 중요했고 즐겁게 그 일
을 할 수 있었습니다. 우리가 프라임캡 자산운용사를 선택한 것은
'4P' 기준에 들어맞는 회사이기 때문이었습니다.

1. 사람People. 펀드의 매니저는 어떤 사람들인가? 프라임캡 매니저
   들은 자산운용 경력이 총합 85년에 빛나는 평판과 우수한 실력을
   갖춘 투자전문가들입니다.
2. 철학Philosophy. 그들이 이루려는 것은 무엇인가? 그들은 성장주 중심
   의 투자 철학을 실행에 옮깁니다(나는 프라임캡 매니저들이 2009~
   2017년에도 장기적 관점에서 시장을 바라보는 것에 흡족했다. 그 기간
   에 프라임캡 펀드 포트폴리오의 연평균 회전율은 7%밖에 되지 않았다).
3. 포트폴리오Portfolio. 그들은 어떤 방법으로 투자 철학을 실행하는
   가? 프라임캡이 운용하는 연금 포트폴리오는 여러 유형의 블루칩
   종목들이 혼합돼 있는데, 일부는 성장지향 성격의 종목, 일부는
   배당률이 높은 종목, 일부는 지배권 확보를 위한 공개매수 가능성
   이 있는 종목, 또 일부는 금리민감형 종목들입니다.
4. 성과Performance. 그들의 실적 기록은 어떠했는가? "과거의 성과"는
   첫째 기준이 아니라 마지막 기준이었습니다. 과거의 성과도 중요
   하지만, 앞의 세 기준부터 충족하는 것이 먼저였습니다. (나는 프
   라임캡이 경쟁 펀드를 앞지르는 시기도 있을 것이고 그러지 못하는 시

기도 있을 것이라고 경고했다. 화려한 예측보다는 단호한 통찰이 더 중요하다!) 우리의 목표는 경쟁력 있는 장기수익을 버는 것이니까요.

나는 이 4P가 시간이 검증해준 기준이라고 믿는다.

▍프라임캡의 역사를 기억하며

▍프라임캡 펀드 이사로서의 내 역할은 2000년 1월 31일에 끝났다. 하지만 그러고도 몇 년 동안 나는 펀드의 1999년 연차보고서에서 했던 약속을 지켰다. "나는 신생 뱅가드 펀드에서 계속해서 적극적으로 활발하게 움직일 것입니다…… (그리고) 프라임캡 펀드 주주인 여러분들의 이익이 지켜지는지도 날카로운 눈으로 주시할 것입니다".

그게 내가 한 일이었고, 나는 주주라는 한 개인으로서 그리고 펀드 수익률을 연구하는 한 전문가로서 프라임캡 펀드가 초과수익을 달성하는 모습에 무척이나 기뻤다. 2018년을 기준으로 프라임캡은 태어난지 34년이 지났다. 이 중에서 21년은 S&P 500보다 높은 수익을, 13년은 낮은 수익을 냈다. 프라임캡 펀드 수익률의 부침은 아무리 최고의 매니저일지라도 매해 시장을 이기기가 불가능하다는 사실을 다시금 떠올리게 한다. 그래도 이만하면 충분히 좋은 펀드가 아닌가? 그 증거가 바로 프라임캡의 통산 수익률 기록이다.

프라임캡과 뱅가드 캐피털 오포튜너티 펀드

1994년, 강세장의 기세가 한창 치달았던 때에 뱅가드 이사회가 내게 현재 운용 중인 펀드들보다 조금 더 공격적인 포트폴리오로 구성되고 상대적 예측 가능성도 낮은 주식형 펀드를 새로 만드는 게 어떻겠느냐며 의사를 타진해왔다.

나도 그 전략에 동의했다. 사실 그건 '투자'와 관련된 결정이 아니라 '마케팅'을 중시한 결정이기는 했다(거듭 말한다. 그때의 뼈저린 경험으로 나는 그런 식의 타협이 얼마나 어리석은 짓인지를 깨달았다). 이런 결정으로 1995년에 만든 펀드가, 결과에 대한 상대적 예측 가능성이 거의 없다시피 한 펀드 4개로 이뤄진 뱅가드 호라이즌 펀드 시리즈였다. 그리고 그 중 하나가 뱅가드 캐피털 오포튜너티 펀드였다.▪

내가 캐피털 오포튜너티의 포트폴리오 운용을 맡긴 공격적 자산운용사는 캘리포니아에 있는 휴직 캐피털 자산운용사 Husic Capital Management 였다(이러니 다른 누구도 아닌 다 내 탓일 수밖에!). 이 회사는 이미 뱅가드 모건 그로스 펀드의 포트폴리오를 운용 중이기도 했다. 휴직 캐피털은 조금은 더 유연한 투자 방식을 쓰는 것이 가능했는데, 심지어는 주가 하락에 베팅하는 공매도 가능했다. 공격적 전략은 실패로 끝났다. 1997년에 S&P 500은 +33%의 기염을 토했지만, 캐피털 오포튜너티 펀드의 총수익률은 −8%였다. 이게 정말인가 싶었다! 우리는 휴직 캐피털

▪ 뱅가드 캐피털 오포튜너티는 현재까지도 운용 중인 호라이즌 펀드 3개 중 하나이며, 다른 2개는 글로벌 에쿼티와 스트래티직 에쿼티이다. 4번째인 글로벌 애셋 앨러케이션 펀드는 2001년에 영업을 중단했다.

과의 자문 계약을 종료했고, 우리의 제안을 수락한 프라임캡이 캐피털 오포튜너티 펀드의 투자 운용권을 넘겨받았다.■

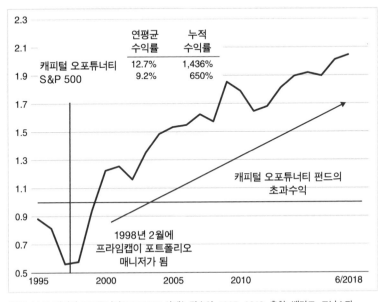

(그림 14.2) 캐피털 오포튜너티/S&P 500 상대누적수익, 1995~2018. 출처: 뱅가드, 모닝스타.

캐피털 오포튜너티 펀드의 수익률에 극적 반전이 일어났다. 처음 몇 년 휴직 캐피털이 운용할 때의 캐피털 오포튜너티 연수익률은 S&P 500 연수익률인 28.1%의 근처에도 못 가는 5.4%였다. 프라임캡 자산운용사가 운용을 넘겨받은 후 20년 동안 캐피털 오포튜너티의 연수익률은 14.1%였고 S&P 500의 연수익률은 7.1%였다(그림 14.2 참조).

■　　내 후임자도 프라임캡 운용사를 선택했다. 그건 나한테도 기쁜 결정이었다.

결론은 무엇인가? 이번에도 4P 기준을 지킨 보람이 있었고 모닝스타는 "골드" 등급을 매겨주었다. 프라임캡 자산운용사가 운용을 넘겨받은 1997년에 캐피털 오포튜너티 펀드는 자산이 6,300만 달러에 불과했지만, 지금은 170억 달러를 넘는다.

오늘날의 프라임캡 펀드 시리즈

프라임캡 펀드의 초대 포트폴리오 매니저 3명은 하위(세상을 떠났다), 미치(2013년 말에 캐피털 오포튜너티의 수석 포트폴리오 매니저를 끝으로 은퇴했다), 테오 콜로코트론스(지금도 프라임캡 자산운용사의 프린서플 파트너이다)였다. 지금은 조엘 프리드 Joel Fried, 앨 모더카이 Al Mordecai, 모 안사리 Mo Ansari 등 프라임캡 자산운용사의 견고한 투자 철학으로 중무장한 전문가들이 추가되어 프라임캡 펀드와 캐피털 오포튜너티 펀드의 포트폴리오 일부를 운용하고 있다. 고수익 행진으로 증명된 두 펀드의 성공은 이들 매니저 모두의 헌신적인 공헌이 있었기에 가능했다.

프라임캡 펀드와 캐피털 오포튜너티 펀드 외에 프라임캡 자산운용사는 뱅가드 프라임캡 코어 펀드 Vanguard PRIMECAP Core Fund 의 투자자문사도 맡고 있다. 2004년에 출시된 프라임캡 코어 펀드는 프라임캡 자산운용사의 운용 능력을 또 한 번 입증하고 있다. 출시부터 지금까지 프라임캡 코어 펀드의 연수익률은 10.6%로, 미국 종합지수의 수익률인 8.4%를 가뿐히 추월했다. 지금 자산 규모는 110억 달러이며 2009년 중반부터 신규 투자자를 받지 않고 있다.

요약

프라임캡과 처음 자문 계약을 맺은 1984년의 뱅가드 총자산은 90억 달러였고, 2018년의 총자산은 5조 달러이다. 이렇게 뱅가드 그룹의 자산이 증가하면서 많은 것이 달라졌지만, 프라임캡 펀드는 여전히 운용 자산 규모를 비교적 작게 유지하고 있다. 여기에는 이유가 있다. 뱅가드와 프라임캡 자산운용사가 쌍방 동의한 가운데 프라임캡 펀드와 캐피털 오포튜너티 펀드는 신규 투자자를 받지 않고 있기 때문이다. 그러니 당연히 두 펀드로 추가 유입되는 현금도 없다. 하지만 앞서 윈저 펀드와 마찬가지로 "황금알을 낳는 거위를 죽일 이유가" 없다. 차라리 자산 규모를 통제해서 프라임캡 이름을 단 두 펀드 포트폴리오 매니저들의 유연한 대처 능력을 보존시켜 주는 것이 훨씬 낫다.

오래전 창립 초기부터 우리는 우리가 책임을 져야 하는 유일한 대상인 주주들에게 신인의무를 다한다는 엄격한 원칙을 고수하며 펀드 회사를 운영했고, 그들과의 신뢰관계를 유지하려 최대한 노력했다. "좋았던 옛 시절"에서도 가장 좋았던 시절을 보낸 것이 뱅가드 프라임캡 펀드와 이후의 뱅가드 캐피털 오포튜너티 펀드였다.

1984년 큰 기대 없이 모험을 시작했던 프라임캡 자산운용사의 파트너들은 우리의 듬직한 친구가 되었고 성공도 이루었다. 대형 종합펀드 회사에 소수정예 매니저팀을 구성한 프라임캡 자산운용사는 우리를 믿고 돈을 예탁한 펀드 주주들에게 시장을 훌쩍 웃도는 수익을 안겨줌으로써 자신들 역시 적지 않은 수준의 자문수수료를 벌 수 있었다. 프라임캡 자산운용사는 뱅가드의 명성에 액티브 운용 펀드까지 훌륭하다는 광채를 더해주었다.

당연한 말이지만 과거의 뱅가드와 지금의 뱅가드는 다르다. 프라임캡도 과거의 프라임캡 자산운용사가 아니다. 나 역시 "과거만 들먹이는" 추태는 저지르지 않으려 한다. 그러기에는 투자 운용의 세계가 달라졌고, 금융시스템이 달라졌고, 미국이 달라졌고, 세상이 달라졌다. 사실상 세상의 거의 모든 것이 달라졌다. 그러나 우리가 우리의 자랑스러운 과거를 영광스럽게 생각하는 한, 그리고 우리의 투자 전략과 인간을 소중히 여기는 정신을 유지하는 한, 뱅가드는 상상할 수 있는 것보다 훨씬 먼 미래에도 경쟁사들을 능가하는 당당한 리더로 자리매김해 있을 것이다.

15장

채권형 펀드

뮤추얼펀드 산업 초기에는 채권형 펀드라고 할 만한 것이 없었다. 그러나 웰링턴 자산운용사에 입사한 이후부터 나는 채권으로 고정수입과 리스크 감소를 추구하고 주식으로 자본상승을 꾀하는 웰링턴 펀드의 혼합형 투자 철학을 주입받았고, 그 철학에 흠뻑 매료되었다.

그때만 해도 채권형 펀드는 펀드 산업에서의 비중이 아주 작았다. 1960년에 존재하던 총 161개의 뮤추얼펀드 중에서 채권형 펀드는 12개가 고작이었고, 펀드 자산 점유율은 6%였다. 그리고 1970년에 이르러서는 뮤추얼펀드 자료의 주요 출처 역할을 하는 와이젠버거 투자회사의 연례 간행물에 채권형 펀드 카테고리에 대한 데이터도 더는 실리지 않을 정도였다. 하지만 나는 역발상 투자를 중시하는 사람이었고, 1965년에 웰링턴 자산운용사의 CEO가 되었을 때도 웰링턴의 보수적 투자 라인업에 채권형 펀드를 추가해야겠다는 생각에는 흔들림이 없었다.

역발상 투자에 대한 내 확신은 대범한 논조의 신생 금융전문지인 〈인스티튜셔널 인베스터〉가 1969년 5월호에 채권을 맹비난하는 기사를 게재한 것을 보고서 더욱 강해졌다. 거대한 공룡 삽화까지 넣은 그 커버스토리의 제목은 "채권시장은 살아남을 수 있을 것인가?"였다. 간파하지 못하는 것이 더 어려운 메시지였다!

하지만 나는 1966년에 웰링턴 자산운용사와 손다이크, 도런, 페인 앤 루이스와 합병 결정을 내리는 순간에도 보수주의적 기질을 좀처럼 드러내지 못했다. 합병으로 새로 합류한 4명의 파트너들은 단명한 고-고 시대의 스타 펀드이고 공격적 성향이 강한 아이베스트 펀드를 운용하고 있었나(3장 참조). 아이베스트는 아주 잠깐 하늘을 빛냈다가 이내 다 타버리고는 재가 되어 서서히 흩날려 내리는 별똥별이었다.

1970: "채권은 어제의 것, 주식은 내일의 것?"

내 새 파트너들은 채권을 혐오하다시피했다. 1970년에 내가 채권형 펀드를 만드는 것은 어떠냐고 제안했을 때 그들 중 하나가 재빨리 반대 의사를 던졌다. "채권은 어제의 것이고 주식이 내일의 것이라는 걸 모르시나요?" 이때는 1972~1974년의 주식시장 붕괴가 일어나기 직전이었다. 하지만 나는 결국 동료들을 설득해서 60%의 채권과 40%의 배당주로 이뤄진 인컴펀드를 만드는 데 성공했다. 다행히 장기로 봐도 훌륭한 아이디어였다. 거의 반세기가 흐른 2018년 현재, 뱅가드 웰슬리 인컴 펀드의 총자산은 540억 달러이다.

그러다가 시대가 조금 달라졌다! 지금의 뱅가드 롱텀 인베스트먼트 그레이드 펀드Vanguard Long-Term Investment Grade Fund가 되는 뱅가드의 첫 "순수" 채권형 펀드가 1973년 7월에 탄생했다. 이렇게 해서 우리는 채권형 뮤추얼펀드 시장의 압도적 리더로 나아가는 차분한 첫걸음을 떼게 되었다.

1974년에 정식 펀드 그룹으로 출범한 뱅가드는 이사회 요구에 따라 산하 펀드를 직접 운용하지 못하고 웰링턴 자산운용사에 펀드 운용을 위임해야 했다. 하지만 CEO로서 내가 맡은 업무는 구체적으로 정해져 있었고, 자문사가 운용하는 펀드의 투자 성과를 평가하는 것도 당연히 내 책임 중 하나였다. 몇 달 전에 나를 해고했던 그 자문사의 투자 운용 성과를 평가할 수 있게 된 것이다(3장 참조). 바로 그 규정이 뱅가드 채권형 펀드 왕국의 모태가 되는 펀드의 탄생을 앞당겼다.

지방채 펀드: 문이 살짝 열리다

1974년 9월 뱅가드는 정식으로 영업을 시작했다. 다행히도 갓 태어난 뱅가드에도 내가 관심이 있던 채권형 펀드를 시작할 수 있는 뜻밖의 기회가 찾아왔다. 1976년 하원에서는 뮤추얼펀드가 지방채 이자수입을 이자소득세 없이 펀드 주주들에게 "이체"해도 된다는 입법안이 가결되었다. 지방채 펀드는 순식간에 새로운 투자 카테고리가 되어 날아올랐고 펀드 산업에서 영원히 한 축을 차지하게 되었다.

처음 만들어진 지방채 펀드들은 "운용형" 펀드들이었다. 5장에서도 설명했다시피, 이 운용형 지방채 펀드를 운용하는 포트폴리오 매니저들은 채권 시황을 독자적으로 판단해서 얼마든지 임의대로 만기가 긴 것이나 짧은 것으로 포트폴리오 구성을 바꿀 수가 있었다. 나는 이 전문가라는 사람들이 채권 가격의 핵심 결정요소인 금리 변화를 과연 시의적절하게 예측할 수 있을지 심히 의심스러웠다(2년 전 최초의 주식형 인덱스펀드를 만들게 했던 것과 똑같은 의심이었다).

그래서 뱅가드는 다른 접근법을 취했다. 우리는 장기/중기/단기로 구분되는 3개의 "만기구분형" 채권형 펀드 시리즈를 만들었다.■ 세 펀드 모두 만기 변화가 아니라 우량 신용등급인지에 초점을 맞추었으며, 투자자들은 자신들의 재무 목표에 부합하는 리스크와 채권수익률의 결합을 스스로 결정할 수 있었다.

■　뱅가드는 장기/중기/단기 지방채 펀드 외에도 하이일드 비과세 채권형 펀드와 기간제한부 비과세 채권형 펀드 상품도 제공한다. 또한 7개 주별 만기구분형 비과세 채권형 펀드도 운용하고 있다.

문이 활짝 열리다:
뱅가드, 채권형 펀드 운용사가 되다

혁신적인 해결책으로 뱅가드에게는 큰 경쟁우위가 생겼다. 채권형 펀드를 만기별로 3개로 구분했더니 '운용형' 지방채 펀드의 성과에 생기는 '잡음'이 꽤 제거되었다. 이 펀드들을 만기별로 구분해서 수익률을 비교하면 최저비용 펀드가 승자가 될 것이 분명했다.

뱅가드의 상호소유구조와 최저비용 체제에서는, 만기를 구분해서 채권형 펀드를 꾸리는 것이 확실한 전략이었다. 이렇게 해서 뱅가드는 소리소문 없이 최저비용의 채권형 펀드 회사가 되었다.

뱅가드의 만기구분형 전략이 완전하게 승기를 잡으려면 채권형 펀드 상품의 종류를 통제하고 펀드 성과에도 직접 책임을 지는 것이 필수였다. 지금이 적기였다. 시티뱅크가 운용하는 지방채 펀드와 웰링턴 자산운용사가 운용하는 MMF의 투자자문 권한을 뱅가드가 넘겨받을 때가 온 것이다.

다음으로 뱅가드는 산하의 어떤 펀드에 대해서도 직접 투자 운용을 하지 못한다는 창사 초기의 규정을 없애는 작업에 들어갔다. 고정수입 펀드는―채권형 펀드와 MMF―뱅가드가 액티브 투자 운용을 시작할 절호의 기회였다. 우리는 상황이 무르익어 거대한 도약이 가능해질 때까지 기다렸다.

뱅가드의 고정수입펀드 운용

최초의 만기구분형 채권형 펀드를 만드는 것은 단순하면서 탁월한 결정이었지만, 내가 고른 신생 뮤추얼펀드의 외부 운용사는 최악의 한 수였다. 우리는 펀드 운용사로 대형은행인 시티뱅크를 선택했는데, 안타깝게도 시티뱅크의 투자 운용팀은 자신들의 책무를 다하지 못했다. 1980년을 시작하면서 뱅가드는 계약 관계를 종료하기로 결정했다.

동시에 MMF(4억 2,000만 달러) 자산이 크게 늘어나면서 외부 운용사인 웰링턴에 꽤 거액의 수수료를 지급해야 했다. 나는 뱅가드 이사회에 도약을 권할 시기가 왔다고 판단했다. 시티뱅크가 아니라 뱅가드가 직접 지방채 펀드를 운용하고, MMF도 웰링턴에 맡기는 대신에 직접 운용하는 게 어떠냐고 제안했다.** 그러면서 뱅가드 자체의 운용팀도 구성하자는 말도 꺼냈다. 두 가지가 다 결의된다면 규모의 경제를 달성하기 위한 "임계량"에도 도달할 수 있을 것이 분명했다.

뱅가드 창립 헌장을 완전히 뒤집는 이 사안을 논의하기 위해 1980년 9월에 이사회가 소집되었다. 찬성도 있었고, 반대도 있었다. 일단 안정적인 수익을 내지 못하는 시티뱅크와의 투자자문 계약을 종료하고 뱅가드가 직접 지방채 펀드 운용을 맡는 안건에는 아무 반대가 없었다. 다른 한편으로, 주주들의 돈을 크게 아낄 수 있는 사안이었음에도 웰링턴 자산운용사와의 계약을 종료하려고 하니 케케묵은 편견이 걸림돌이 되

■■　개인적인 생각으로는, 1975년 뱅가드 S&P 500 인덱스펀드를 출시하면서 어쩌면 우리는 뮤추얼펀드의 투자자문사로 직접 활동하는 것을 가로막는 "얼음장을 깼다고도" 볼 수 있다.

었다. 더욱이 뱅가드 사내에 채권 운용 전문가팀을 유지하는 것에 대해서도 위험 부담이 크다는 말이 나왔다.

뱅가드, 모든 기능을 갖춘 종합펀드 회사가 되다

최종적으로는 사내에 채권형 펀드 운용 전문가팀을 꾸리자는 내 제안이 통과되었다. 운용팀 이름은 '뱅가드 픽스드 인컴 그룹'으로 정했고, 이것은 뱅가드의 영향력을 확장하는 또 하나의 중대한 도약이었다. 1980년을 마치면서 우리는 모든 기능을 갖춘 종합 뮤추얼펀드 회사가 되었다. 이로써 펀드의 경영지원과 유통서비스, 투자 운용을 책임지는 회사로 탈바꿈하게 된 것이다. 또한 우리는 만기구분형 포트폴리오의 개념을 새로 출시하는 과세형 채권형 펀드에도 적용하고 신생 사내 자문팀에게 그 펀드들의 운용을 맡기기로 했다.

채권형 인덱스펀드를 시작하다

픽스드 인컴 그룹의 초대 사업부장은 필라델피아의 지라드 은행 Girard Bank에서 영입한 이언 A. 맥키넌 Ian A.MacKinnon이었다. 그가 정기적으로 주관하는 월례 직원회의에는 나도 참석했다. 차분히 관찰한 결과 이 소수 정예의 자산운용 전문가팀은 책무가 지금보다 훨씬 늘어나도 거뜬히 감당할 수 있을 것이라는 확신이 들었다. 시간이 흘러 어느새 1986년이 되었을 때, 나는 뱅가드가 미국 채권시장 종합지수를 추종하는 인덱스펀드를 직접 운용해도 잘할 수 있을 것이라고 자신했다.

뱅가드 토털 본드 마켓 인덱스펀드의 탄생은 훗날 고정수입펀드 시장을 지배하게 될 또 다른 혁신의 시작이었다. 2018년 중반 픽스드 인컴 그룹이 운용하는 성격이 비슷한 두 채권형 펀드의—토털 본드 마켓 인덱스펀드와 토털 본드 마켓 인덱스펀드 II—통합 자산은 세계 최대 규모인 3,550억 달러이다. 채권형 펀드 상품들의 자산 합계액이 1조 달러인 뱅가드는 지금 고정수입자산 뮤추얼펀드 산업에서 명실상부 세계 최대 운용사이다.

뱅가드: 채권 운용의 압도적 리더

뱅가드는 직접 운용 펀드 라인업에 채권형 인덱스펀드를 추가하고 이어서 연달아 7가지 중요한 채권형 펀드들을 더 만들었다. 1991년에는 애드머럴 U.S. 트리저리 펀드 3개를(최저비용), 1993년에는 인터미디어트-텀 인베스트먼트-그레이드 펀드를(과세형), 1994년에는 쇼트-텀/인터미디어트-텀/롱-텀 채권형 인덱스펀드를 만들었다. 이 7개 펀드는 새로운 물결을 일으켰고, 느리지만 착실하게 성장하면서 2018년 초에는 통합 자산 규모가 1,500억 달러가 되었다.

뱅가드는 혼합형 재간접펀드인 라이프스트래터지 펀드와 타깃 리타이어먼트 펀드로 보유하는 약 1,500억 달러의 채권형 펀드 자산도 직접 운용한다. 그리고 MMF 운용 자산도 2,200억 달러가 넘는다. 뱅가드는 운용 총액에 있어서 다른 회사들은 비교도 되지 않는 세계 최대의 고정수입자산 뮤추얼펀드 회사이다(그림 15.1 참조).

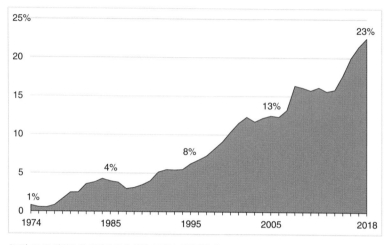

(그림 15.1) 뱅가드의 채권형 뮤추얼펀드 자산 시장점유율, 1974~2018. 출처: Wiesenberger Investment Companies, Strategic Insight Simfund.

업계 1위

채권시장 지수를 추종하는 인덱스펀드들과 만기구분형 채권 펀드들의 결합은(여기에 최저비용의 효과까지 더해졌다) 뱅가드를 채권형 펀드 시장의 굳건한 리더로 올려주었다(그림 15.2 참조). 30년 전 채권형 펀드 자산 점유율이 고작 4%에 불과하던 회사가 2005년에는 점유율이 13%로 올랐고, 2018년 지금은 2~4위 회사를 합친 것보다도 더 높은 23%의 시장점유율을 가진 회사가 된 것이다.

시간이 지날수록 투자자들이 채권형 펀드를 보는 시각도 달라졌다.

만기를 3개로(또는 그 이상으로) 구분하는 접근법이 산업 표준이 되었다. 뱅가드가 초기에 만들었던 지방채 펀드들은 2018년 중반에는 동종 펀드 시장에서 모두 10위권 안에 이름을 올렸다. 뱅가드의 과세형 채권형 펀드도 일찍이 1977년에 시작했던 혁신적인 만기구분형 전략을 따르고 있다.

	회사	자산 규모 (단위: 10억)	시장점유율
1	뱅가드 그룹	$1,041	23%
2	블랙록	418	9
3	핌코	329	7
4	피델리티	285	6
5	아메리칸 펀드	146	3
6	프랭클린 템플턴	134	3
7	T. 로 프라이스	115	2
8	누빈(Nuveen)	110	2
9	JP모건 펀드(JPMorgan Funds)	104	2
10	로드 애벗(Lord Abbett)	99	2
	기타	1,833	40
	총계	$4,612	100%

(그림 15.2)채권형 뮤추얼펀드 운용사, 2018년 중반.

채권형 인덱스펀드의 역할

뱅가드가 채권형 펀드 시장을 지배하게 된 원인은 무엇인가? 기록을 보면 분명하게 알 수 있듯이, 뱅가드 펀드 전반의 특징인 저비용과 채권지수를 모델링하는 인덱스펀드 전략에 주력함으로써 시장을 지배할 수 있게 됐다. 현재 시장에 존재하는 모든 채권형 펀드의 24%는 지수를 추종하는 인덱스펀드이고, 뱅가드는 이 채권형 인덱스펀드 부문을 지배한다. 뱅가드의 채권형 인덱스펀드 산업 시장점유율은 자산 가액 기준으로 58%인 반면에, 2위 채권형 펀드 운용사인 블랙록의 채권형 인덱스펀드 시장점유율은 24%이다.

비용이 낮을수록 수익률은 높아진다

지수연동투자 전략과 상호소유구조. 이 둘이 합쳐져 만들어진 거대한 비용비율 우위는 뱅가드가 채권형 펀드 시장을 지배하게 된 일등 공신이다(그림 15.3 참조). 뱅가드 채권형 펀드의 현재 연평균 비용비율은 0.17%에 불과하다. 2위 경쟁사의 0.27%보다 0.1%포인트(40%)가 낮으며, 산업 평균인 0.87%보다는 자그마치 0.70%포인트(80%)가 낮은 수치이다!

다른 조건이 동일하다면(현재는 만기구분형 채권형 펀드가 일반적인 표준으로 자리를 잡은 상태이므로) 비용비율이 낮은 채권형 펀드일수록 투자자에게 돌아가는 인컴수익이 당연히 더 높아질 수밖에 없다. 채권 투자자들에게 중요한 것은 결국 채권수익률이고, 뱅가드 채권형 펀드는 비교가 안 될 정도로 낮은 비용비율을 주요 원동력으로 삼아 우월한 수익률을 창출하고 있다. 더욱이 개인투자자는 물론이고, 임직원에게 불필요한 판매수수료를 부담하게 하고 싶지 않은 종업원저축제도 관리자들이 보기에는 뱅가드의 채권형 펀드가 판매수수료가 없다는 것도 큰 매력이다.

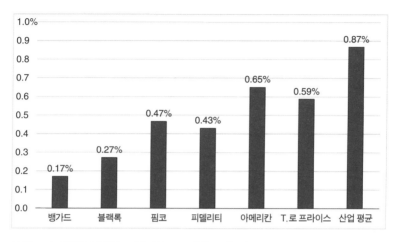

(그림 15.3) 채권형 뮤추얼펀드 비용비율, 2017. 출처: 모닝스타.

| "그건 초과수익이야, 멍청아"

제일 먼저 채권형 인덱스펀드의 비용비율과 액티브 운용 채권형 펀드의 비용비율을 비교해 보자.■ 총수익률 자체에서도 차이가 나지만, 액티브 운용 채권형 펀드의 경우에는 투자자들이 부담하는 비용비율로

■　뱅가드 액티브 운용 채권형 펀드의 비용비율은 산업 평균은 물론이고 뱅가드의 외부 운용 채권형 펀드보다도 낮다. 예를 들어, 운용자산이 250억 달러인 뱅가드 GNMA 펀드의 비용비율은 0.14%이다. 이 펀드의 외부 운용사는 웰링턴 자산운용사이고 지급하는 자문수수료율은 0.01%에 불과하다. 그렇다고 웰링턴이 자산운용사가 크게 손해를 보는 장사도 아니다. 웰링턴 자산운용사는 2017년에만 GNMA 펀드를 운용하고 자문수수료로 250만 달러를 받았고, 뱅가드 채권형 펀드 자산 1,400억 달러를 운용한 대가로 총 5,750만 달러의 수수료를 받았다.

인해 잠식되는 포트폴리오 수익률이 생각보다도 아주 크다는 것이 중요하다.

이 차이를 3개의 채권 카테고리별로 살펴보자. 액티브 운용 회사채 펀드의 업계 평균 총수익률은 3.05%이지만, 비용비율 0.78%를(총수익률의 26%) 아직 차감하기 전이다. 따라서 투자자에게 떨어지는 순수익률은 2.26%이다. 뱅가드 회사채 인덱스펀드의 총수익률은 3.22%이고 비용비율은 0.07%이다. 총수익률 잠식이 2%도 되지 않으며 투자자가 챙기는 순수익률은 3.15%이다. 액티브 운용 회사채 펀드보다 순수익률이 0.89%포인트(39%)나 높다는 결론이 나온다!

액티브 운용 국채 펀드에서는 총수익률의 평균 32%가 비용비율에 잠식되지만 뱅가드의 저비용 펀드는 3%만 잠식된다. 액티브 운용 지방채 펀드는 수익률에서 업계 평균 37%가 잠식되고, 뱅가드 저비용 펀드는 5%만 잠식된다. 리스크 노출을 전혀 늘리지 않았는데도, 투자자에게 돌아가는 순수익률이 2.26%에서 3.15%로(회사채 펀드), 1.63%에서 2.02%로(미국 국채 펀드), 1.35%에서 1.75%로(비과세 지방채 펀드) 올라갔다. 이쯤 되면 펀드 비용의 중요성을 무시하는 투자자는 바보 소리를 들어도 할 말이 없다.

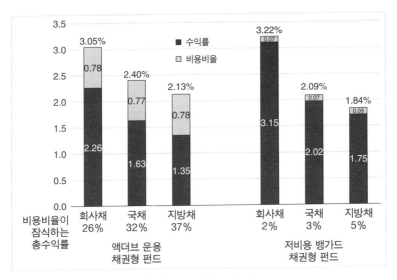

(그림 15.4) 채권형 펀드 수익률과 비용비율, 2018. 출처: 모닝스타.

▌판매수수료의 부담

▌판매수수료 역시 중요한 요소이다. 거의 모든 채권형 인덱스펀드는
판매수수료를 부과하지 않는 '노로드'를 기본으로 하지만, 2,300종에
달하는 셰어 클래스 액티브 채권형 펀드들을 구입하려면 브로커와 투
자자문사에 일정 비율의 판매수수료를 지급해야 한다. 오늘날 채권형
펀드의 판매수수료는 대략 1~4% 범위이고 평균은 2.5%이다. 2.5% 수
수료가 대수냐고 생각할 수도 있다. 그런데 2.5%의 수수료를 지급한다
면, 펀드를 보유하고 첫해에 발생하는 순인컴수익보다 더 많은 금액을
포기한다는 뜻이나 다름없다. 그런 희생을 해야 할 이유는 아무리 찾
아도 없다. 마지막으로, 신인의무가 뮤추얼펀드 운용사와 유통사들에게

업계 표준으로 자리잡게 된다면, 미래에는 많은 채권형 펀드가 판매수수료를 크게 인하하거나 없앨 수도 있다.

신인의무

뮤추얼펀드 매니저들과 이사들은 투자자의 이익을 가장 앞에 두어야 할 신인의무가 있다. 하지만 액티브 채권형 펀드의 총수익률이 비용비율로 인해 많게는 37%까지 잠식되고, 채권형 인덱스펀드에서는 그 잠식이 적게는 2%밖에 되지 않는다면, 우리는 이런 질문을 던지지 않을 수 없다. "그렇게나 수익률 잠식이 높은 자문계약을 승인한 펀드 이사들은 주주들에 대한 신인의무를 저버린 것인가? 이런 펀드를 유통하는 회사들은 신인의무를 위배한 것인가? 이런 펀드를 고객에게 판매한 브로커들은 고객의 이익을 가장 앞에 두지 않는다는 것인가?" 대다수 액티브 운용 채권형 펀드들의 펀드 비용이 지나치게 높아 인컴수익을 크게 잠식하다 못해 배보다 배꼽이 더 커지는 문제가 발생한 것에 대해 이제는 시장 참가자들이 진지하게 고민해야 할 시간이 되었다.

채권의 미래와 채권형 펀드

2018년 현재 채권 투자자들은 채권수익률이 갑자기 하향세를 그리더니 끝도 없이 떨어지기만 하고 채권 가격은 계속 오르기만 하는 상황을 맞이하고 있다.▪ 그리고 이렇게 된지 35년이 넘었다. 1981년을 마감할 때 14.6%였던 블룸버그 바클레이즈 종합채권지수 수익률이 현재는 그때보다 83%나 줄어든 3.3%이다(그림 15.5 참조).

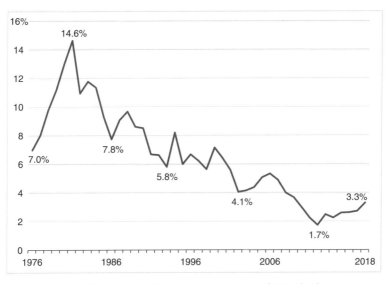

(그림 15.5) 블룸버그 바클레이즈 종합채권지수 수익률, 1976-2018. 출처: 모닝스타.

저금리 기조가 워낙 오래 유지된 탓에 일부 전문가들은 지금의 채권 가격에 거품이 껴있는 것이고, 조만간 거품이 터져서 수익률이 치솟고 가격은 떨어질 날이 올 것이라고 말한다. 금융시장에서는 어떤 일이든 다 일어날 수 있으므로 그들의 예측이 맞을지 틀릴지는 두고 봐야 한다.

▪ 채권수익률/채권금리와 채권 가격은 역의 관계에 있다. 채권금리와 수익률이 오르면 채권 가격은 떨어지고, 금리와 수익률이 내려가면 채권 가격은 오른다. (역주)

그러나 내게 채권 가격의 변화는, 가격이 등락할 때마다 단기 투기를 하는 사람들이나 걱정해야 할 일이다. 재무적인 미래를 준비하는 장기 투자자는 신경을 쓸 필요가 없다.

만약 어떤 투자자가 이표금리가 연 3%이고 만기가 30년인 미국 국채를 매입한다면, 그 계약은 그걸로 끝인 것이다. 투자자는 계약을 완료했기에, 만기까지 이자는 계속 지급된다. 거품이 끼고 말고 할 소지가 없다! 투자자는 채권에 약정된 이자를 반기마다 받게 되고, 만기가 되면 채권 액면가를 상환받게 된다.

대다수의 개인투자자는 채권을 장기적인 바이앤홀드 전략으로 접근해야 한다. 가격이 비교적 안정적인 단기채권과 인컴수익이 높은 장기채권의 균형을 적절히 맞추는 데 주력해야 한다. 가격의 일시적인 변동에서 단기 매매로 수익을 얻으려는 헛된 시도는 하지 말아야 한다.

오래된 저금리 기조에도 불구하고 채권형 뮤추얼펀드 산업은 크게 융성했다. 2017년에 채권형 펀드로 들어온 현금흐름은 총 3,350억 달러였으며, 이 금액의 절반이 조금 안 되는 1,620억 달러가 채권형 인덱스펀드로 유입되었다. 뱅가드의 장기 인덱스펀드 전략은 경쟁 펀드들이 따라오지 못하는 우위를 가지고 있으므로(저비용, 판매수수료가 없음, 인컴수익의 잠식이 적음) 인덱스 채권형 펀드의 순현금유입과 자산 규모가 기록적인 성장세를 이어가는 것은 물론이고 더욱 가속이 붙을 것이다.

뱅가드 채권형 인덱스펀드의 미래는 밝다

물론 금리는 변덕스럽고 예측이 불가능하며, 채권 신용등급도 투자의 중요한 열쇠이기는 하다. 다행히 뱅가드의 뛰어난 비용우위는 투자자 최우선주의의 단순한 상호소유구조와 압도적인 규모의 경제에 기반한다. 그렇기에 내 눈에는 뱅가드가 지금의 탄탄한 자산기반을 더 키우지 못한다거나, 채권형 펀드 산업에서 리더 자리를 유지하지 못한다거나, 채권시장에 영향을 미치는 당면 문제들에 대해 능동적으로 움직이는 참가자가 되지 못할 만한 이유가 단 하나도 보이지 않는다.

나는 무조건적인 낙관주의자가 아니다. 다가올 시대가 지금의 시대와 다를 것이라는 사실도 안다. 미래도 과거처럼 흘러갈 것이라고 믿고, 투자(그리고 인생)의 필연적 숙명인 불확실성을 무시하는 짓은 역사의 교훈을 망각하는 행위이다. 다가올 시대는 어떻게 달라질 것인지에 대해서는 3부에서 차분히 풀어보기로 하자.

16장

문제와 전망

뱅가드 그룹에서 가장 오래되고 규모가 큰 펀드들을 중심으로, 11장부터 15장까지 뱅가드 펀드의 역사를 돌아봤다. 흔들리지 않는 투자 철학을 갖춘 이 펀드들은 무사히 살아남아 투자자들에게 높은 이익을 안겨주었다. 하지만 나는 펀드 전략을 결정하거나 투자자문사를 선택하기만 하면 쉽게 성공이 보장된다는 식의 인상을 주고 싶지는 않다.

앞에서 판단 착오가 있었던 두 사례(뱅가드 스페셜라이즈드 포트폴리오(1984)와 뱅가드 호라이즌 펀드(1995))를 생각해 보면, 마케팅만을 중시하며 만든 펀드는 투자자들에게 아무 도움도 되지 못하는 것을 알 수 있다. 그리고 이런 잘못된 결정은 펀드를 만든 운용사에도 장기적으로 이익이 되지 않는데, 실망하고 분노한 투자자들이 계속 남아 있어 줄 리가 없기 때문이다.

뱅가드가 실패한 펀드 중 망하기 직전까지 여러 해, 심지어는 몇십 년은 운용 실적이 좋았던 펀드들도 있었다. 그럼에도 이 펀드들이 실패한 이유는 전제가 잘못되어서가 아니라 실행이 잘못되었기 때문이었다. 나는 뱅가드 펀드들의 역사를 되짚어 보는 이번 2부를 마감하기 전에 실행 잘못으로 실패했던 펀드 두 개를—뱅가드 U.S. 그로스 펀드와 뱅가드 애셋 앨러케이션 펀드—자세히 분석해볼 것이다. 그런 다음에는 기회주의적 성격이 짙고 타이밍 잡는 데도 무참히 실패했던 뱅가드 그로스 에쿼티 펀드에 대해서도 고찰할 것이다.

뱅가드 U.S. 그로스 펀드

뱅가드 U.S. 그로스 펀드의 전신은 앞서 나온 내 보스턴 출신 파트너들이 1959년에 출시한 아이베스트 펀드였다. 아이베스트 펀드는 1960년대에 가치가 치솟았다가 1970년대에 폭락했다. 1982년에 우리는 아이베스트 펀드 포트폴리오를 두 개로 쪼개 뱅가드 U.S. 그로스 펀드와 뱅가드 인터내셔널 그로스 펀드로 만들었다. 두 펀드 모두 조만간 웰링턴 자산운용사와의 투자자문 계약을 종료하고 새 자문사를 물색하기로 했다.

우리는 나름 현명한 선택을 했다. 뱅가드 U.S. 그로스 펀드 자문사로는 시카고 소재 자산운용사이며 노련한 투자 운용 전문팀을 갖춘 링컨 캐피털 자산운용사Linclon Capital Management를 선택했다. 링컨 캐피털은 1987년 8월 31일 자로 펀드 운용을 시작했고, 딱 6주 뒤인 1987년 10월 19일 월요일에 주식시장이 붕괴했다. 그 유명한 블랙먼데이였다. 그날 하루에만 S&P 500가 23% 떨어졌다. 그러나 링컨 캐피털의 대표이사이자 펀드 업계의 전설이라고 불리는 U.S. 그로스 펀드의 신임 포트폴리오 매니저 J. 파커 홀 J.Parker Hall은 동요하지 않았다. 그는 오랫동안 성장주 위주로 포트폴리오를 구성해왔고, 그만큼 변동성이 높은 장을 여러 번이나 겪은 바 있었다.

1987년 중반에 펀드 운용을 시작한 후부터 파커 홀과 링컨 캐피털의 운용팀은 줄곧 좋은 성적을 냈다. 2000년 중반까지 14년 동안 U.S. 그로스 펀드는 연평균 수익률 17.1%라는 인상적인 기록을 달성했고, 벤치마크인 S&P 500의 연수익률은 15.6%였다. 펀드 자산 역시 링컨 캐피털이 운용하는 동안 1억 5,000만 달러에서 190억 달러로 늘어났다.

그러다가 수익률이 미끄러지기 시작했다. 파커 홀은 2001년 중반, 신경제의 IT 종목들이 고공낙하가 한창이고 주식시장에 지옥문 빗장이 열리던 시점에 은퇴했다. 2000년 8월 고점 대비, 2001년 6월 링컨 캐피털과의 자문 계약을 종료한 시점에 U.S. 그로스 펀드의 가치는 44%가 떨어져 있었다. 같은 기간 S&P 500의 하락은 14%였다.

교체한 투자자문사의 실패

U.S. 그로스 펀드에 문제가 생기기 시작한 것이나 자문사를 교체한 것은 내가 뱅가드 CEO 자리에서 물러난 이후의 일이었다. 하지만 기록에 따르면 뱅가드는 2001년 6월에 링컨 캐피털과의 계약을 끝내고 얼라이언스 캐피털 자산운용사Alliance Capital Management와 새로 자문계약을 맺은 것으로 나온다. 우연인지는 모르지만 얼라이언스가 펀드 운용을 시작한 직후에 나는 신임 포트폴리오 매니저인 얼라이언스의 존 블루딘John Bludin을 만나게 되었다.

나는 플로리다주 웨스트팜비치 호텔에서 저녁에 연설을 할 예정이었고, 그전에 리셉션장에서 존과 나는 잠깐 흥미로운 대화를 나누었다. 존이 말했다. "제가 S&P 500을 이기지 못할 거라고 생각하신다면서요?" 나는 어물쩍 넘기며 대답했다. "그건 누구나 다 힘든 일이니까요". 그가 충분히 정중하게 내딥했다. "제 성과 기록을 보셨나요?" (나는 그가 한때 스타매니저였다는 것만 알고 있었다).

투자자문사를 바꾼 후 곧바로 U.S. 그로스 펀드 주주들에게는 악몽 같은 나날이 이어졌다. 2001년 고점부터 2002년 저점까지 S&P 500의 누적수익은 무려 −40%였고 U.S. 그로스 펀드는 이보다도 훨씬 심각한 −70%였다. 뱅가드는 2010년에 얼라이언스와의 자문계약을 종료했다.

이후 U.S. 그로스는 복수 운용사 전략을 택해서 윌리엄 블레어 투자 운용William Blair Investment Management, 베일리 지포드 오버시즈Baillie Gifford Overseas, 제니슨 어소시에이츠Jenison Associates, 잭슨 스퀘어 파트너스 Jackson Square Partners, 웰링턴 자산운용이 펀드 포트폴리오를 분담해서 운용했다. 2010년부터 U.S. 그로스는 연평균 수익률 18.7%를 기록하면서 S&P 500(16.4%)과 대형성장주 펀드의 평균(16.7%)을 훌쩍 앞질렀다.

U.S. 그로스 펀드의 성공과 실패, 그리고 재성공을 보면서 4가지 교훈을 얻을 수 있다. (1)과거에 성과가 좋았던 투자 운용사라고 해서 매매를 영원히 성공적으로 하는 것은 아니다. (2)운용사의 전략이 실패해서 새 운용사로 교체하려 할 때는 행운을 빌어야 한다. (3)운용사의 과거 수익률이 미래의 수익률을 보장해준다고 믿는 것은 바보짓이다. (4)뱅가드는 복수 운용사 전략에서 대체로 좋은 효과를 보았지만, 이것은 만병통치약이 아니다. 만병통치약 따위는 존재하지 않는다.

그림 16.1은 S&P 500 지수 대비 뱅가드 U.S. 그로스 펀드의 상대누적수익을 보여준다. 일단 제일 먼저 1961년에 각각에 1달러를 투자했다고 쳤을 때 U.S. 그로스 펀드와 S&P 500 지수의 누적수익을 계산한다. 그런 다음 S&P 500에서의 수익을 펀드의 수익으로 나눈다. 선이 올라가면 U.S. 그로스 펀드가 초과수익을 냈다는 뜻이고, 선이 내려가면 지수를 밑도는 수익이 나왔다는 뜻이다. 나는 이런 식으로 비교하는 차트를

"겹쳐보기1/1, one over one" 차트라고 부른다. 사용해보니 뮤추얼펀드의 장기적인 성공이나 실패를 평가할 때 매우 효과적이었다.

57년 동안 한 펀드와 S&P 500의 누적수익이 각각 11,990%, 20,269%라는 결과를 한눈에 보게 된다면 펀드 주주들의 기분이 좋아질 턱이 없다(나도 상대수익이 0.64 이하인 차트는 거의 본 적이 없었다). 더욱 놀라운 사실은 이 도표가 평균회귀를 적나라하게 보여준다는 사실이다. 1960년대 말과 1970년대 초 고-고 시대에는 아이베스트도 엄청난 상승을 이루면서 S&P 500의 거의 두 배나 되는 누적수익을 기록했다. 그리고 평균회귀가 일어났고, 1973~1974년의 침체장의 늪에서 빠져나오지 못하면서 U.S. 그로스 펀드는 시장 발끝에도 못 미치는 성과를

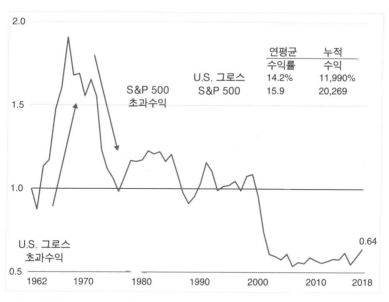

(그림 16.1) 뱅가드 U.S. 그로스 펀드/S&P 500 상대누적수익, 1961~2018.

냈다.

2000년 초 침체장에서 맹타를 입은 뱅가드 U.S. 그로스 펀드는 돌덩이처럼 추락했다. 약간의 초과수익이 발생하는 중기사이클을 두어 번 거친 후에 찾아오는 실적 저조 기간은 펀드 투자자들에게는 재앙의 전주곡이었다. 이후로 이 펀드는 S&P 500을 크게 밑돌지도 웃돌지도 못하면서 시장을 아주 약간만 앞서나가는 상태만을 쭉 유지했다.

뱅가드 애셋 앨러케이션 펀드

뱅가드 애셋 앨러케이션 펀드의 탄생도 그렇게 순탄하지만은 않았다. 나는 전설적인 퀀트 투자자인 윌리엄 L. 파우스와 그가 세운 회사인 멜론 캐피털 자산운용사Mellon Capital Management의 장기 기록에 깊은 인상을 받았다. 그래서 새로 만들 자산배분 펀드의 자문계약을 멜론 캐피털과 체결하고 싶은 마음이 간절했다.

이 신생 펀드는 규정에 따라 투자자문사가 전술적 자산배분에 한해서는 완전한 재량권을 가질 수 있었다. 다시 말해, 자문사가 미래에 높은 수익을 거둘 것이라고 확신한다면 주식과 채권 배합을 임의로 변경할 수 있었다. 뱅가드의 이사들은 이런 성격의 펀드가 과연 장기적으로 성공할 수 있을 것인지에 대해 대단히 회의적이었지만, 이내 꺼림칙한 마음을 접고 펀드 설립을 승인했다.

1988년 11월 3일 뱅가드 애셋 앨러케이션 펀드가 영업을 개시했다. 애셋 앨러케이션 펀드의 자산배분 기본값은 주식 60%(S&P 500 지수),

미국 장기국채 40%였다. 멜론 캐피털은 미국 장기국채 수익률과 S&P 500의 어닝스일드earnings yield[■]의 스프레드를 주요 근거로 삼아서 포트폴리오의 주식 비중을 올리기도 하고 내리기도 했다. 뱅가드가 이 펀드의 성공을 평가할 때 사용한 비교 척도는 S&P 500 지수 60%/미국 종합채권지수 40%로 자산배분을 고정한 혼합형 포트폴리오였다.

이렇게 수익률을 비교하는 방법론은 너무 단순해서 일관된 초과수익을 내기는 힘들 것처럼 보일 수 있다. 하지만 실제로는 대단히 성공적이었다! 1989~2007년까지 거의 20년 동안 뱅가드 애셋 앨러케이션 펀드는 11.2%의 연수익률을 달성하면서 자산배분 비율 주식 60/채권 40 포트폴리오의 연수익 10.0%와는 큰 격차를 보였다. 2007년 말에 펀드 자산은 116억 달러로 성장했다.

성공은 계속되지 않았다

그런데 갑자기 멜론 캐피털의 방식이 힘을 잃는 사건이 일어났다. 역사상 고점이었던 주식시장이 정말로 반 토막이 나던 2007년 말의 그 순간에 하필이면 애셋 앨러케이션 펀드 포트폴리오의 주식 비중은 100%였다. 그때는 내가 뱅가드 그룹 CEO가 아니었기 때문에 어떻게 그런 일이 일어날 수 있었는지 설명할 만한 입장도 아니다.

2008년에 펀드 수익률은 -36.3%로, 벤치마크인 주식/채권 혼합

[■]   순이익을 주가로 나눈 값. 주가수익비율(PER)의 반대 개념이다. (역주)

의 −22.2%보다도 훨씬 심각한 수준이었다. 2009년과 2010년에도 애셋 앨러케이션은 바닥을 뚫고 내려간 손실을 회복하는 데 실패했다. 2007~2011년까지 꼬박 4년 동안 펀드의 누적수익은 −13.7%인 반면에, 주식/채권 지수를 혼합한 벤치마크의 수익률은 +10.0%였다. 2012년을 시작하면서 펀드 자산은 20억 달러를 아래까지 내려갔고, 뱅가드 경영진은 이 펀드를 주식 60/채권 40으로 자산배분을 고정한 뱅가드 밸런스드 인덱스펀드와 합치기로 결정했다.

그림 16.2의 겹쳐보기 도표에서 볼 수 있듯이 애셋 앨러케이션 펀드의 통산 누적수익은 주식 60/채권 40의 밸런스드 인덱스펀드의 누적수익과 거의 정확히 일치했다(오른쪽 최하단의 숫자 0.97은 1.0에 근접하며, 이것은 두 누적수익이 완벽하게 매칭된다는 것을 보여준다).■ 1996년까지는 내내 상승하다가 두 번 내리막을 겪더니 2006년까지는 다시 내내 오르막이었다가 이내 침몰했으니 롤러코스터나 다름없었다. 멜론 캐피털의 전략은 효력을 상실했고, 애셋 앨러케이션 펀드는 종국에는 2012년 초에 뱅가드 밸런스드 인덱스펀드에 합병되었다.

■　뱅가드 밸런스드 인덱스펀드를 출범한 1993년 이전의 연평균 수익률은 추종 벤치마크인 주식 60/채권 40으로 포트폴리오를 구성했을 경우를 가정해서 계산했다.

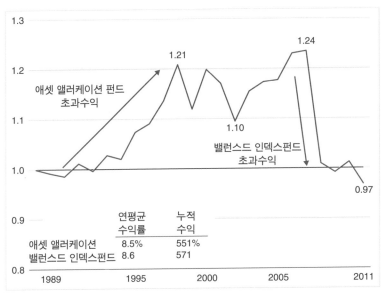

(그림 16.2) 애셋 앨러케이션/밸런스드 인덱스펀드 누적수익, 1989. 출처: 뱅가드, 모닝스타.

뱅가드 그로스 에쿼티 펀드

1983년에 "신생" 뱅가드 U.S. 그로스 펀드를 만든 것이나 1988년에 뱅가드 애셋 앨러케이션 펀드를 만든 것이 내 책임이라는 것은 인정한다. 다만, 1996년부터는 두 펀드의 책임 소재는 내 손에서 벗어난 일이었다. 뱅가드 그로스 에쿼티 펀드 출시는 나와는 아무런 상관도 없다. 뱅가드는 2000년 3월 주식시장이 꼭대기에 오른 직후에 이 펀드 신설을 발표했고, 이것은 내가 뱅가드 CEO에서 퇴임하고 4년이나 지난 후였다.

뱅가드 그로스 에쿼티 펀드는 1992년 터너 그로스 에쿼티 펀드 Turner Growth Equity Fund로 금융계에 첫발을 내디뎠고, 이 펀드의 투자자문사이기도 한 터너 인베스트먼트 파트너스Turner Investment Partners가 설립했다. 뱅가드에 합병되기 전 그로스 에쿼티 펀드는 신경제 거품 속에서 연일 상승 행진을 보이는 기술주에 집중적으로 투자했다. 또한 연평균 23.4%의 놀라운 수익률을 기록하면서 S&P 500 지수의 연평균 수익률 19.4%를 먼발치로 따돌리고 있었다.

하지만 터너 인베스트먼트에 속해 있을 때의 펀드는 자산기반을 적은 수준으로만 유지했는데, 1999년 말이 다가올 때도 펀드 자산은 2억 달러 정도가 고작이었다. 뱅가드는 그로스 에쿼티 펀드를 뱅가드 그룹으로 편입시키고, 감독은 뱅가드 이사회와 산하의 포트폴리오 리뷰 그룹이 맡으며, 투자자문사로는 터너 인베스트먼트를 이용할 생각이라고 제안했다.

▌과거는 미래의 전주곡이 아니었다

▌합병의 이유는 그로스 에쿼티 펀드의 과거 수익률 기록을 발판 삼아 이 펀드의 몸집을 크게 불리기 위함이었다. 하지만 뱅가드는 미래가 과거처럼 흘러가지 않는 다는 바보처럼 망각했다. 기술주 펀드를 또 만들어서 한때의 유행에 올라타려 한 것이었을 것이다. 그러다 기술주 거품이 터졌고 그로스 에쿼티 펀드는 무너졌다.

펀드를 합병하고 처음 2~3개월은 단기 수익을 추구하는 투자자들과 투기꾼들에게서 매달 수억 달러의 현금이 유입되었다. 자산은 1999년 말 2억 달러에서 2001년 초에는 근 10억 달러 수준까지 늘어났다. 그러나 기회주의 투자자들의 희망은 채워지지 못했고, 터너와 뱅가드의 평판에도 얼룩이 묻었다. 2000년부터 시장이 저점을 기록한 2003년 초까지 그로스 에쿼티 펀드의 누적수익은 −61%였고, 벤치마크인 S&P 500의 누적수익은 −38%였다. 펀드 투자자들로서는 도저히 용서가 안 되는 참패였다.

2002년 말이 되었을 때 그로스 에쿼티 펀드의 자산은 5억 4,000만 달러로 쪼그라든 상태였다. 그때를 기점으로 다시 상승하기 시작해서 2007년 말에는 12억 달러가 되었지만(주식시장 상승이 주요 이유였다), S&P 500이 또 한 번 50% 하락하면서 펀드 자산은 5억 달러로 추락했다. 이즈음 펀드 수익률은 S&P 500을 어느 정도 근접하게 따라잡았지만, 접근법은 뱅가드가 인수했을 때와는 크게 달라져 있었다. 뱅가드 그로스 에쿼티 펀드는 2014년 2월 24일 뱅가드 U.S. 그로스 펀드에 합병되면서 펀드 영업의 막을 내렸다.

그림 16.3에서도 보이듯이 그로스 에쿼티 펀드는 신경제 주식이 초강세일 때는 폭발적인 초과수익을 기록했다. 하지만 뱅가드가 터너로부터 펀드를 인수하고 나서 언제 그랬냐는 듯 곧바로 수익률이 무너지기 시작했다. 이후 수익률은 단 한 번도 과거의 전성기로 돌아가지 못했다.

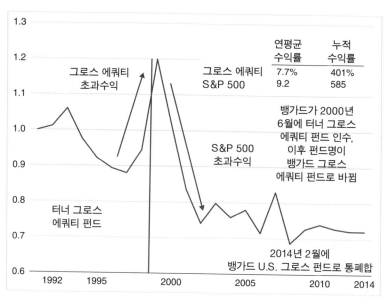

그로스 에쿼티 펀드/S&P 500 상대누적수익, 1992-2014. 출처: 뱅가드, 모닝스타.

3개의 슬픈 이야기, 3개의 실패한 펀드

U.S. 그로스 펀드와 애셋 앨러케이션 펀드의 투자자문사를 선정한 이유라든가 내 후임자들이 그로스 에쿼티 펀드를 인수하기로 결정한 이유에 대해선 마지막 변론만은 덧붙이고 싶다. "펀드는 힘든 사업이다". 톨스토이의 말마따나 "가끔은 최고로 유능한 장군도 실수를 저지른다". 그렇긴 해도 다음의 7가지 교훈을 철저히 따른다면 실수를 최소화할 수 있을지도 모른다.

(1)조금 더 신중히 판단하라. (2)펀드 포트폴리오의 보유 종목을 조금 더 철저히 검토하라. (3)대부분은 펀드 수명이 포트폴리오 매니저의

재직 기간보다 길다는 사실을 잊지 마라. (4)마케팅 차원에서 좋은 결정이 투자 차원에서도 좋은 결정이 되기는 힘들다는 사실을 이해하는 지혜를 갖춰라. (5)과거의 수익률이 미래의 수익률을 보장하지는 않는다. (6)"검으로 흥한 자, 검으로 망한다". (7)"상대적 예측 가능성"이 중요하다. 과거를 이해한다면 우리는 미래에 똑같은 실수를 재탕하는 것을 막을 수 있다.

그렇다면 투자자들은 이 7가지 함정에 대한 성공적인 해결법이 궁금할 것이다. S&P 500 등의 지수를 추종하는 전통적 인덱스펀드를 이용하면 된다. 이것은 내가 뱅가드의 반세기 역사 내내 입버릇처럼 말해왔던 것이기도 하다. 너무 단순한 방법처럼 들릴 수도 있다. 하지만 투자자/주주의 입장에서도, 뱅가드의 입장에서도, 가장 이득이 되는 해결법은 전통적 인덱스펀드였다.

│ 바뀌는 자산 구조

마지막으로 한 가지만 더 짚고 넘어가자. 2부의 뱅가드와 그 전신인 웰링턴 자산운용사에서 두 회사를 지배했던 펀드들은, 시대마다 접근법이 전혀 달랐다는 사실을 눈치챘을 것이다. 예를 들어서 1928~1958년까지는 하나의 혼합형 펀드가 자산기반의 100%를 차지했지만, 2018년에 뱅가드 자산 중 액티브 운용 혼합형 펀드의 점유율은 4%에 불과하다.

액티브 운용 주식형 펀드는 1979년에는 뱅가드 자산의 45%를 차지하며 가장 점유율을 보였지만, 2018년에는 9%에 불과하다. 액티브 재권형 펀드는 1986년에 39%로 최고 비중이었지만, 2018년에는 9%이다. 1999년에는 머니마켓펀드가 자산의 39%를 차지했지만, 2018년에는 5%가 고작이다. 인덱스펀드는 1975년에 점유율 0%였지만, 2018년에는 총자산의 74%를 차지하는 뱅가드 최대의 자산이다.

카테고리	뱅가드 자산에서의 최고 점유율	현재 뱅가드 자산에서의 점유율
액티브 혼합형 펀드	100% (1929~1957)	4%
액티브 주식형 펀드	45 (1979)	9%
액티브 채권형 펀드	39 (1986)	9%
머니마켓펀드	39 (1990)	5%
인덱스펀드	74 (2018)	74%

(그림 16.4) 뱅가드 자산 배합, 2018. 출처: Wiesenberger Investment Companies, Strategic Insight Simfund.

인덱스펀드는 1990년이 되어서야 간신히 뱅가드 자산의 6% 수준으로 올라섰다. 처음에 다양한 전략과 여러 "상품"으로 공략한 덕분에 우리는 지수추종 전략이 빛을 발하기 전까지 목숨줄을 부지할 수 있었다. 더 나아가 현재 뱅가드 자산에서 74%를 차지하는 인덱스펀드 비중이 미래에 더 늘어나지 못할 이유가 없다고 생각한다.

뱅가드는 물론, 다른 회사의 인덱스펀드들도 미래에는 엄중한 도전에 부딪힐 것이다. 지금의 주식 밸류에이션은 역사적 평균보다 높기 때문에, 역사적 수익률이 반복될 것이라 기대하지는 않기를 바란다. 실망스러운 결과를 피하지 못할 것이다. 더욱이 인덱스펀드 자산은 세 개의 회사—뱅가드, 블랙록, 스테이트스트리트—에만 집중돼 있어서 이 세 개 펀드사의 기업 보유 지분이 늘어나는 것도 문제의 소지가 되기에 다분

하다. 이런 도전에 대해서는 3부 "투자 운용의 미래"에서 자세히 논하기
로 하자.

3부

투자 운용의
미래

1부와 2부에서는 뱅가드 및 뱅가드 주요 펀드의 역사를 고찰했다. 이번 3부에서는 다른 방향으로 접근해 투자 운용의 미래를 논하려 한다. 블루칩 증권 위주의 분산투자 포트폴리오 상품을 제공하는 부티크 회사^{Boutique Firm}■부터 시작해, 고공행진 종목들이 넘쳐난 고-고 시대, 머니마켓펀드의 부상, 스타 펀드 매니저 개인에 대한 숭배, 전통적 인덱스펀드^{TIF}가 불씨를 지피고 상장지수 인덱스펀드^{ETF}에 의해 활활 타오른 인덱스 혁명의 시대에 이르기까지, 뮤추얼펀드 산업의 역사는 끝없는 변화의 역사였다. 다가오는 미래에도 좋은 쪽으로든 나쁜 쪽으로든 역사는 계속해서 변화할 것이다.

3부에서는 투자 운용 사업이 미래에 직면하게 될 3개의 중요한 도전을 예측하려 한다. 17장에서는 대형 뮤추얼펀드 회사들이 펀드 주주의 이익을 최우선에 두기 위해서는 '상호화'되어야 할 필요에 대해 논할 것이다. 18장에서는 종합지수 추종 펀드들의 생존 자체를 위협하는 오도성 학계 연구로부터 지키기 위한 싸움과, 지금처럼 인덱스펀드가 기업의 대주주가 되는 것이 어떤 의미가 있는지를 논하려 한다.

마지막으로 19장에서 나는 뮤추얼펀드 산업만이 아니라 현존하는 모든 형태의 자산운용기관에 큰 영향을 미칠 수 있는 새로운 연방법안의 출현에 대해 이야기하려고 한다. 예상이기에 나는 이런 잠재적 법령에 "2030년 금융기관법^{Financial}

■ 맞춤형 상품을 제공하는 소형 금융회사. (역주)

Institutions Act of 2030"이라는 가칭을 붙였다. 여기서 2030년은 내가 임의로 추측한 해일 뿐 큰 의미가 없다. 새로운 연방 금융법이 등장하면, 현재는 유명무실해진 "폐쇄형" 펀드 운용사들의 행동을 규제하려 제정되었던 '1940년 투자회사법 Investment Company Act of 1940'을 대체하게 될 것이다. 1940년 투자회사법은 지금의 자산운용사들이 직면한 난제를 대부분 무시했는데, 그중 대표적인 것이 인덱스펀드가 기업 대주주가 되면서 생기는 문제였다. 19장의 끝에 새롭게 생겨나는 다른 중요한 문제들도 담았다. 내 나름으로는 3부에서 다소 격렬한 논조로 말한 3개 장의 내용이 결국에는 "투자자 이익을 최우선에 둔다"라는 하나의 주제로 통합되고 있음을 밝힌다.

17장

펀드 산업의 상호화

뮤추얼펀드 산업: 1951~2018

이번 17장의 첫머리로는 내가 1951년에 쓴 프린스턴대학교 졸업논문의 마지막 문장이 가장 적절하다고 본다.

(뮤추얼펀드는) 두 가지 기능을 수행함으로써 맡은 바 경제적 역할을 최대치까지 다할 수 있다. 첫 번째 기능은 경제 성장에 기여하는 것이고, 두 번째 기능은 기관투자자만이 아니라 개인투자자도 경제 성장에서 정당한 자기 몫을 가져갈 수 있게 해주는 것이다.

뮤추얼펀드 산업은 내가 1950~1951년에 분석했을 때만 해도 25억 달러의 작디작은 시장이었지만, 2018년 현재 20조 달러의 초거대 산업으로 성장했다. 뮤추얼펀드가 소유한 미국 대기업의 의결권 주식 지분은 1951년에는 1%였지만, 지금은 그때와는 비교도 안 되는 수준인 약 30%로 늘어났다. 2차 세계대전 이후를 출발점으로, 주식의 가치가 오랫동안 무섭도록 올라간 덕분에 펀드 산업도 비약적으로 성장했다. 하지만 그만큼 성장했음에도 뮤추얼펀드 회사들은 투자자들에게 그에 필적하는 만큼의 합당한 몫을 챙겨주겠다던 암묵적인 약속을 충실히 이행하지 못했다. 몫을 챙겨주기는 했지만, 정당한 몫은 아니었다.

부를 늘려주는 데 실패하다

미국에서 최초의 뮤추얼펀드가 법인 인가를 받은 지 어언 한 세기가 흘렀다. 하지만 뱅가드를 통해 "주식 수익은 결국 기업에 의해 만들어지

고, 금융시스템은 이런 수익의 가치를 뺏아간다"는 자명한 진실이 입증
되었지만, 투자자들이 이 진실을 완전히 받아들이게 된 것은 채 수십 년
밖에 되지 않는다.

반복해서 말하지만 뮤추얼펀드 임금님은 시장을 이기는 전문적인 투
자 운용의 옷을 입은 것이 아니라, 벌거숭이 차림이다. 솔직히 말해 뮤
추얼펀드 임금님만이 아니라 뮤추얼펀드 제국 전체가 벌거벗고 있다고
해도 과언이 아니다. 펀드 주주들에게 돌아가야 할 수익이 과도한 비용
으로 인해 반감되었으니 펀드 산업이 투자자들에게 했던 약속이 지켜
졌을 리가 없었다.

펀드 운용사들이 총체적으로는 고객의 부를 증가해주지 못했다는
관점은 모두로부터 이상한 취급을 받았지만, 지금은 대부분이 수긍하
고 있다. 그런 인식의 변화는 뮤추얼펀드 산업에 파괴적 혁명을 불러일
으켰고 혁명의 주도 동력은 인덱스펀드였다. 그리고 인덱스 혁명의 선봉
대에는 뱅가드가 서 있었다.

폴 볼커의 보증

이런 이단적인 생각을 주장하는 사람은 나만이 아니다. 미국 역사상
가장 위대한 금융 지도자로 평가받는 사람도 나와 같은 생각을 했다.
1979~1987년까지 연방준비위원회 의장을 지낸 폴 A. 볼커Paul A. Volcker
는 이렇게 말했다.

대부분의 '액티브' 자산운용 전문가들이 대부분의 경우 시장을 '이
기지' 못한다는 것은 이미 증거로도 충분히 입증되었고, 시간이 흐

를수록 늘어난 인덱스펀드의 가치는 이 명백한 논리에 화답한 것이었다. 오늘날의 뮤추얼펀드는 크게 보면 그 자체가 하나의 시장이다. 그러나 평균적으로 뮤추얼펀드는 시장보다 수익이 좋을 수가 없다. 혹여 비용이 없고 완벽하게 효율적으로 영업을 하고 비과세인 뮤추얼펀드일지라도 마찬가지이다. 이런 장애물까지 넘어서서 시장 평균을 초과하는 수익을 꾸준히 내는 펀드는 극히 드물다.

자산운용 전문가들로서는 이 결론에 수긍하기가 쉽지 않을 것이다. 존 보글은 동료 전문가들이 하는 인기투표에서 번번이 고배를 마셨다. 게다가 보글도 시인하다시피, 그가 뱅가드에 주입한 독특한 지배구조 형태와 운용 방식은 다른 펀드 회사로서는 복제하기가 쉽지 않다.

뮤추얼펀드나 다른 집합투자기관에 의지하여 돈을 불리기 위해 저축하는 모든 사람은, 즉 저축자의 이익을 제일 앞, 제일 가운데에 두어야 한다고 주장하는 존 보글에게 감사의 인사를 전해야 한다.■

이게 과연 합리적인 구조인가?

폴 볼커의 마지막 문장은 펀드 투자자의 이익을 "제일 앞, 제일 가운데에" 두어야 한다는 내 일관된 주장이 실현될 수 있는 포석을 깔아준다. 내가 생각하는 실현 방식은, 뮤추얼펀드가 진정으로 '상호화'되어야 하고, 펀드 주주들이 펀드를 소유하고 지배해야 한다는 것이다. 하지만 뱅가드를 제외하면, 이 방식을 실현하는 뮤추얼펀드는 아직은 단 한 곳

■　『John Bogle on Investing: The First 50 Years』(Hoboken, NJ: Wiley, 2001)의 폴 볼커의 추천 서문 중 일부 발췌. 국내 번역서는 『존 보글 투자의 정석』(국일증권경제연구소).

도 없다.

뱅가드는 유일하게 펀드를 직접 운용하는 종합뮤추얼펀드 회사이다. 다른 뮤추얼펀드 회사들은 외부의 3가지 유형, (1)비상장 법인, (2)상장 법인, (3)국내나 해외의 금융 대기업 산하의 법인들과 운용 계약을 맺는다.

이중 어디에 해당하건 외부 운용사들은 자사의 자본수익률 극대화를 추구하므로, 펀드 운용수수료를 높이는 것을 무척이나 중요하게 생각한다.

하지만 그들의 이런 모습은 뮤추얼펀드 주주들의 목표와 정면충돌한다. 펀드 주주들의 목표는 펀드에 투자한 자본의 수익을 최대로 높이는 것이기 때문이다. 외부 운용사들이 챙기고자 하는 운용수수료만큼, 뮤추얼펀드 투자자들의 주머니에 들어갈 돈이 빠져나가게 된다.

여기 자산 규모가 1,000억 달러인 종합뮤추얼펀드 회사가 있다고 가정해 보자. 1조 달러도 아니고 1,000억 달러인데도, 이 회사는 펀드에 대한 경영지원도, 펀드 주주들이 맡긴 돈을 운용하는 것도, 심지어는 펀드 주식을 유통하는 일마저도 외부 회사에 맡긴다. 도대체 왜 대형 펀드사들은 펀드를 직접 운용하지 않는 것인가?

미국 공공정책에 위배되는 구조

그 이유는 "항상 그래왔으니까"이다. 그러니 그래야 한다는 것이다. 이런 방식은 펀드 산업의 지배적 법령을[■] 법리적인 면에서는 위반하지 않지만, 그 정신은 침해하고 있다. 1981년 SEC는 다음과 같은 결정을 내리기도 했다.

1940년 투자회사법의 기본 정책 중 하나는 펀드는 운용과 영업에 있어서 자문사나 증권인수회사, 또는 여타 다른 실체의 이익이 아니라 펀드 주주들의 이익을 최대한 도모해야 한다는 것이다…… (뱅가드는) 이런 목표를 추구하고 있다.[**]

1964~1969년까지 SEC 위원장을 지낸 매뉴얼 코언도 일찌감치 1966년에 현실을 꼬집는 말을 했다. 이미 1장에서 인용했지만 그의 날카롭고 정확한 지적을 여기에 다시 적어본다.

뮤추얼펀드가 만들어지고 팔리는 주된 이유는 그것을 팔고 운용하는 사람들에게 돈을 벌어주기 위해서이다.

그렇다면 뮤추얼펀드의 운용과 영업 방식이 운용사가 돈을 버는 데 최적화되면 잘못된 일인가? 그럴 수도 있고 아닐 수도 있다. 그러나 이런 식의 구조는 1940년 투자회사법이 제시한 정책 기준을 정면으로 위반한다.

[■]   1940년 투자회사법.

[■■]   SEC 행정심판(Administrative Proceeding) File No. 3-5281, 1981년 2월 25일.

"독립적인 조사?"

1940년 투자회사법에 따르면, 투자회사는 사외이사에게 적절한 감독과 감시를 받아야 할 의무가 있다. 하지만 이 규정은 "지키라고 만든 법이 아니라 어기라고 만든 법"이나 다름없었다. 대다수 사외이사들은 (표면상으로는 펀드 운용사와 아무런 직접적 관련이 없는 사람들인데도) 하는 일도 거의 없이 높은 보수를 받고[*] 운용사의 비윤리적인 행위, 저조한 펀드 실적, 과도하게 높은 기존 수수료, 투자자를 호도하는 마케팅 캠페인 등에 대해 아무 행동도 취하지 않았다.

뮤추얼펀드 사외이사들의 행동을 회의적으로 보는 사람은 나만이 아니다. 워런 버핏은 사외이사는 "꼬리를 흔드는 코커스패니얼"이 아니라 "도베르만"처럼 행동해야 한다고 지적한다.[**]

아기는 자란다

운용회사에게는 부모처럼 신생아와 같은 뮤추얼펀드를 양육하고 훈육해야 할 책임이 있다. 뮤추얼펀드 중 몇몇은, 어쩌면 상당수는 아이(고객)에게 최선의 것을 해주려고 노력한다. 하지만 나쁜 부모가 있듯, 많은 수수료를 벌어주는 "인기" 상품이기 때문에 펀드를 만들기도 한다. 어떤 때는 펀드 운용사들은 뮤추얼펀드 프랜차이즈를 이용해서 펀드 법인을 새 주인에게 매각하기도 한다.[***] 워런 버핏도 신인의무를 돈으로 매겨서 그것을 최고가 입찰자에게 팔아 버리는 펀드 운용사들의 관행

---

[*] 5대 대형 뮤추얼펀드 회사의 이사회에 소속된 사외이사들은 매년 평균 40만 달러 이상의 보수를 받는다.

[**] 버크셔 해서웨이 연례 주주총회, 2009년 5월 2일.

에 대해 한마디 쓴소리를 했다.

도대체 왜 펀드의 이사들은 (펀드 운용사가 회사를 매각하려고 할 때) 입찰한 회사들 중에서 가장 좋다고 판단되는 곳을 골라 그들과 직접 계약을 체결하지 않는 것입니까? 이런 계약이 성사된다면 이전 펀드 운용사에 주었던 거액의 '보수'를 지급하지 않아도 됩니다. 애초에 그 운용사는 충실한 수탁자로서의 원칙을 어겼기에 단 한 푼도 받을 자격이 없기도 했습니다. 낙찰받은 회사는 해당 펀드를 그 전의 운용사보다도 훨씬 낮은 수수료로 운용할 수 있을 것입니다. 진정으로 독립적인 사외이사라면 새 운용사와 계약을 할 때 이런 접근법을 주장해야 합니다.

아이가 자라듯 펀드도 자란다. 그리고 꽤 성숙하고 멋진 펀드로 자라날 수도 있다. 다만, 아이는 독립적인 어른이 되어 자기 인생을 시작하고 자신만의 기준을 정립할 수 있지만, 뮤추얼펀드 산업에서는 그렇지가 못하다. 뮤추얼펀드에는 독립해서 직접 사업을 운영할 수 있는 기회가 좀처럼 주어지지 않았다.

토머스 페인Thomas Paine은 영국의 미국 식민지 통치 법령의 철폐를 주장하며 1776년에 펴낸 『상식론Common Sense』에서 같은 식으로 비유했다.

■■■ 나는 "두 주인을 섬기는 행동"(운용사의 주주들과 펀드의 주주들)의 비정상성과 펀드 운용사의 주식을 대중이 소유하게 뇌었을 때의 암울한 결과는 몇 번이나 글로 설명했다. 『Common Sense on Mutual Funds: New Imperatives for the Intelligent Investor)』10주년 기념 개정판(Hoboken, NJ: Wiloy, 2009) 참조. 국내 번역서는 『뮤추얼펀드 상식』(연암사).

우리는 우리 인생의 첫 20년이 다음 20년의 전례가 된다고 주장할 수 있을 것이다…… 대륙이 영구적으로 섬의 통치를 받는다고 전제한다니, 도무지 말이 되지 않는다.

뱅가드 실험

뱅가드는 왜 다른 것인가? 뱅가드는 다른 뮤추얼펀드 회사들과는 출발부터가 다르다. 뱅가드의 상호화는 1974년 회사가 태어난(정확히는 다시 태어난) 순간부터 시작되었다. 사실 뱅가드는 웰링턴 펀드를 비롯한 기존 펀드 집단이 어른으로서 독립해야 한다는 단순한 인식으로부터 태어나기도 했다.[*] 이것은 뮤추얼펀드 지배구조를 바꾸기 위한 우리 나름의 '뱅가드 실험'이었다. 전통적 산업구조와는 출발부터가 180도 달랐던 발상의 전환은, 오늘날 뱅가드 자산기반의 거의 3/4을, 그리고 모든 주식형 펀드 자산의 거의 1/2을 차지하는 인덱스펀드의 탄생으로 직결되었다.

우리의 인덱스펀드 원칙을 모방한 펀드들이 많이 등장했다. TI 형태로 모방한 것도 더러는 있지만, 그보다는 ETF 형태를 띤 것들이 훨씬 많다. 전하지만 우리의 상호소유구조가 44년째 성공을 입증하고 있는데도, 이것을 모방한 추종자는 아직 단 한 곳도 등장하지 않았다.[**]

■   12장의 그림 12.3 참조.

■■   나는 나 자신에게 이렇게 묻곤 한다. "추종자가 한 명도 없다면 누가 나를 리더라고 생각하겠는가?"

다가오는 상호화의 시대

나는 뱅가드를 제외하고 펀드 산업에 굳어지다시피 한 대형 뮤추얼 펀드의 소유구조가 10~20년 내에 바뀔 것이라고 예상한다. 그리고 바뀔 수밖에 없을 것이다. 현재의 소유구조가 반생산적이고 한쪽에만 일방적으로 유리하기도 하거니와, 투자자들의 성공적인 수익 창출에는 저비용이 결정적으로 중요하다는 인식도 증가하고 있기 때문이다. 그렇다. 장기복리수익의 마법도 중요하지만 장기 복리비용의 횡포에 시달리지 않는 것도 중요하다.■■■

뱅가드의 입지전적인 성공에도 불구하고, 펀드 산업에서 상호화하려는 움직임은 조짐조차 보이지 않는다. 내가 복음을 전파하려는 노력을 게을리해서가 아니었다. 기회도 오지 않는 것을 어쩌겠는가.

원 스트라이크: IBM 펀드

나는 누군가에게 뱅가드의 상호소유구조를 따르는데 필요한 도움을 줄 수 있기를 기다리고 또 기다렸다. 그 기회는 1994년에 왔다.

IBM은 임직원들의 은퇴연금 마련을 돕기 위해 회사 자체의 뮤추얼 펀드를 시작했다. 펀드 형태는 인덱스펀드가 지배적이었고 경영지원은

■■■ 투자자들이 거의 인식하지 못하는 진실이 있다. 예를 들어 주식시장의 50년 연평균 총수익률이 7%라면 1달러는 50년 뒤에(현재의 젊은 투자자들에게는 평생 투자하게 될 기간보다 짧은 기간이다.) 29.46달러가 된다. 그러나 여기서 뮤추얼펀드 비용으로 매년 2%의 비용을 차감한다면, 연간 순수익률은 5%가 되므로 1달러는 50년 뒤에 기껏해야 11.47달러가 되는 데 그친다.

자회사인 IBM 크레딧 투자회사IBM Credit Investment Company가 맡기로 했다. 1994년에 운용자산이 6억 5,000만 달러에 이르자 IBM은 이 뮤추얼펀드 자회사에 현금 가치를 매겨서 공개 매각을 하기로 결정했다. IBM은 최고가 입찰자를 찾기 위해 컨설팅회사에도 의뢰를 했다.

이 매각안에 대한 소식을 들은 나는 기회가 찾아왔음을 직감했다. 우리는 모회사인 IBM을 찾아가서 제안을 하는 대신에(IBM이 최대한의 매각 이익을 뽑아내는 데 목적이 있다고 판단되었기 때문이다) IBM 펀드의 사외이사들에게 직접 인수 의사를 제안하기로 했다.

펀드 사외이사들을 찾아가자, 그들은 우리를 반갑게 맞이해주지는 않았지만 프레젠테이션은 허락해 주었다. 제러미 G. 듀필드Jeremy G. Duffield 뱅가드 운용이사와 대동한 자리에서 우리가 한 프레젠테이션 내용은 대략 이러했다.

우리는 IBM 펀드를 성격이 비슷한 뱅가드 인덱스펀드로 합병하지만, 모회사인 IBM에 지급되는 금액은 없을 것이다. 하지만 뱅가드 펀드는 최저비용으로 운용되므로 펀드 주주들은(IBM 임직원과 퇴직자들) 첫해에만 120만 달러의 비용을 절감할 수 있고, 장기적으로는 수천만 달러의 비용을 절감할 수 있을 것이다.■

하지만 IBM 펀드를 운용하는 자회사는 로드 아일랜드에 있는 플리트 파이낸셜 그룹Fleet Financial Group에 1,400만 달러에 매각되었다. 우리가 졌다.

■ 우리는 인수제안서에서 뱅가드 500 인덱스펀드의 비용비율(당시 0.19%)과 IBM 펀드의 비용비율(0.40%)을 비교했다. 이것만으로도 펀드 주주들은 비용을 50%가 넘게 줄일 수 있다. 2018년까지 뱅가드 500 인덱스펀드의 비용비율은 계속 떨어져서 그때보다도 79%가 줄어든 0.04%가 되었다.

갈등이 없었을 리가 없다

나는 그들의 최종 결정에 화가 났다. 펀드 사외이사들은 자신들이 신인의무를 다해야 하는 IBM 펀드 주주들의 이익보다 모회사인 IBM 주주들의 이익을 앞에 두고 있었다. 나는 화를 참을 수 없어서 한 번도 하지 않았던(그리고 이후로도 하지 않은) 행동을 했다.

나는 〈월스트리트 저널〉의 사라 캘리언Sara Calian 기자를 만나 속사정을 털어놓았다. 그녀는 이틀 후에 모두가 모르고 지나쳤을 이 사건을 크게 보도했다. 그녀의 기사는 "IBM의 펀드 매각 계획, 비난이 빗발치다"라는 제목으로 1994년 4월 26일 자 〈월스트리트 저널〉 금융섹션 1면을 큼지막하게 장식했다.

사라 캘리언은 종합 분석 기사를 작성하면서 IBM 펀드의 사외이사 세 명에게 전화 통화를 시도했다. 첫 번째 이사는 답변을 거부했고, 두 번째 이사는 회사의 결정을 변호했다. 세 번째 이사는 마이클 터시맨Michael Tushman 컬럼비아대학교 교수로, 이번 인수 거래에 대한 사라의 질문에 그는 "아는 게 없습니다"라는 말만 하고는 전화를 끊었다고 한다.

투 스트라이크: 퍼트넘

두 번째 기회는 10여 년 후인 2007년에 찾아왔다. 뮤추얼펀드 산업의 초기 개척자 중 하나였던 퍼트넘 자산운용사는 1965년 IPO로 상장을 했고, 1970년에는 보험중개회사인 마시 앤 맥레넌Marsh and McLennan에 인수되었다. 이 인수는 결과적으로 (1)마시 앤 맥레넌에는 노다지였고,

(2)퍼트넘 펀드 주주들에게는 재앙이었다.

한 가지 예를 들자면 퍼트넘 하이 인컴 거번먼트 트러스트 펀드Putnam High Income Government Trust Fund의 과대광고와 프로모션이 있다. 미국 국채 수익률이 6%인데도 이 펀드는 12%의 수익률을 제공할 수 있다는 식으로 광고를 했다(왜인지는 묻지 말기를). 하이 인컴 거번먼트 트러스트 펀드는 이것 말고도 제대로 지킨 약속이 하나도 없었다. 인컴 배당이 깎이고 자산가치가 추락하면서, 대다수가 은퇴자들이라 펀드의 인컴 배당으로 생활비를 충당하던 주주들이 크게 피해를 입었다.

퍼트넘의 공격적인 주식형 펀드들 대부분도 나중에 2000~2003년 침체장에서는 급락했다. 물론 펀드가 추락한 원인이 전적으로 마시 앤 맥레넌의 욕심 때문이었다고만은 할 수 없다. 하지만 마시 앤 맥레넌이 퍼트넘에 투자한 돈을 최대한 뽑아내려고 했던 것은 맞다. 순이익 증대 제안서에는 공격적 전략의 고리스크 펀드를 만들어서 적극적으로 마케팅을 한다는 내용이 들어 있었기 때문이다. 퍼트넘 펀드들의 자산가치는 시장 평균보다도 훨씬 빠르게 떨어졌다.

윤리적 실패

처참한 수익률은 퍼트넘 펀드 패망사의 한 단면에 불과했다. 퍼트넘 펀드는 윤리적으로도 실패했다. 퍼트넘의 매니저들은 펀드 주주들의 돈으로 펀드운용사들의 배를 불리는 이른바 "시간대 거래 추문Time-zone Scandal"에 깊이 연루되어 있었다. 과거에 대형 투자자들은, 뉴욕 시장이 오후 4시에 계산하는 해외 펀드의 순자산가치의 기준이 14시간 전에 형성된 아시아 시장 종가라는 것을 악용해 차익거래 기회를 노리곤 했다.

엘리엇 스피츠 Eliot Spitzer 뉴욕주 검찰총장으로 인해 이런 위법 행위가 밝혀지면서 차익거래의 "기회"도 없어졌다.

퍼트넘의 로렌스 래서 Lawrence Lasser 대표이사는 모회사인 마시 앤 맥레넌에게 떼돈을 벌어준 대가로 천문학적인 보상을 받았다(보도에 따르면 수억 달러라고 한다). 그러나 이 "시간대 거래"로 인해 퍼트넘 펀드의 자산이 희석되면서 펀드 투자자들은 가난해졌다(SEC는 래서의 위법 행위에 고작 7만 5,000달러의 벌금형을 선고했다).■

완벽한 케이스

퍼트넘은 '상호화'가 힘을 발휘하기에 완벽한 케이스였다. 투자의 실패와 윤리적 실패가 맞물렸기 때문이다. 2008년 초에 나는 퍼트넘 펀드 이사장과 만났다. 그는 전에 마시 앤 맥레넌의 중역이었지만 현재는 "사외이사"로서 처신하는 사람이었다. 그리고 사외이사로 추정되는 사람들 두 명과도 대화를 나누었다. 나는 지금이야말로 펀드의 상호화를 실현하고, 기존 운용진을 유지하면서도 새로 독립적인 운용진을 영입하고, 자문수수료를 줄이고, 새로운 사명을 가진 새로운 펀드 회사를 만들 수 있는 기회라고 설득했다. 그들의 대답은 똑같았다. "안 됩니다" "안 됩니다" "안 됩니다".

2007년, 마시 앤 맥레넌은 캐나다의 금융 복합기업인 그레이트-웨스트 라이프코 Great-West Lifeco에 39억 달러의 거액을 받고 퍼트넘을 매

■ 퍼트넘과 관련된 자세한 설명은 책 『The Clash of Cultures: Investment vs. Speculation』 (Hoboken, NJ; Wiley, 2012)을 참조하기 바란다. 국내 번역서는 『존 보글 가치투자의 원칙: 왜 인덱스펀드인가』(해의시간).

각했다. 펀드운용사 주주들에게는 멋진 일이었지만, 펀드 주주들/투자자들에게는 비참한 사건이었다. 그 후 10년 동안 퍼트넘의 수익률은 평범하거나 초라했다. 인수자였던 그레이트-웨스트도 마찬가지로 쓴맛을 보았다. 퍼트넘 뮤추얼펀드의 자산은 2000년 초 2,500억 달러에서 2018년 중반 720억 달러로 추락했다. 같은 기간 주식시장의 누적수익률이 140%였지만 퍼트넘의 자산은 70%나 떨어진 것이다.

투 스트라이크, 아직 삼진아웃은 아니다

나는 IBM 펀드와 퍼트넘 펀드의 사외이사들에게 인수를 제안하면서 나를 도구 삼아 펀드 상호화의 필요성을 세상에 드러냈다는 점에서는 어느 정도 만족한다. 내 노력은 두 번 다 실패했지만, 펀드 주주의 이익을 제일 앞에 두기 위한 싸움은 절대로 끝나지 않았다.

물론 오늘날의 펀드 산업에서 내 낙관론은 철없는 말처럼 들릴 수 있다. 펀드 산업이 펀드운용사에 두둑한 금전적 유인을 제공하는 이 현실에서는 말이다. 그러나 변화를 피할 수는 없다. 특히나 이런 펀드 회사들은 변화에 속수무책일 것이다. (1)펀드들의 자산기반이 큰 회사, (2)펀드 수익률이 저조한 회사, (3)펀드 비용이 전체적으로 높은 회사, (4)운용진이 비윤리적인 회사, (5)운용사와의 합병 조건을 면밀히 조사받는 회사, (6)펀드 이사회와 이사장의 영향력이 큰 회사, (7)미국의 공공정책이 펀드 중역과 이사들에 대해 신인의무 기준을 점점 강화할 때 시장에 존재하는 회사.

게다가 상호화가 '필요한' 시대가 오기도 했다. 펀드 산업의 가격경쟁이 어느 때보다 치열해졌기 때문에 펀드 회사들은 투자자들의 선택을 받기 위해서라도 가격경쟁력을 갖게 해주는 상호화를 추진해야 할 것이다. 그들은 애덤 스미스가 말한 "소비는 생산의 유일한 목표이자 목적이다"라는 격언을 새겨들어야 한다. 이걸 펀드에 대입하면 "투자자의 이익은 뮤추얼펀드의 유일한 목표이자 목적이다"가 된다. 상호화는 선택이 아니라 필수가 될 것이다.

SEC의 입장

증권거래위원회, 즉 SEC는 1965년에 상호화를 주제로 "공공정책이 투자회사 성장에 미치는 영향"이라는 제목의 보고서를 하원에 제출했다. 이 보고서는 상호화가 아니라 "내부화"라는 표현을 썼으며 다음은 그중 일부 내용이다.

SEC가 모든 투자회사가 운용업무를 내부화하도록 강제하는 더 과격한 법적 조치를 추천하기에는 현재로서는 준비가 미흡하다. 그런 조치를 취한다면 가장 직접적으로는 운용 보수와 관련해서 외부 운용사에서 비롯될 역효과를 해결해야 할 것이고, 다음으로는 펀드와 외부 서비스 조직의 관계에서 비롯될 문제도 해결해야 할 것이다.
펀드가 충분히 커진 후에 지급될 거액의 자문수수료는 투자회사들이 계약을 추진하면서 이용하는 지배적인 동기였다…… SEC는 펀드 운용의 의무적 내부화라는 과격한 방법을 쓰기에 앞서서 대안을 제시하는 것이 공정하다고 믿는다. 그 대안은 운용 보수에 합리적 기준을 적용하는 것이다■…… 이 규제를 통해 투자회사의 운용 보수를 둘러싼 문제들까지 해결될 수 있을지도 모른다. 이 방법으로도 해결되지 않으면 더 전면적인 조치를 고려해야 할 것이다.

우리는 법과(1940년 투자회사법) 펀드 산업의 관행이 불일치하는 지금의 현실을 참을 만큼 참았다. "더 전면적인 조치"를 고민하고 상호화를 촉구하는 규제 조치나 법안이 나와도 이상하지 않을 정도였다.

SEC가 1965년이 보고서를 제출했을 때 액티브 운용 주식형 뮤추얼 펀드 시장의 자산은 350억 달러였고, 현재 시장 자산은 7.5조 달러이다. 그러나 0.50%였던 주식형 펀드의 자산가중 비용·비율은 0.78%로 늘어났다. 액티브 운용 주식형 펀드 투자자들이 부담하는 총비용은 1965년의 1억 7,600만 달러에서 570억 달러로 증가했다. 자산은 21,000%만 늘었는데 비용은 32,000%가 넘게 증가한 것이다.

한마디로 요약해, 펀드운용사들은 산업이 거대한 규모의 경제를 실현하면서 절감한 돈의 거의 전부를 멋대로 수취해 자신들의 배만 불렸다. 그 절감액 중 펀드 주주들에게 돌아간 돈은 하나도 없었다(실제로는 규모의 경제로 인한 효과보다도 더 빼앗겼다). 이만하면 "더 전면적인 조치"를 취해야 할 시간이 되고도 남았다.

■   1970년의 투자회사법 수정안은 공공정책이 미치는 영향(Public Policy Implication, PPI)을 기준으로 삼아서 만들어졌다. 하지만 합리적인 기준의 운용 보수 지침을 정하려던 SEC의 시도는 펀드 산업과 로비스트들에 의해 약해졌고, 처음의 강경했던 어조도 많이 희석되었다.

18장

S&P 500
인덱스펀드가
부딪힐 도전˙

■ 집합투자 형태의 모든 대규모 분산투자 주식 포트폴리오가 받는 도전이기도
하다.

나는 뮤추얼펀드 대기업들의 상호화를 위한 싸움은 물론, 같은 업종에 속한 여러 종목들을 다 보유하는 식으로 대규모 분산투자 포트폴리오를 운용하는 지금의 뮤추얼펀드를 존속시키기 위한 싸움도 중단하지 않을 것이다. 뮤추얼펀드의 존재 가치에 대해 많은 학술 연구가 도전을 제기하고 있는데, 그중에서도 일차 저격 대상은 S&P 500 인덱스펀드였다.

솔직히 나는 "개인투자자를 위해 만들어진 가장 중요한 금융 혁신"이라고 일컬어지는 상품의 존재 가치를 옹호해야 할 필요가 있을 것이라는 상상은 하지도 못했다.▪

이 책에서 자주 언급했듯이 인덱스펀드는 뮤추얼펀드 산업에서도 눈에 띄는 성공을 거두었다. 1987년에 주식형 펀드 자산 중 인덱스펀드의 점유율은 2%가 고작이었지만, 이제는 미국 주식형 펀드의 절반 이상을 점유하게 될 날도 멀지 않았다. 인덱스펀드는 고맙게도 투자 운용에 대한 인식을 바꿔놓았고 펀드 비용의 중요성을 만천하에 드러내 주었다.

이런 성공에도 불구하고(어쩌면 그렇게 성공했기 때문에) 최근 몇 년간 인덱스펀드는 사방에서 공격을 받고 있다. 개인투자자들이 주식시장과 채권시장의 수익에서 정당한 자기 몫을 챙겨갈 수 있게 해주었던 금융 혁신에 포탄 세례가 쏟아진다는 것은 아이러니가 아닐 수 없다. 문제는 질투심에 불타는 액티브 운용 펀드의 관련자들만이 아니라 학계에서도 포탄을 퍼붓고 있다는 것이다.

▪ 버튼 말킬이 써준 이 책의 추천 서문에 나온 문장이다. 서문을 써준 그에게 감사한다.

월스트리트의 공격

월스트리트가 인덱스펀드를 그다지 좋아하지 않는 것은 당연하다. 인덱스펀드는 액티브 운용 펀드가 투자자의 수익률을 높여 주고, 자문 수수료를 발생시키지 않으며, 대체로 포트폴리오 회전율이 낮다는 식의 주장을 헛소리로 만들어버리기 때문이다. 나는 일부 자산운용 매니저들이 지수연동투자를 비난하는 것은 시기심에 못 이겨 스스로를 보호하기 위한 어설픈 변명일 뿐 진지하게 대꾸할 가치도 없다고 생각한다.

자산운용사 얼라이언스번스틴AllianceBernstein의 백서에 적힌 "패시브 투자는 마르크스주의보다도 더 나쁘다"는 비난에 나는 절대로 동의하지 않는다. 그리고 〈월스트리트 저널〉의 특별 기고문인 "패시브 투자자들이여, 투표하지 마라"의 결론도 받아들일 수 없다. 자산운용사인 야누스 헨더슨 인베스터스Janus Henderson Investors는 인덱스펀드가 의결권을 액티브 운용 펀드에 양도해야 한다고 주장한다. 주식 보유자가 의결권을 주식 임차인에게 넘겨야 한다니, 아무리 생각해도 말이 되지 않는다.

학계의 공격

내가 훨씬 심각하게 받아들이는 건 학계에서 퍼붓는 공격이다. 학자들은 이른바 "공동주주"의 문제를 집중적으로 공격한다. 경쟁 기업들에서 공통적으로 대주주가 된 펀드가 반경쟁 유인을 야기한다고 주장하는 학술 논문들이 아직은 많지 않지만 점점 늘고 있는 추세이다. 예를 들어 S&P 500 인덱스펀드가 모든 상장 항공사의 대주주가 된 이후로, 이 펀드로 인해 항공업체들의 경영진이 서로 경쟁을 피하도록 직간접적으로 종용하고 있다는 비난이 생겨났다.[*]

학계는 이런 가상의 문제가 실재한다는 설득력 있는 증거는 하나도 보여주지 못하면서 이미 해결책까지 내놓았다. "기관투자자들의 반경쟁 영향을 제한하기 위한 제안서"[**]라는 논문이 대표적이다. 에릭 포스너 Eric Posner 시카고대 로스쿨 교수, 글렌 웨일Glen Weyl 마이크로소프트 리서치 책임연구원 겸 예일대 객원 선임연구원, 피오나 스콧 모턴Fiona Scott Morton 예일대 교수는 이 논문에서 액티브 운용 펀드와 인덱스펀드를 비롯해 모든 대형 기관투자자들은 한 산업당 한 회사에만 투자하도록 종목 수를 제한해야 한다고 주장했다.

한 산업당 한 종목만 산다?

그들의 주장에 의하면, 같은 산업에 속한 모든 기업의 대주주가 되는 것은 해당 기업들에게 임금을 낮추고 제품 가격을 인상해 이윤 극대화를 추구하라고 은연중에 압박을 가한다는 것이다. 또한 이것이 반경쟁 행위이며 1914년 클레이턴 독점금지법Clayton Antitrust Act of 1914을 위반하는

■　재미있는 것은 이런 주장을 할 때 계속 언급되는 사례가 항공산업이라는 점이다. 반면에 다른 산업에 대해서는 거의 언급조차 되지 않는다.

■■　"A Proposal to Limit the Anti-Competitive Power of Institutional Investors," 〈Antitrust Law Journal〉, 2017, 81(3).

것이라고도 밝혔다.

대형 기관투자자들의 주식 보유를 업종당 한 종목으로만 제한하자는 학계의 제안이 법제화된다면, 액티브 운용 뮤추얼펀드의 전통적 목적인 폭넓은 분산투자가 기반부터 약화될 것이 자명하다. 그리고 S&P 500 인덱스펀드처럼 지수연동투자를 하는 인덱스펀드들은 아예 무너지고 말 것이다. 게다가 모든 대규모 집합투자가 일반적으로 행하는 원칙인 폭넓은 분산투자마저도 불법이 될 것이다.

"산업"의 범위는 또 어떻게 정할 것인가? 만만한 일이 아니다. 저자들은 법제화가 될 경우 인덱스펀드의 보유 종목 중 몇 종목을 팔아야 하는지는 구체적으로 설명하지 못하고 있다. 나는 2년 전에 그들에게 한 가지 질문에 답을 해달라고 서한을 보냈다. 내 질문의 요지를 설명하자면 이러했다. 그들의 제안이 법제화된다면 S&P 500 인덱스펀드는 법적으로 몇 종목까지 보유할 수 있는가? S&P 500이 아니라 "S&P 143"이나 "S&P 215," 아니면 "S&P 350"으로 이름을 바꿔야 하는가? 나는 지금까지도 답변을 받지 못했다.

산업은 또 몇 종류로 나눠야 하는가?

논문 저자들은 산업을 90개로 구분하면서도, "산업"을 정의하기는 쉽지가 않다고 말한다. 그들은 산업의 범위를 더 좁게 정의하면 산업의 개수도 늘어난다고 말한다. S&P가 식별하는 산업 및 하위산업의 수는 135개이므로, 엄격하게 해석하면 우리는 S&P 500 인덱스펀드가 아니라 "S&P 135 인덱스펀드"로 이름을 바꿔야 한다.

저자들은 각각의 산업에 대해서는 어떤 정의도 내리지 않는 것은 물론, 산업을 정의하는 책임은 정부 독점방지 기관에 전가하고 있다(미국의 유관기관은 미국 법무부Department of Justice, DOJ와 연방거래위원회 Federal Trade Commission, FTC이다). 산업을 정의할 결정권이 정부 관료에게 있다면 상황은 더욱 심각해진다.

그들은 왜 인덱스펀드를 무너뜨리려 하는가?

산업 정의나 인덱스펀드의 종목 개수 같은 것은 가장 사소한 문제이다. 지금의 S&P 500 인덱스펀드가(그리고 종합주가지수를 추종하는 인덱스펀드가) 산업마다 기업들을 골라 눈여겨보다가 전망이 좋은 종목을 선택해 거래한다면, 이건 또 하나의 액티브 펀드를 운용하는 것이나 다름없으므로 비용도 올라가게 된다. 이런 펀드는 더는 인덱스펀드일 수가 없다.

S&P 500 인덱스펀드에서 쪼개진 펀드들은 펀드마다 수익률이 다를 것이다. 이 펀드들은 높은 수익을 내려고 경쟁을 하게 되고, "비용이 차이를 만든다"는 신념은 혼란스러운 경쟁 속에서 길을 잃을 것이다. 저자들은 인덱스펀드를 무너뜨릴 수 있는 것이 투자 세계를 민주화하는 (올바른) 제안이라고 말하고 있다.■

또한 저자들은 인덱스펀드들이 지금보다 훨씬 싼 가격에 오랫동안 매수했던 수백 종목(S&P 500 인덱스펀드)이나 수천 종목(종합주가지수 추종 인덱스펀드)을 강제로 처분한다면, 그로 인해 펀드 개인투자자들에

■　연방정부가 연방정부 직원과 군인을 대상으로 제공하는 지수추종 방식의 규모 5,000억 달러의 스리프트 세이빙스 플랜(Thrift Savings Plan)도 정체성을 잃을 것이다.

게 세금 폭탄이 돌아갈 수 있다는 사실은 대수롭지 않게 무시한다. 나는 펀드의 자본이득 실현 금액이 2,000억 달러이고 잠재적 세금이 250억 달러라면 투자자들이 과연 어떤 태도로 나올지가 궁금하다(세금이연이 되는 은퇴계좌로 인덱스펀드에 투자한 사람들에게는 해당하지 않는 세금이 다).

파스칼의 내기: 결과가 확률을 압도해야 한다

신의 존재 여부와 신을 믿는 것에 대해 파스칼이 제시한 유명한 내기가 자연스럽게 떠올려진다. 파스칼의 내기가 내린 결론은 '결과가 확률을 압도해야 한다'이다. ▪

인덱스펀드로 하여금 한 산업당 한 종목으로만 보유하게 제한하는 정책을 취한다고 해서 기업들의 독점 행위가 줄어들 확률은 모호한 데다 정확한 통제도 불가능하다. 다만, 확실한 결과는 대규모 집합자본의 분산투자가 무너진다는 것이다. 우리가 아는 S&P 500 인덱스펀드는 사라지게 될 것이고, 인덱스펀드 투자자들이 입을 피해 역시 계산조차 할 수 없다. 정말 이 재앙적 결과보다 모호한 확률에만 기대는 정책의 필요성과 공익적인 효과가 중요한 것인가?

▪   파스칼의 내기에서, 신이 있을 때 신을 믿는다면 천국행/신을 믿지 않는다면 지옥행이다. 신이 없을 때 신을 믿는다면 약간의 금전적 손해를 보지만, 신을 믿지 않는다면 아무 손해가 없다. 따라서 신을 믿는 것이 신을 믿지 않는 것보다 기댓값이라는 관점에서 결과적으로 훨씬 이득이다. 추론으로 내긴 결과만으로도 신의 존재 유무에 대한 확률적 가능성을 무시할 수 있게 된다는 결론이 나온다. (역주)

인덱스펀드 내부에서 불거질 도전

기관이 보유하는 종목의 수를 크게 제한하자는 학계의 제안에 대해 거칠게 반박하긴 했지만, 인덱스펀드를 비롯해 금융기관이 운용하는 여타 집합자본의 비약적인 성장을 경계하는 공공정책을 제기하지 말아야 한다는 소리는 아니다. 그런 정책은 반드시 나올 것이다. 역사적 추이가 이어진다면 몇몇 대형 기관이 사실상 미국 내 모든 대기업의 의결권을 지배하게 되는 날이 될 수도 있다.

미국의 인덱스펀드가 너무 거대해진 것은 사실이다. 인덱스펀드가 보유한 미국 상장기업의 지분은 2002년에는 전체 시총의 3.3%에 불과했지만 2009년에는 두 배인 6.8%로 늘었고, 2018년에는 여기서 또 두 배인 14% 정도인 것으로 추정된다. 다른 뮤추얼펀드들의 보유 지분은 20%로 추산되므로, 뮤추얼펀드가 보유한 지분은 총 35%에 근접한다. 미국에서는 뮤추얼펀드가 단일로는 압도적인 최대 주주이다.

뮤추얼펀드는 물론이고 연기금과 연방공무원군인은퇴저축제도Thrift Saving Plan까지 다 포함해 미국 모든 금융기관이 현재 보유한 지분은 약 63%이다. 우리는 금융기관의 이런 압도적인 지분율 추이와 함께, 기관이 최대 주주가 된 것이 금융시장이나 기업지배구조, 공공정책에 미치는 영향을 예의 주시해야 한다. 이것이야말로 다가올 시대에 인덱스펀드가 맞이하게 될 가장 중요한 문제일 것이다.

인덱스펀드로에 집중된 힘과 지분

지수연동투자 시장이 과점寡占 양상을 보인다는 사실도 고민해야 한다.[■] 단 3개의 회사가—뱅가드의 인덱스펀드(50%), 블랙록(20%), 스테이트 스트리트 글로벌(10%)—인덱스펀드 자산의 총 80%를 점유하며 시장을 지배하고 있다. 이걸 과점이라고 불러야 할지는 모르겠지만, 어쨌거나 대형 3사의 인덱스펀드 과점은 다른 산업의 과점과는 별개 문제로 봐야 한다. 하지만 미국의 정책입안자들이 눈을 돌려 기관에 집중된 지분과 힘을 주시하게 되는 날, 인덱스펀드 과점 문제도 당연히 공론화될 것이다.

인덱스펀드의 과점은 상당히 특이하다. 지수연동투자로 진출하는 새로운 진입자 자체가 드물기 때문이다. 진입장벽이 높지 않음에도 (물론 대형 인덱스펀드 회사들이 누리는 규모의 경제는 신규 진입자들이 모방하기 어렵기는 하다). 말이다. 또한 펀드의 가격, 즉 비용비율이 일상 소비품 수준으로 싸졌기 때문이기도 하다. 2018년 초에 인덱스펀드 시장에서 경쟁에 발이라도 디밀려면 비용비율을 최소 0.04%(4베이시스포인트) 수준으로 낮춰야 했다.

"돈이 전부 펀드 주주들에게로 간다"

대다수 펀드운용사들이 인덱스펀드 시장 진입을 꺼리는 이유는 "돈이 전부 펀드 주주들에게로 가기" 때문이기도 하다. 가격이 낮아지면 운용 이익도 줄어들고, 뱅가드만 해도 "실비" 기준으로 가격을 매기는 탓에 펀드 사업으로 버는 이익은 없다시피 한다.

[■]　전형적인 과점이란 판매자가 두세 곳밖에 되지 않아서 다수의 소비자를 대상으로 소비자가격을 마음대로 인상하려고 하는 것을 의미한다. 하지만 인덱스펀드에서 "과점"은 가격을 낮추려는 경쟁이기 때문에 시장이 허락하는 한 최고 가격을 매기는 것이 목표인 잠재적 경쟁사들은 진입 의욕이 꺾이게 된다.

어떤 산업에서의 독과점을 우려하는 주된 이유는 그것이 소비자가격을 인상하는 계기가 될 수 있어서다. 하지만 인덱스펀드는 아니다. 투자자들이 투자 비용이 수익에 미치는 악영향을 이해하게 되면서 그리고 인덱스펀드의 규모의 경제가 커지면서, 인덱스펀드 투자자들이 지급하는 비용비율도 0%를 향하고 있다. 실제로 2018년 8월에 피델리티는 비용비율이 0%인 인덱스펀드 2개를 새로 출시한다고 발표했다.

시장이 인덱스펀드 대형사 3곳에게 집중돼 있고, 더 나아가 그들의 미국 대기업 보유 지분이 빠른 속도로 증가하고 있기 때문에 지금보다는 인덱스펀드 시장에 더 많은 경쟁사가 필요하기는 하다. 문제는 액티브 펀드 운용사들이 인덱스펀드 시장에 뛰어들만한 재무적 유인이 거의 또는 전혀 없다는 것이다. 오히려 재무적 유인(더 낮은 수수료)때문에 주저하는 이들이 많다.

인덱스펀드의 보유 지분이 지금과 같은 증가세를 이어나갈 것이라고 전망하는 이들도 있고, 인덱스펀드가 늘어나고 액티브 운용 주식형 펀드가 줄어야 한다고 말하는 이들도 있다. 또 보유 지분 80%까지는 문제가 없다고 말하는 이들도 있지만 내 생각은 다르다. 몇몇 인덱스펀드가 미국 전체 기업의 지분을 80% 보유한다면 가장 큰 인덱스펀드의 지분율은 최소 30%라는 뜻이 된다. 그렇게 과도한 지분 집중이 미국의 국익에 도움이 될 리가 없다.

과점 세력

인덱스펀드에 대해 내가 걱정하는 또 하나의 공격은, 학계의 글렌 웨일과 에릭 포스너의 주장이다. 이들은 인덱스펀드가 미국 사회를 광범위하게 위협하면서 가구 간 불평등을 심화시키고 제2의 도금시대^{Gilded} Age[■]로 향하게 만들고 있다고 보고 있다. 2018년 5월 1일 두 사람은 〈뉴욕타임스〉에 "새로운 도금시대 뒤에 숨은 진짜 악당"이라는 제하의 특별 기고문을 싣고 "과점 세력"에게 책임이 있다고 말한다. 그들은 조금의 망설임도 없이 강하게 주장한다.

지난 20년 동안 미국의 성장률은 지난 세기 중반 성장률의 절반 수준으로 떨어졌다. 상위 1%가 가져가는 소득은 1970년대 이후 2배로 늘었지만, 모든 근로자 계층에 돌아가는 소득은 10% 가까이 떨어졌다. 이 모두가 새로운 도금시대가 오고 있다는 징후이다.

나 역시도 이 문제에 대해서는 깊이 우려하는 바이고, 다른 많은 이들도 그럴 것이다. 그런데 두 학자는 금융기관이 동종 기업들의 주식을 다량 보유한 것에 대해서는 맹비난을 하면서, 노동시장을 억누르는 기업의 힘이라든가 과점 세력을 형성하는 다른 방법들에 대해서는 미지근한 반응을 보이고 있다. 그리고는 "기관투자자들이 주식시장 점유율을 높일수록 소비자들은 더 비싼 가격을 치르게 된다"라고 확언한다. 하지만 이런 억지 논리를 입증하는 증거가 하나도 없다는 것만이 더욱 부각되었다.

■ 미국의 남북전쟁이 끝나고 몇 년 후인 1873년에 시작되어 28년간 이어진 대호황기이며 빈부 격차가 심해진 시기. (역주)

새로운 도금시대

지금 우리 사회의 모습이 19세기 후반 도금시대의 모습과 많이 유사하다는 것은 부인하기 힘든 사실이다. 오늘날의 부는 대부분이 금융 부문에서 창출된다. 그리고 앞으로 투자 운용의 미래에 관심이 있는 사람이라면 근거 없는 이론들에 맞서 싸워야 할 것이다. 이런 이론들은 기관 투자자들과 그 고객들에게 심각한 위해를 가할 것이며, 우리의 가족이 부를 축적하기 위해 선택할 수 있는 최고이자 유일한 길을 파괴하려 할 것이다. 그리고 그 길이란, 주식시장 전체에 분산투자하는 저비용 인덱스펀드 주식을 사서 장기로 보유하는 것이다.

자산을 운용하는 회사가 투자자와 시민과 사회에 가장 이바지하는 결정을 내리기 위해서는 지금보다 더 많은 통계적 증거와 더 많은 사례 증거와 더 전면적인 일반화를 도출해 내야 한다. 결론적으로 파스칼의 내기가 옳았다. 결과가 확률을 압도해야 한다.

19장

"2030년 금융기관법"

미래의 투자 운용이 큰 틀에서 어떻게 달라질지는 공공정책 입안자들의 결정에 달려 있다. 이건 말할 필요도 없는 일이다. 80년 전에 만들어진 1940년 투자회사법이 현재 지배적인 투자 운용 형태인 뮤추얼펀드 산업을 총괄하고 있다.

펀드 산업은 1940년과는 비교도 할 수 없을 정도로 달라졌다. 그때의 펀드 산업 총자산은 고작 4억 5,000만 달러였고, 이것은 오늘날 20조 달러 규모의 0.002%에 불과하다. 1940년에 존재하는 개방형 펀드는 68개였지만 지금은 7,956개이다.

뮤추얼펀드 산업은 단순히 크기만 커진 것이 아니라 성격도 과거와는 완전히 달라졌다. 1940년 투자회사법의 실제 목적은 폐쇄형 투자회사에 대한 감독과 규제였지만, 2018년 기준으로 폐쇄형 펀드의 시장점유율은 전체 펀드 자산의 1%밖에 되지 않는다.

오늘날은 펀드라고 하면 개방형 (뮤추얼) 펀드를 지칭한다고 봐야 한다. 1940년의 투자회사법은 인덱스펀드에 대한 관리와 감독을 고민해봤자 얼마나 고민했었는가? 오늘날 인덱스펀드 총자산은 7조 달러이고 뮤추얼펀드 자산의 35%, 모든 주식형 펀드 자산의 거의 50%가 인덱스펀드이다.

머니마켓펀드(자산 2.7조 달러)와 상장지수펀드(3.4조 달러)에 대한 고민도 마찬가지다. 1940년과 비교해 지금의 투자회사들이 속한 산업은 크기와 범위, 위력 면에서 모든 것이 달라져 있다.

펀드, 그리고 종합펀드 회사

1940년 투자회사법의 최대 결함 중 하나는 이 법이 '개개의 투자회사(즉, 개개의 펀드)'를 규제하는 데 초점을 맞추고 있다는 것이다. 그리고 그때는 대다수 운용사 산하의 펀드는 1~2개였다. 오늘날은 펀드 회사라고 하면 보통은 '복수 펀드'를 산하에 둔 종합펀드 회사를 의미한다. 상위 10개 종합펀드 회사가 평균 184개의 펀드를 운용하며 자산 기준 시장점유율은 63%이다. 그러므로 개별 펀드가 아니라 펀드들이 속한 펀드운용사, 즉 종합펀드 회사를 새로운 규제 단위로 정하는 것이 이치에 맞다.

1940년의 투자회사법 조항은 펀드와 종합펀드 회사를 어떻게 다르게 봐야 하는지를 잘 보여주는데, 이 조항은 기본적으로 뮤추얼펀드의 한 기업 의결권 주식 보유를 10% 이내로 제한한다.■ 종합펀드 회사의 총 투자 규모에도 이런 제한을(또는 더 완화된 제한을) 적용해야 한다고 말하려는 것은 아니다. 펀드 산업에 지각 변동이 일어난 지 오래인데도 개개의 뮤추얼펀드에 초점을 맞춘 케케묵은 규제 장치가 계속 효과가 있을 리 없다.

■   이론적으로 이런 제한이 적용되는 범위는 투자회사 운용자산의 75%이다. 하지만 현실에서는 이런 식의 구분은 아무 의미가 없었다.

운용사의 공동 소유

1940년 투자회사법은 펀드운용사가 공동 소유되는 상황도 생각하지 못했다. 최초로 지분 매각을 시도했던 펀드운용사는 과거 펀드 산업의 리더 중 하나였던 인슈어런스 시큐어리티스^{Insurance Securities, Inc.}였다. SEC는 인슈어런스의 지분 매각에 ** 격렬히 반대했지만, 오랜 법적 공방 끝에 1958년에 SEC 패소로 판결이 났다. 1960년에 들어서 펀드운용사들에게 공동 소유 열풍이 불기 시작했고 곧이어 십여 개의 펀드운용사들이 지분 매각을 진행했다. 얼마 안 가서는 거대 금융 복합기업들이 공모나 사모를 통해 펀드운용사를 인수하기 시작했다.

현재 뮤추얼펀드 기업들에게 공동 소유는 예외가 아니라 따라야 할 규칙이다. 상위 50개 분산투자 펀드운용사들 중 41개가 상장을 했거나(14개), 금융 복합기업에 속해 있다(27개). 8개 펀드운용사는 아직은 상장을 하지 않았다. 펀드 주주가 회사 주주이기도 한 회사는 딱 한 곳, 뱅가드밖에 없다.

나는 규제 신봉자가 아니다. 하지만 펀드 산업의 성격과 구조가 달라졌다. 가내수공업 수준의 소규모였던 산업이 초거대 산업으로 성장했고, 잘못된 행위로 대중의 감시를 받게 되었다. 펀드운용사들이 지나치게 많아진 지금의 뮤추얼펀드 산업에서는, 뭔가 더 적절하고 유의미한 규제 조치가 강구되어야 한다고 믿는다.

■■　지분 공개의 다른 문제에 대해서는 3부 앞부분에서 검토했다.

기관투자자와 기업 지배구조

1940년 투자회사법은 개방형 투자 운용사들이 기업지배구조에 미치는 광범위한 영향에 대해서는 눈을 감고 모른 척했다. 장차 생겨날 "2030년 금융기관법"(연도는 내 추측일 뿐이다)은 같은 실수를 반복하지 말아야 한다. 미국 대기업의 지분을 약 63%나 보유한 주주들은(뮤추얼 펀드와 연기금 및 여타 기관투자자) 기업들이 전적으로 주주들의 이익을 위해 경영을 하도록 맡은 바 중요한 역할을 다 해야 한다.

지분에는 권리가 있지만 못지않게 책임도 있다. 현재의 주법州法은 이런 책임을 수행하도록 강제하기에는 미흡하다. 연방 차원의 신인의무 기준을 마련해 타인의 돈을 수탁하고 운용하는 기관이 펀드 주주들의 이익을 제일 앞에 두도록 의무화해야 한다. 그리고 이 기준에는 기관투자자가 자신들이 위임받은 의결권 행사에 있어서도 책임을 지게 하는 요건도 포함되어야 한다.

과거 10년 동안 뮤추얼펀드와 금융기관이 행동주의적인 지배구조 정책 개발에 앞장서면서 많은 진척이 있었지만 아직도 갈 길은 멀다. 미래의 법안은 집단으로서의 자산운용기관과 관련된 문제만이 아니라 그들이 기업 기업지배구조에서 맡는 역할까지도 포괄해서 다뤄야 한다.

1940년 투자회사법의 좁은 시야

1940년 투자회사법의 또 한 가지 최대 결함은 법을 투자회사에만 국한한다는 것이다. 물론 그 이유야 쉽게 짐작이 간다. 그 시절에는 기업 연기금이 없었기 때문이다(최초의 기업 연기금은 10년 뒤인 1950년에나 생겨났다). 기부금 펀드의 위상은 지극히 미미했다. 법이 제정된 시절에 최대의 기관투자자 유형은 은행 신탁기금이었고, 이 분야에 대한 감독과 규제를 상술한 법은 연방과 주의 은행법이었다.

1945년에는 여러 형태의 자산운용 기관들이 보유한 미국 상장기업의 의결권 주식은 다 합쳐도 5%가 고작이었다. 현재 기관이 보유한 의결권 주식은 65%로 늘어났다.[■] 주식회사 미국의 소유권은 자신의 이익을 직접 표현하는 개인 주주에게서, 돈을 맡긴 펀드 주주들의(대부분은 뮤추얼펀드 주주와 연기금 수령인이다). 대리인인 기관 주주에게로 넘어갔다. 그리고 기관은 펀드 주주들이 투자한 돈을 감독하고 그들의 이익을 대변해야 할 의무가 있다.

기업 소유구조의 이런 급진적 변화는 보기보다도 훨씬 복잡하다. 대형 뮤추얼펀드 운용사들 대부분은 대형 연기금도 함께 운용하고 있기 때문이다. 2018년 미국 대주주 명단에 오른 상위 300개 기관이 보유한 미국 주식은 17조 달러로 추산되는데, 이것은 윌셔 5000 시가총액의 70%에 해당하는 금액이다. 이 기관 대주주의 절반은 뮤추얼펀드이고, 나머지 절반은 연기금과 여타 기관투자자들이다. 적용받는 규제법이 제각기인 이들 기관들을 합리적으로 감독할 만한 시스템 마련이 과연 가능할까 싶다.

■   바꿔 말하면 개인투자자가 보유한 지분율은 95%에서 37%로 감소했다는 뜻이다.

대주주로서의 인덱스펀드가 지니는 함의

미국의 자산운용사들은 기업의 대주주이고 다 합하면 절대적인 지분을 차지하는 데도 기업지배구조에 있어서는 무기력하게 군다는 맹비난을 받았다. 그중에서도 덩치도 크고 저격하기도 쉬운 목표물인 인덱스펀드가 가장 많은 비난을 받았다. 그러나 인덱스펀드는 투자자로서는 '소극적'이지만 기업 주주로서는 '적극적'이다. 왜인가? 수탁자인 인덱스펀드로서는 가진 의결력을 행사하는 것 말고는 대안이 거의 없기 때문이다.

액티브 자산운용사들은 기업의 경영이나 영업방침, 전략이 마음에 들지 않으면 언제든 그 주식을 처분할 수 있다. 그러나 인덱스펀드는 본질적으로 그럴 수가 없다. 유일한 대안은 경영진에게 개선 압력을 넣거나 그도 안 되면 경영진 교체의 압력을 넣는 것이 고작이다. 집단으로서의 인덱스펀드는 그렇게 하기에 충분한 의결력을 조만간 가지게 될 것으로 보인다.

의결력이 어디에 집중되는지, 다시 말해 누가 의결권을 지배하는지는 미국 SEC, 연방정부뿐만 아니라 우리 사회 모두가 조속히 관심을 가져야 하는 주제이다. 1940년 투자회사법 전문前文에 적힌 것처럼 우리는 "미국의 공익과 투자자의 이익에 이바지" 하도록 자산운용 기관들의 행동과 영업방침에 대한 원칙과 기준을 발전시켜야 한다.

내가 염려하는 부분에 대해서는 학계도 공감을 표하고 있다. 하버드 대학교 로스쿨 교수 존 C. 코츠John C.Coates가 2018년 9월 20일 제출한 정책 초안서는 지수연동투자와 기업지배구조의 재편에 대해 말하고 있다. "절대적인 힘을 가진 소수의 개인에 의해 지배되며⋯⋯ 미국 상장회사 대다수에 대해 실질적인 힘을 휘두른다".■ 코츠 교수는 또한 불만족스러운 현실에 대해 몇 가지 잠정적인 대안을 제시하고 있다. 꼭 필요한 조치들을 포함해, 전부 생각하는 것만으로도 고통을 감내해야 하는 것들이었다. 그의 결론은 이렇다. "이 문제는 쉽사리 사라지지 않을 것이다". 반박할 수 없는 결론이다.

투자 운용의 다른 2가지 문제

기관의 자산운용에 영향을 줄 만한 중요한 문제들은 너무 많아서 여기서는 다 열거할 수 없다. 하지만 내가 우려하는 두 가지 문제만은 조금이라도 언급하고 넘어가려 한다. 첫째로, 주식과 채권의 수익이 역사적 평균보다 떨어지는 시대가 우리 앞에 다가오고 있다. 타인의 돈을 수탁한 운용사들은 개인투자자, 연기금, 은퇴저축기금 등이 이런 가능성을 인지할 수 있도록 최선을 다해야 한다.

내가 특히나 염려하는 것은 연기금이며, 그중에서도 주정부와 지방정부가 거대한 재정적자에 발목이 잡혔을 때 이들의 연기금이 처하게 될 미래가 유독 걱정이 된다. 연기금 운용사는 운용 중인 투자 포트폴리오의 미래 기대수익률에 대한 의견을 공지해야 할 의무가 있다. 2018년 현재에는 미래 기대수익으로 7.5%를 가정하는 것이 중론이지만, 내가 보

■　"The Future of Corporate Governance Part I. The Problem of Twelve." 절대적 힘을 가진 개인의 숫자를 12명으로 적은 것은 소수의 개인이라는 것을 모호하게 은유하려는 의도이나. 나라면 0명으로 적을 것이다.

기에는 너무 공격적인 수치이다.

둘째로, 연기금 수탁기관은 주정부와 지방정부 연기금이 다른 투자에서 뛰어난 성과를 낸 매니저를 소개해 준 사람이나 회사에 "사업 중개 수수료" 명목으로 주기도 하는 이른바 "펀드가입 수수료Pay-to-play Fee"를 이용하거나 남용하지 않도록 조심해야 한다. "2030년 금융기관법"이 이런 수수료를 금지하거나 최소한도로 제한하지 못한다면, 투자자문사에 지급하는 모든 수수료의 완전 공시를 의무화해야 하지 않겠는가? 또한 운용사마다 벌어들인 수익이 얼마인지도 명확하게 공시해야 할 것이다.

▎신인의무: 3부를 관통하는 주제

▎내가 이번 3부, "투자 운용의 미래"의 3개 장에서 말한 주요 제언들에는 하나의 공통점이 있다. 이 모든 제언의 목표는 30조 달러라는 귀중한 저축을 금융기관에 직간접적으로 맡긴 개인투자자들의 이익을 도모하는 것이다.

이런 크고 작은 변화가 진행될수록, 결국에는 고객의 자산을 관리하는 수탁인이자 관리자가 기관투자자임을 깨닫는 사람들도 점차 늘어날 것이다. 노동부가 제안한 은퇴저축상품 판매자의 신인의무 개정안은 새 행정부에 의해 파기되었고, SEC가 이 문제를 어떻게 다룰지는 미지수이다.

하지만 정부 규제의 유무와 상관없이 신인의무는 자산운용사가 하는 모든 행동의 근간이 되어야 하며, 타인의 돈을 다루는 일을 하는 모든 사람과 모든 회사에 적용되어야 한다. 자산운용기관은 고객의 이익을 최우선에 두는 진정으로 성실한 수탁자가 되어야 한다.

자산운용사의 공동 소유 문제, 인덱스펀드의 현재 구조 유지, 의결력 집중, 그리고 규제 방침과 법 개정에 이르기까지 다가올 시대는 여러 도전거리를 던지고 있다. 국가의 금융, 투자, 기업지배구조를 이끄는 핵심 동력으로서 자산운용 산업은 정책입안자들과 협력해서 이런 문제를 적극적으로 해결해야 한다. 투자자 개인의 이익과 국익을 함께 도모하는 정책을 수립하는 것을 우리의 목표로 삼아야 한다.

4부

개인적
고찰

대부분의 투자자들은 앞에서 자세히 설명했던 나의 경력, 나의 지수연동투자 반란, 그리고 나의 투자 철학에 대해선 조금씩은 들어봤을지도 모르겠다. 『스테이 더 코스』의 이번 마지막 장에서는 나라는 사람을 어떤 사람인지 어설프게나마 소개하려 한다. 또한 내가 사회에 도움이 되려 얼마나 노력했는지, 나의 기쁨과 슬픔, 그리고 두려움까지도(신중하게 읽어주기를!) 약간은 드러내려 한다. 수십 년 전 다른 사람들이 나를 도와주었듯이, 나도 다른 사람들을 도와주었고, 그것은 내 인생에 큰 기쁨이었다.

이번 장은 내게 영향을 준 사람들과 영감을 주었던 글에게 바치는 헌사이자 회고록이라고 할 수 있다. 내게 큰 의미가 있는 것들을 알파벳 순으로 정리했다. 내 정신을 발전시키고 공동체에 환원할 기회를 얻도록 도와주었던 기관들, 지금의 나라는 사람이 되도록 도와주었던 사람들, 그리고 나라는 사람의 개성을 만들었던 기질과 다른 여러 가지를 기술하려 한다. 내 평소의 스타일과는 다른 방식으로 글을 적었으니, 독자 여러분들이 참고 읽어주기를 바라는 마음이다.

개인의 회고를 알파벳 순으로 적는다니, 괴팍하다고 말하긴 힘들지만 흔치 않은 행동인 것도 사실이다. 나는 알파벳의 26자를 다 이용하고 싶은 유혹이 굴뚝같았지만 참았다. 그랬다가는 궁지에 몰려서 끔찍한 결과물이 나올지도 모른다는 것을 잘 알았으니까 말이다. 마지막까지 읽은 독자 여러분에게 무언가 도움이 되는 내용이 있기만을 바라며, 일독을 부탁한다.

20장

나라는 사람을 만든 주춧돌들

조언 Advice

인생은 호사다마이다. 가장 좋았던 순간에도 가장 나빴던 순간에도, 나는 이 고대 페르시아 속담을 지침이자 조언으로 삼는다. "이것 또한 지나가리라".

아메리칸 인디언 대학기금 American Indian College Fund

미국의 역사를 깊이 공부하면서 나는 앵글로계와 유럽계 주민들이 식민지 시절 남의 땅을 자기 땅이라고 우겼다는 것을 알게 되었다. 콜럼버스가 신대륙을 발견한 이후로, 아메리카 인디언들은 우리의 침입자들에게, 우리의 연방정부에게, 그리고 우리의 사회에게 박해와 핍박을 받았다. 나는 이 잘못된 일을 바로잡아야 한다는 의무감을 느꼈기에 매년 약소한 금액을(하지만 나한테는 거액이다) 약 500명의 북미 원주민 출신 청년들에게 장학금을 지원하는 아메리칸 인디언 대학기금에 기부한다.

나는 1996~2002년까지 아메리칸 인디언 대학기금의 수탁관리인이었다. 그래서 우리 사회에서 자기 자리를 찾기 위해 최선을 다하는 이 젊은 학생들의 진지하게 웃는 모습을 담은 사진을 매년 받아 본다.

"독수리와 곰"

1996년, 심장 이식 수술 대기자 명단에 올라 있을 때 나는 "만일의 경우에 대비해" 애디론댁산맥 플래시드호에 있는 우리 가족의 별장에 기념물을 남기고 싶었다. 워싱턴주 북서부에 사는 원주민 부족인 루미

족을 통해 나는 토템폴^{Totem Pole}■을 주문했다. 북미 원주민 출신 예술가 데일 제임스^{Dale James}가 조각한 토템폴의 높이는 약 25피트(7.6미터)이다. 이 조각상은 22년째 둔덕에 서서 호수를 내려다보고 있다.

커다란 삼나무로 조각을 한 이 토템상은 "독수리와 곰"의 전설에 대한 것이다.

독수리가 인간 세계의 조각가들에게 큰소리로 외쳤다. "내 시대는 짧을 것이다. 두 세계가 서로를 잡아끄는 인력이 내게는 느껴진다. 그리고 내가 내 아내와 아이들을 볼 때마다 내 마음에는 무한한 사랑과 다정함이 샘솟는다. 너희에게 그들을 기리는 커다란 조각상을 만들라고 명하노라. 그 조각상에는 한 가족의 이야기가 담길 것이다. 독수리의 영혼을 가진 남자와 곰의 영혼을 가진 여자의 사랑 이야기가 담길 것이다. 그리고 그 남자의 이야기를 아이들의 아이들에게도 전하는 그들의 여섯 자녀에 대한 이야기가 담길 것이다".

블레어 아카데미^{Blair Academy}

뉴저지주에 있는 이 기숙학교는 내 인생에서 중요한 주춧돌이 되었다. 집에서는 여러모로 힘들었기에, 집을 떠나 생활하는 것이 우리에게는 최선이었다. 비싼 학비가 걸림돌이었지만 사랑하는 내 어머니가 학교를 설득한 끝에 우리는 '무료'로 입학할 수 있었다. 우리는 장학금을 받았고, 아르바이트도 했다. 쌍둥이인 나와 데이비드는 1945년 9월에 블

■　북미 원주민이 토템 상을 그리거나 조각한 기둥. (역주)

레어에 입학했고 1947년에 졸업했다(형인 윌리엄은 1945년에 졸업했다).

경험 많은 학교 선생님들은(그분들 중 넷은 1912년에 그 학교 교수진이 되었다). 나한테서 장래성을 보았던 것 같다. 그분들은 숙제를 잘못하면 절대로 봐주지 않았다. 제시 게이지Jesse Gage 선생님의 첫 대수 시험 답안지에는 40점이라는 무자비한 점수가 적혀있었지만, 나는 연말 기말시험에서는 100점을 받을 수 있었다. 헨리 애덤스Henry Adams 선생님과 마빈 G. 메이슨Marvin G.Mason 선생님은 내 영어 숙제를 거침없이 수정했다. 빨간펜으로 도배된 숙제는 보기는 흉했지만, 그분들의 지도를 받은 덕분에 내 작문도 조금씩 나아졌다.

남들보다 늦은 시작을 극복하기 위해 나는 열심히 공부했고 우등생으로 졸업했으며 "최고의 학생"으로 지명되었다. 어쩌면 그때부터 내게 흔들리지 않는 뚝심이 생기게 되었는지도 모른다.

사회 환원

많은 것을 받았기에 나도 많은 것을 주는 사람이 되고 싶었다. 보글 브라더스 장학기금Bogle Brothers Scholarship Fund은 지금까지 160명이 넘는 소년, 소녀들이 블레어 아카데미에 다니도록 도와주었으며, 장학금을 받는 학생은 매년 10여 명씩 늘고 있다. 나는 내 부모님과 조부모님을 기리기 위해 1989년에 보글 홀Bogle Hall과 1999년에 암스트롱-힙킨스 미술센터Armstrong-Hipkins Center for the Arts도 설립했다.

또한 나는 1973~2002년까지는 블레어 아카데미 이사회의 이사로, 이후부터는 명예 이사장으로 열심히 활동하면서 모교 발전에 공헌하려 노력했다. 그러고 보니 회상으로 지낸 16년까지 포함해 45년이나 학교

이사회에 몸을 담고 있었다. 학교 이사장 역할이 쉬운 것은 아니었지만, 나는 운이 좋았다. 1936년 블레어 아카데미 입학생이자 내 훌륭한 전임 자였던 J. 브룩스 호프먼J.Brooks Hoffman 박사가 멘토가 되어 내게 길을 보여준 덕분이었다.

블레어 아카데미의 르네상스

이사장으로서 무엇보다도 중요한 업무는 신임 교장 선임이다. 1989년 에 그 중요한 업무가 내게 찾아왔다. 나는 블레어 아카데미의 위대한 잠 재력을 실현할 수 있는 젊고, 활력이 넘치며, 인간성을 갖춘 사람을 원했 다. 당시 36세였던 T. 챈들러 하드윅T.Chandler Hardwick이 그 자리를 수락해 주었고, 챈은 아내 모니와 함께 블레어의 르네상스를 이끌었다. 블레어 아케데미는 미국 최고의 명문 고등학교로서의 위상을 되찾았다.

학교의 체계가 바로 서려면 무엇보다도 이사장과 교장이 서로를 단 단히 신뢰하는 관계여야 한다. 그 신뢰 관계를 바탕으로 블레어의 위상 은 높아졌으며, 나는 그와의 신뢰를 다지기 위해 내가 직접 "교장은 보 스이다. 이사장이 존재하는 이유는 교장이 도움을 요청할 때 돕기 위해 서다"라는 규칙을 만들고 철저히(대부분은 그랬다) 따랐다. 블레어 아카 데미에 24년의 인생을 바친 후 하드윅 부부는 2013년에 학교를 떠났다. 우리 부부와 그들 부부는 이후에도 변함없는 우정을 나눴다.

블레어 아카데미는 무엇을 사명으로 삼는가? 나는 2007년 동창회에 서 했던 연설에 학교의 소명을 담았다.

우리 학교 앞에 놓인 사명은 원대합니다…… 우리는 이 인문교육의

샘터를, 이 기회의 섬을, 그리고 이 가르침과 배움의 공동체를 보존하고 보호하고 수호해야 합니다. 우리 블레어 아카데미는 이 땅에서 가장 전도유망한 소년들과 소녀들 중 일부에게 다른 곳에서보다 더 많이 배울 수 있는 기회를, 다른 곳에서보다 더 많이 이룰 수 있는 기회를, 그리고 다른 곳에서보다 인격과 가치관을 더 훌륭히 함양할 수 있는 기회를 주어야 합니다. 너무 드높은 목표라고 생각하시나요. 절대로 그렇지 않습니다. 이 어린 시민들이야말로 우리 문명의 핵심이며, 다가올 미래의 희망입니다……

책Books

집필은 내 낙이고, 나는 뮤추얼펀드와 "사랑싸움"을 벌이는 중이다. 즐거운 사랑싸움의 결과로 12권의 책이 탄생했고 그중 10권은 뱅가드가 "반역자를 자처하며, 푸대접받는 고객을 대변해 교전을 벌이는" 회사가 되어 새 산업을 창조하는 반란을 일으키고 성공하는 데 도움이 되었다.

나는 글쓰기를 사랑하기 때문에 글을 쓴다. 글을 쓴다는 것은 머릿속에서 어수선하게 맴돌면서 어렴풋하게 감돌기만 하는 생각들에 집중을 하고 다듬고 열정을 집어넣는 작업이다. 그리고 책의 수명은 이 행성에서 잠깐만 존재하고 떠나는 우리의 수명보다 길다.

내 첫 번째 책인 『존 보글의 뮤추얼펀드Bogle on Mutual Funds』(1993)와 여섯 번째 책 『모든 주식을 소유하라The Little Book of Common Sense Investing』(2007)는 독자들에게 큰 호응을 얻었고 나머지 9권도 괜찮은 반응을 얻었다.▪ 2018년 중반까지 내 책들은 총 941,000부가 팔렸고, 거의 1,000명에 달하는 녹자늘 상당수가 좋은 평점을 남겼다(별 5개 74%, 별 4개 16%). 나는 원래 호평보다는 혹평을 더 잘 기억하는 편이지만,『모든 주식을 소유하라』(10주년 기념 개정판, 2018)에 두 독자가 남긴 서평만큼은 유독 뇌리에서 떠나지를 않는다. 어떤 저자가 다음과 같은 서평에 흥분하지 않을 수 있겠는가?

1. 성공적인 독자라면 반드시 마셔야 할 오아시스와 같은 책.
2. 와우. 방금 다 읽었다. 이렇게 재미있게 읽으리라고는 기대도 하지 않았다. 너무 재미있게 읽어서 책이 더 길지 않은 게 아쉬울 정도이다…… 투자에 대한 훌륭한 조언을 정말로 읽기 쉽게 설명해주고 있다(마치 친한 친구가 옆에서 솔직하게 조언을 해주는 느낌이었다). 게다가 최근에 나온 개정판이라는 점도 마음에 든다. 하지만 혹시나 10년 뒤에 이 서평을 읽을 독자들에게도 이 책은 미래의 그 시대에도 뒤떨어지지 않는 내용을 담고 있다고 말하고 싶다. 존은 이 책으로 투자 세계에 또다시 크게 이바지했다. 모두에게 강력히 추천한다(가족에게 주려고 나도 벌써 한 권 더 주문했다).

버핏, 워런 Buffet, Warren

오마하의 현인인 버핏은 나보다도 훨씬 유능한 뱅가드 500 인덱스펀드 세일즈맨으로 정평이 나 있다. 그는 버크셔 해서웨이 연차보고서에서 7번이나 이 인덱스펀드를 소개했다. 또한 그는 말에 그치지 않고 행

■ 여러분이 지금 읽고 있는 책은 내 열두 번째이자 마지막 저서인 『Stay the Course: The Story of Vanguard and the Index Revolution』(Hoboken, NJ: Wiley, 2019)이다.

동으로 보여주었다. 버핏은 S&P 500에 돈을 거는 것이 헤지펀드를 골라 돈을 넣는 것보다 수익이 높을 것이라고 장담했으며, 그의 사후 아내가 물려받을 신탁자산 관리인에게 자산의 90%를 뱅가드 500 인덱스펀드에 투자하게 했다.

그는 25년 전에 나와 처음 만나 교분을 쌓은 후로 세상 물정에 밝은 이 신사는 여러 번이나 내 책을 추천해주었다. 2017년 버크셔 해서웨이 연차총회가 특히 내 기억에 남았다. 오마하의 거대한 강당에서 4만 명의 투자자들이 지켜보는 가운데, 버핏이 큰소리로 나를 호명했다.

잭 보글은 이 나라에서 그 누구보다도 많은 공헌을 미국의 투자자들에게 해주었습니다…… 잭, 자리에서 일어나 주시겠습니까?

박수갈채가 쏟아졌다. 나는 당황했지만, 압도적으로 기뻤다.

소통 Communication

우리는 인간으로서 서로 감정을 나누며, 솔직하게, 그리고 최대한 예의 바르게 소통을 해야 한다. 내 소통방식에 대한 평가는 내 오랜 보좌관이자 친구였던 제러미 듀필드의 말을 빌려서 표현하려 한다. 내 삶의 여정에서 만난 사람들 중에서도 제러미만큼 빛나고 지성이 돋보이고 진정성이 넘치는 사람은 드물었다.

오스트레일리아 태생의 제러미는 1969년 대학 입학을 위해 미국으로 왔고, 1979년 뱅가드에 입사했다. 1996년에는 뱅가드 오스트레일리아 자회사를 설립했고, 기업가 정신을 발휘하며 훌륭하게 자회사를 운영하다가 2010년에 회사를 떠났다. 그는 내 소통방식을 다음과 같이 묘사했다.

강박적일 만큼 소통을 많이 해야 한다. 그리고 소통을 잘하는 사람이 되기 위한 원리원칙에 절대적으로 집착하는 광인이 되어야 한다…… 첫째 교훈은 열과 성을 다해 소통을 해야 한다는 것이다…… 그는 책도 여러 권 썼고, 연설은 575회에 이르고, 〈저널 오브 포트폴리오 매니지먼트〉와 〈파이낸셜 애널리스트 저널Financial Analyst Journal〉에 (총 29편의) 논문을 게재했고, TV에 100번을 출연했고, 주주들에게는 250개에 달하는 연차보고서를 썼다……

그는 모든 방식에 드라마를 대입하는 능력이 있다. 아마도 그것이 그가 영향력을 미치는 비결일 것이다. 궁지에 몰린 투자자들의 모습을 보면 그의 내부에서 쉼 없이 도덕적 분개심이 불타오르는 것이 분명하다. 잭의 사고에 회색지대는 없다. 그것은 도덕적 절대주의이다.

"뱅가드의 바다에는"

제러미는 내가 이렇게 세상에 대해 고민할 때 읽으라며 심기일전하게 해줄 시 한 편을 지어 보냈다. 그의 소통 능력이 잘 드러나는 대목이었다. "뱅가드의 바다에는"은 내게 깊은 감동을 주었다.

뱅가드의 바다에는 여전히 파도가 넘실대는구나
포말이 이는 물마루가 줄지어서
그가 쉬는 장소를 덮나니

하늘에는 갈매기가 용감하게 노래를 불며 날고 있으나
저 아래의 총성에 가려 그 소리는 잘 들리지 않는구나
나는 우리의 적과의 싸움을 이어나가고
내 흠투성이 손으로 그대에게 던진 횃불은
그대의 손에 들어가 높이 들어 올려지는구나
그대가 죽은 이들과의 신의를 깨트린다면
뱅가드의 바다 위로 부는 바람은 여전할지라도
나는 잠들지 못하리라.

굳은 의지^{Determination}

몇 년 전 친구들과 가족에게 내 성격에서 어떤 부분이 가장 두드러지는지는 물어보았다. 그들은 입을 하나로 모아 "굳은 의지"라고 대답했다. 그들은 분명 좋은 뜻에서 그렇게 말했을 것이다. 그러나 나는 굳은 의지가 한 개인이 목표를 이루는 데는 꼭 필요하지만, 자칫하면 외골수가 되어 타인을 질리게 만들 수 있다고도 생각한다. 게다가 내 반골 기질은 알만한 사람은 다 안다("더 좋은 방법이 있을 거야"라고 말하곤 했다). 또한 나는 결단력이 있고 회복력이 좋으며 뚝심과 자기확신이 높은 사람이라는 평가도 받았다(그래서 나는 내가 선을 넘어서 거만한 사람이 되는 일이 없기를 기도한다).

딜런 토마스^{Dylan Thomas}

저 좋은 밤으로 순순히 들어가지 마라^{Do not go gentle into that good night}. 빛의 죽음에 맞서서 분노하고 또 분노하라.▪

엔진Engine

와티 파이퍼Watty Piper의 그림동화책 『씩씩한 꼬마 기관차The Little Engine That Could』은 짧은 교훈을 전해준다. 하지만 성공적인 경력을 만드는 데 그것보다 더 도움이 되는 조언은 생각나지 않는다.

잘할 수 있어. 잘할 수 있어. 잘할 수 있어…… 잘 해낼 줄 알았어. 잘 해낼 줄 알았어.

가족Family

가족은 내게 온전한 축복이자 더할 나위 없는 완전한 인생을 안겨주는 존재이다. 나와 62년을 부부로 지낸 이브는 우리 가족의 중심이다. 그녀는 다정하고, 상냥하고, 강하고, 똑똑하고, 쾌활하다. 몇 년 전에 나는 우리가 결혼 50주년이라는 것을 알고 있는 한 청중을 만났다. 질의응답 시간에 나온 다섯 번째 질문은 "비결이 무엇입니까?"였다. 나는 조금도 주저하지 않고 10여 년이 지난 지금도 달라지지 않을 대답을 했다. "비결은 두 가지입니다. 첫 번째는 성인聖人과 결혼하는 거죠. 두 번째로, 가장 중요한 영어 단어 두 개를 절대로 잊지 말아야 한다는 겁니다. '알았어, 여보'라는 말이죠".

우리 부부는 무한한 축복을 받으며 살았다. 우리의 여섯 자녀와 열두 명의 손자손녀는 모두 건강하고 행복한 시민으로 잘 자랐고, 이 행성에 사는 인간으로서 누구나 맞이하는 도전도 잘 이겨내고 있다. 우리는 증

■　20세기 초중반 영국 시인. 〈저 좋은 밤으로 순순히 들어가지 마라〉의 일부. (역주)

손자도 여섯이나 두었다. 모두 2018년에 태어났고 다 사내아이들이다.

요새 "워라벨Work/life Balance"에 대한 글이 많이 보인다. 다들 일은 인생의 일부가 아니라는 듯 말하는 것 같다! 말을 바꿔 "일과 가족의 균형"으로 생각해보면, 내 저울은 일 쪽으로 확연하게 기울어질 것이다. 그럼에도 나는 가족에게 최선을 다했고, 아마 내 가족도 내게 합격점 이상을 줄 것이라고 믿는다.

용서Forgiveness

나는 솔직히 "눈에는 눈, 이에는 이"라는 단순한 메시지를 좋아했지만 조금은 유해져서 "반성이 없으면 용서도 없다"는 태도를 가지게 되었다. 그러다 1974년에 보스턴에서 온 내 전 파트너들이 갑자기 웰링턴 자산운용사에서 나를 몰아내는 일이 벌어졌다. 그들의 투자 실패로 회사가 침몰할 뻔했지만, 그들의 태도는 오히려 적반하장이었다. 그래서 나도 "빌어먹을, 저들이 퍽이나 반성하겠다. 복수나 해야지"라는 태도로 돌아갔지만, 그런 강경한 태도는 나를 좀먹을 뿐이었다.

어느 날 나는 미국 2대 대통령 존 애덤스와 3대 대통령 토머스 제퍼슨이 서로 앙숙이었다는 것을 알게 되었다. 그들의 정적 관계는 제퍼슨의 임기가 끝나는 1801년까지 계속되었지만, 균열이 메워졌고 둘은 친구가 되었다. 둘은 독립선언문 서약을 하고 정확히 50년이 지난 후인 1826년 7월 4일까지 오랫동안 서신을 주고 받았다. 그 둘은 같은 날에 죽을 때까지 우정을 이어나갔던 것이었다.

그 이야기에 나는 마음이 바뀌었다. 우리가 합병 계약서에 날인을 한 1966년 6월 6일로부터 25년이 흐른 1991년에 나는 내가 먼저 균열을

메우기로 했다. 후임자들을 용서하기로 한 것이다. 그들이 반성을 했는지는 상관하지 않았다. 나는 내 발등을 찍었던 무리의 수장인 로버트 도런과 닉 손다이크를 만났다. 나는 에둘러 말하지 않았다. "25년이면 충분합니다. 이제는 사이좋게 지냅시다". 그리고 우리는 친구가 되었다. 내가 보스턴 근처의 더 컨트리 클럽이라는 곳에서 많은 청중 앞에서 연설을 했을 때는 그들은 나와 이브를 초대해 화기애애한 소규모 만찬 모임까지 열어주었다. 내가 먼저 용서의 손길을 내민 것이 효과가 있었음에 틀림없다.(나는 영웅이 아니다. "이에는 이"는 나한테는 여전히 꽤 중요한 신조이다.

신^{God}

신은 존재하는가? 존재한다.

수호천사^{Guardian angels}

10장의 결론은 '누구든 온전한 섬이 아니다'이다. 나는 평생을 다른 사람들의 도움을 받으며 살았고, 오랫동안 심장병 투병 생활을 하면서는 남들에게 더 많이 기대게 되었다. 처음 심장마비가 온 것은 1961년 테니스코트에서였고, 그때 내 나이는 겨우 서른둘이었다.

10년 후에야 정확히 알아낸 진단명은 유전으로 인한 부정맥유발성 우심실이형성증Arrhythmogenic Right Ventricular Dysplasia, ARVD이었다. 심방이 갑작스럽게 불규칙하게 수축하는 심장병으로, 바로 치료를 받지 않으면 죽을 수도 있었다. 이브가 나를 병원으로 급히 데려간 것이 아마 10번 정도는 되었던 것 같은데, 세 아이의 그리고 나중에는 여섯 아이의 엄마로서는 여간 힘들 일이 아니었을 것이다. 나는 병원에서 전기 충격을 통해 심장 박동을 정상으로 되돌리는 치료를 받으러 다녔다.

지치고 힘든 일상이 이어졌다. 나는 미국에서 최고의 심장과 전문의를 물색했다. 다들 입을 모아 보스턴 피터 벤츠 브리검 병원Peter Bent Brigham Hospital의 버나드 라운Bernard Lown 박사가 최고라고 말했다(지금은 브리검 여성병원으로 바뀌었다). 나는 1967년부터 미국 최고의 명의에게 치료를 받기 시작했다(그는 1985년에 노벨평화상을 공동 수상한, 한 인간으로서도 손색이 없는 사람이었다). 그는 내 수호천사가 되어 나를 강도 높게 관찰하고 치료해 주었다. 그러다 1987년이 되면서 잦은 입원과 내원 치료가 몸에 무리를 가하고 있다는 사실을 내게 알려주었다.

"심장 이식이 필요합니다!"

그 즈음해서 나는 필라델피아에서 실험 약물로 치료를 받며 심장발작 빈도가 줄어들었다. 하지만 1996년에 심장의 절반이 기능을 멈추었다. (신의 가호로 다행히 오른쪽만 멈추었고 심장 왼쪽은 제대로 박동했다). 새 심장이 필요했다.

심장 이식 순서는 조금 남았지만, 수전 브로제너Suzan Brozena 박사는 필라델피아 하네만 병원Hahnemann Hospital의 이식 프로그램에 내 이름을 올려주었다(병동 문 한족에는 "출구 없음"이라는 말이 적혀 있었다. 그걸 보니 괜히 걱정이 되었다).

새 심장을 기다리는 이들은 매우 많고, 이식 병동에 입원한 누구나 "아주 민주적인 교통정체"를 통과해야 한다. 다행히 내 심장은 정맥 약을 계속 주입받으면서 128일 동안이나 펌프질을 멈추지 않아 주었고, 마침내 1996년 2월 21일 새 심장이 도착했다(26세 청년의 심장이었다. 그의 평안을 빈다). 이식한 심장에 적응하느라 조금 고전을 했지만, 2주 후에 나는 무사히 집으로 돌아왔다. 나는 무릎을 꿇고 땅에 입을 맞추었다.

닥터 B

그때부터 내 심장 전문의인 수전 브로제너(닥터 B)는 또 한 명의 내 수호천사가 되었다. 닥터 B는 똑똑하고 노련하고 쾌활하며 매력적인 사람이었으며, 내가 평생을 복용한 항거부반응제를 포함한 최신 이식 치료의 약리학과 합병증까지도 잘 알고 있었다. 덕분에 나는 여별로 받은 22년의 생을 온전히 즐길 수 있었다. 이식 수술을 받은 65세 노인이 그 정도를 더 산 것은 기적에 가깝다고 생각한다.

브로제너 박사와 라운 박사는 하늘이 내린 내 수호천사였다. 나는 두 개의 심장으로 꽤 오래 살았다. 처음에는 결함이 있는 심장으로, 두 번째는 그럭저럭 괜찮은 심장으로 사는 동안 열 명이 넘는 수호천사가 나를 지켜봐 주었다. 그들은 자신이 누구인지를 잘 아는 사람들이었고, 나는 그들 모두에게 내…… 음, 심장 끝에서 우러나오는 무한한 감사의 인사를 바친다.

심장병과 그로 인한 여파까지 다 이겨내고 거의 60년을 살았다는 것은 무언가 심리적인 요인이 크게 작용했다고 봐야 한다. 여기에 대해서는 라운 박사가 잘 설명해준다.

다음에 언제 맥박이 멈출지, 언제 심장 수축이 중단될지 불확실한 심장으로 어떻게 그런 큰 성과를 낼 수 있었던 것인가요? 당신의 강철 같은 의지에는 그저 감탄하는 마음입니다. 의학기술의 발전이 당신의 생명을 몇 년 연장해 준 것은 맞습니다. 하지만 과학의 힘만으로는 존 보글의 기적을 다 설명하지 못합니다.

저는 더 심오한 진리를 배웠습니다. 희박한 생존율을 이겨내고 살아남는 데에는 현재의 과학적 기준으로는 측정할 수 없는 무형의 무언가가 요구됩니다. 가장 필요한 것은, 우리의 자의식을 정의하는 인간으로서의 정신력이겠죠. 또한 타인을 도우려는 헌신적인 마음, 찰나를 두려워하지 않는 마음, 차이를 만들면서 느끼는 기쁨도 필요합니다. 이런 자아상으로 당신은 헌신적인 가족과 마음을 터놓는 친구들이라는 든든한 인간관계를 만들었고 희박한 가능성에 의지해 미래를 엮을 수 있었던 겁니다. 그럼으로써 의미 있는 삶을 단단히 움켜잡을 수 있었던 겁니다.

고습도치와 여우 Hedgehog and the fox

다음은 기원전 670년 경의 고대 그리스 철학자 아르킬로코스가 고슴도치와 여우에 대해 적은 말이다.

여우는 많은 것을 알지만, 고슴도치는 단 한 가지 위대한 것만 잘 안다.

이 말을 미국의 자산운용 매니저들에 대입해보면 중요한 통찰을 얻을 수 있다. 우리 주위에 포진한 교활한 여우들은 복잡한 시장 속에서 그들이 빠삭하게 알고 있는 정교한 마케팅 기법들로 살아남는다. 반대로 고슴도치는 "성공 투자의 비탕은 단순함, 즉 복잡하지 않은 서비스와 정직한 관리이다"라는 한 가지 위대한 사실만 잘 안다. 안타깝게도 우리 산업에서 고슴도치는 극소수이다. 뱅가드가 어떤 종에 속하는지는 굳이 말할 필요는 없을 것이다.

공명정대한 구경꾼Impartial spectator

애덤 스미스의 『도덕감정론The Theory of Moral Sentiments』(1759)를 그대로 가져왔다. 이 글귀는 더할 것도 뺄 것도 없다.

관대한 사람들은 무슨 연유에서 자신의 이익을 희생하여 타인에게 더 큰 이익을 안기는 것일까? 공명정대한 구경꾼이 우리에게 큰 소리로 외친다. 우리는 군중에 속한 하나일 뿐이며 군중 속에서는 더 나을 것도 없는 존재이고, 우리가 부끄러움도 모르고서 타인에게 눈을 감는다면 바로 우리 자신이 분노와 혐오와 증오의 목표물이 될 것이라고. 이 외침이 우리 안의 가장 대담한 열정을 화들짝 놀라게 만든다.

그 공명정대한 구경꾼만이 우리 자신이 진정으로 하찮은 존재임을 깨닫게 해준다. 이 공명정대한 구경꾼은 관대함이 적정한 행동이고 불공평은 그릇된 행위임을, 자신이 가장 큰 이득을 보려는 것을 억제하고 타인의 이익을 늘려주는 것이 적정한 행동임을 보여준다. 그렇게 하는 것이 우리에게 가장 큰 보답으로 돌아오기 때문이다.

우리가 그런 숭고한 덕을 실천하도록 이끄는 것은 대부분의 경우에는 이웃에 대한 사랑 때문도 인류에 대한 사랑도 아니다. 그것은 우리 안의 명예롭고 고결하고 웅대하고 존엄하고 우수한 인격에 대한 더 강한 사랑과 더 강력한 애정이다.

한 번 읽는 것으로는 모자란다. 두 번, 세 번은 읽기를 바란다.

미국자산운용협회 Investment Company Institute, ICI

나는 1969~1974년까지 ICI의 위원이었다. 그 시기가 내 사회생활에서 중요한 축이 되었다. ICI에서 나는 위대한 멘토 둘을 만날 수 있었다. 로버트 오젠블릭 Robert Augenblick 대표이사와 D. 조지 설리번 D. George Sullivan 회장은(당시에는 피델리티 경영부사장이었다). 내게 길을 보여주었다.

다만, 2018년 현재 ICI 리더들의 행동은 나로서는 이해가 가지 않는다. 그들은 미국 뮤추얼펀드 시장을 지배하는 투자 운용사들의 입장을 옹호하는 일에는 재깍 나서면서 그로 인해 뮤추얼펀드 주주들이 입을 피해에는 아랑곳하지 않곤 한다. 이쯤 되면 협회 이름도 역할을 제대로 반영한 "자산운용매니저협회"로 바꿔야 하지 않을까?

펀드 산업은 제대로 돌아가고 있는 것인가? 자문수수료가 너무 높은가? 공격적인 마케팅이 도를 넘어서지는 않았는가? 펀드 사외이사들은 진정으로 독립적인가? 인덱스펀드는 왜 대부분의 액티브 운용 펀드보다 높은 수익을 내는가? 증권사 수수료는 주주 이익에 도움이 되는가 아니면 운용사 이익에 도움이 되는가?

이 사항들은 시작일 뿐, ICI의 연차 회원사 총회 General Membership Meeting, GMM에 의제로 올라야 할 주제는 열거하자면 끝이 없다. 하지만 이 의제들 중 어느 것 하나 채택되지 않았다. 혹시라도 이 의제들이나 다른 중요한 의제들이 상정될 기미가 조금이라도 있는지 알아보려고 나는 해마다 총회에 직접 참석했다. 하지만 번번이 빈손으로 뱅가드에 돌아왔다.

ICI 회장, 1969~1970

더 자세히 말하자면, 나는 ICI 경영위원회에서 5년을 일했다. 1969~1970년에는 ICI 회장직을 맡았고, 1970년 투자회사법 수정안 작업에 참여하기도 했다(내가 그 일에 얼마나 자부심을 느꼈는지는 나도 잘 모르겠다!).

나는 내 자신 이후에 ICI 회장을 맡았던 4명을 펀드 산업으로 데려왔고, 주식형 뮤추얼펀드 자산의 절반 정도(2018년 기준 43%)를 점하고 있는 인덱스펀드를 만들었다. 그리고 내가 세운 회사는 ICI 최대 규모이자 최대 회비를 납부하는 회원사가 되었다. 하지만 그것으로는 (런던 〈더 타임스〉의 2017년 기사에서도 말한 것처럼) ICI 2017년 GMM 연사로 초빙을 받기에는 자격 미달이었나 보다. 도무지 이해가 가지 않는다!

'조' 조지핀 힙킨스 보글'Jo' Josephine Hipkins Bogle

나의 어머니 조(1896~1952)는 성인군자였다. 아름답고 매력이 넘치고 쾌활한 어머니는 주위의 모두에게 행운이자, 기쁨을 주는 사람이었다.

힘든 결혼생활과 금전적으로 쪼들리는 상황에서도 자신을 잘 유지한 어머니를 생각하면 지금도 감탄만 나온다. 어머니가 처음 출산한 아이는 쌍둥이 딸이었지만 둘 다 첫 돌을 넘기지 못했다. 하지만 나는 어머니가 사는 게 힘들다고 위축되어 훌쩍이고 불평하는 모습을 본 적이 한 번도 없다. 어머니는 세 아들에게 모든 것을 바쳤다. 아들들이 좋은 친구들을 사귀면서 자라고(홈런이었다) 최고의 교육을 받을 수 있도록(그랜드 슬램이었다) 최선을 다했다.

세 아이 모두 "블레어 아카데미 입학을 환영합니다!"의 주인공이 되었고, 막내아들은 "프린스턴 입학을 환영합니다!"의 주인공도 되었다. 신이 보우하사 어머니는 내가 대학생이 되는 것을 보았고, 내가 강단을 걸어 올라가 '경제학 마그나 쿰 라우데(우수 학생)'로 학위를 받는 모습을 작은 호크아이 카메라로 찍었다(나는 그 사진을 아직도 가지고 있다). 8개월 후 어머니는 돌아가셨다. 하지만 내 영원한 사랑과 기억 속에서는 아니다. 앞으로도 그럴 것이다.

플래시드호 Lake Placid

1958년부터 아내인 이브와 나는 뉴욕주 플래시드호의 가족 별장에서 여름을 보냈다. 여름이면 항상 우리의 아이들과 손자들, 증손자들이 그곳에서 머물렀다. 우리는 우리의 오래된 별장과 낡고 탁 트인 보트하우스와 우리의 전기보트 '블루 헤븐'과 우리의 호수를 사랑한다. 나는 이 호수를 찬미하는 기도까지도 지었다.

우리 지구의 아름다움을 위해

우리 하늘의 영광을 위해

저 너머에 있는 산을 위해

우리의 자부심인 플래시드호를 위해

만유의 주여, 당신에게

찬미와 감사의 마음으로 찬송을 바치나이다.

아멘

인생Life

미국 극작가 손턴 와일더Thornton Wilder의 1938년 작 『우리 읍내Our Town』는 뉴햄프셔주의 작은 읍내인 그로버스 코너스에 사는 평범한 사람들의 이야기를 들려준다. 에밀리 웹이라는 젊은 여성이 주인공인데, 에밀리는 결혼을 하지만 둘째 아이를 낳은 후 사망한다. 그리고 몇 년 후 공동묘지 정령들의 허락을 받은 그녀는 하루 동안 무덤을 떠나 그로버스 코너스에 사는 가족을 보러 가게 된다. 그녀는 산 자들이 일상의 기쁨을 하찮게 여기는 모습에 가슴이 아파서 무덤으로 일찌감치 돌아간다. 아래는 그녀의 대사 중 일부이다.

잘 있어요, 엄마. 잘 있어요, 아빠. 잘 있어, 세상아…… 인생이라는 게 이렇게 빠른 거였어. 인생에서는 그 모든 일이 벌어지는데 우리는 알아채지 못했지. 세상아, 네가 이렇게나 멋지니 아무도 너를 알아보지 못하는 거지. 살아 있으면서 인생을 매분, 매 순간 깨닫는 인간이 있기나 할까? 그게 인간이긴 해. 다 눈이 멀었어.

멘토Mentors, 후배Protégés, 친구Friends.

이들을 모두 언급하려면 몇십 페이지를 할애해도 모자라겠지만, 반드시 넣어야 하는 이름들로만 압축해서 적었다.

나의 위대한 첫 멘토는 프린스턴 동문이자 프린스턴 스포츠연맹 학생 매표소 매니저를 맡았던 제임스 P. 해링턴James P. Harrington(1947년 학사학위, 1950년 박사학위)이었다. 공학 박사인 그를 통해 나는 내가 평생을 신봉할 수 있는 기준을 마련하게 되었다. 책임감, 신뢰성, 적시성, 세

심한 곳까지 신경을 쓰는 정확성을 그에게서 배웠다. 나는 처음에는 매니저 보조로, 이후에는 매니저로 그와 (그리고 그의 아내와) 2년을 일했다. 우리는 그와 가까운 친구로 지내다가 아쉽게도 사는 곳이 멀어 연락이 뜸해지게 되었다.

나는 1951년에 프린스턴을 졸업하고 웰링턴 자산운용사에 입사했다. 창업자이며 프린스턴 1920년 졸업생인 월터 L. 모건은 내 멘토가 되어주었다. 그러나 웰링턴의 멘토는 모건만이 아니었다. 조지프 E. 웰치 Joseph E. Welch 경영 부사장, A. J. 윌킨스A.J.Wilkins 영업 부사장, 앤드루 B. 영Andrew B. Young 자문변호사까지. 이들 모두 오랜 사회생활에서 축적한 지식을 내게 아낌없이 나눠주었다. 내 안에 멘토링을 받을 자격이 있는 무언가가 있다고 보았던 것인가? 그랬던 것 같다. 월터 모건이 100세를 일기로 타계할 때까지 나와 지낸 세월은 50년이나 된다. 나중에 안 일이지만 모건은 나를 "그가 한 번도 가지지 못했던 아들"로 여겼다고 한다.

후배들

사회생활을 하면서 나는 "사장 보좌들"에게 의지하지 않은 적이 거의 없었다. 그들은 대부분 학사학위를 소지한 젊은이들이었고 더러는 석박사 출신도 있었다. 나와 같이 일한 젊은 보좌관들은 총 10명 정도였지만, 저마다 다 다른 사회생활을 보냈다. 누구는 사회생활에서 크게 성공했고, 누구는 다소 평범하게 마무리했다. 누구는 지금까지도 나와 좋은 친구로 지내고 있고, 또 누구는 일하느라 바빠서인지 20여 년이 넘도록 나와 연락 한번 없이 지내고 있다. 이런 결론을 내린다면 너무 일반화일 수도 있지만, 지금의 후배가 내일의 친구가 될 것이라고 기대해서는 안 될 것 같다. (멘토에게 감사를 표하는 것은 좋은 일이지만 그런 행동을 반드시 영원히 유지해야 할 필요는 없다고 본다). 내 보좌관들은 내 인생을 밝히는 불빛이었다.

친구들

나에게는 하는 일도 분야도 다른 친구들이 대단히 많다. 한 친구는 미국에서 가장 존경받고 있으며 대안 투자 전략에 중점을 두는 거대 금융회사의 리더이고, 두 친구는 금융학 분야의 뛰어난 석학이다. 프린스턴 1951년 졸업 동기들과(지금은 가고 없는 친구도 많다!) 1949년 프린스턴 졸업 동문이며 연방준비위원회 의장을 지낸 친구도 내 소중한 친구들이다. 그리고 24년 동안 블레어 아카데미를 이끈 부부도 잊지 못한다.

어린 시절을 같이 보내고 75년을 함께 한 특별한 친구, 대형 뮤추얼펀드 그룹의 전직 CEO, 중서부 출신의 미국 상원의원도 잊지 못한다. 나와 이브, 그리고 우리 아이들이 버크셔 해서웨이 2017년 연차총회에 참석할 수 있도록 세스나 사이테이션 전세기를 보내준 배려심 넘치는 자산운용 매니저와 미국 최대 규모 대학 기부금 펀드 두 곳의 매니저들도 잊지 못할 친구들이다. 그리고 대형 지방 일간지의 국장, 날카로운 눈으로 금리를 관찰하는 언론인, 〈타임〉 전 편집국장도 모두 내 귀중한 친구들이다.

마지막으로 두 번만 더 "감사의 마음"을 큰소리로 전달하려 한다. 뱅가드 갤러리에서 일하며 우리 직원들에게 하루도 빠짐없이 귀중한 도움을 준 에리카와 로레타에게 감사한다. 그리고 내 출퇴근길과 출장길에 운전을 해주면서 안전한 정시 도착을 책임져준 봅과 빌리, 그들의 동료들에게도 고마움을 전한다.

우정은 발견하는 것이다. 뮤지컬 〈남태평양South Pacific〉의 노랫말을 살짝 바꿔 내 생각을 대신하려 한다.

드디어 찾은 내 친구들, 다시는 보내지 않으리.

미국 국립헌법센터National Constitution Center

1998년 나라에 이바지할 수 있는 기회가 내게도 찾아왔다. 나는 국립헌법센터 이사회 의장을 맡았다. 내 전임자였던 에드 렌델Ed Rendell 필라델피아 시장은 민주당 전국위원회 위원장에 임명되었기 때문에 이사회 의장직까지 겸임을 할 수가 없었다. 당시 국립헌법센터 대표이사였던 조 토셀라Joe Torsella가 내게 신임 의장직을 맡아달라고 부탁했지만, 나는 거절했다. "이사회에도 나보다 훌륭하게 의장직을 수행할 후보들이 많을 겁니다. 게다가 전 시간도 없습니다!"

"진짜 의장?"

그래도 그들은 계속 부탁했고 결국 시간을 내는 게 핵심이었던지라 나는 다음과 같은 조건으로 동의했다. "진짜 의장을 찾을 때까지만 할 겁니다". 7년 후인 2005년에야 나는 의장직에서 물러났고, 미국 전직 대통령인 윌리엄 제퍼슨 클린턴이 후임 의장직을 맡았다. 그 다음 후임 의장 역시 미국 대통령을 지낸 조지 H. W. 부시George H. W. Bush였다.

그 7년의 시간은 소용돌이처럼 정신이 하나도 없었다. 이사회를 이끌고, 기금을 모으고, 계획을 짜고, 하원에서 증언을 하고, 국가를 위한 이 위대한 일을 아이디어에서 실행까지 이끌어야 했다. 그러나 이 막중한 임무에서 가장 큰 공을 세운 사람은 조였다는 사실을 알아주기 바란다. ("블레어 아카데미"에서도 말했지만 이사회 의장은 돕는 사람이다).

미국 국립헌법센터 박물관은 필라델피아 인디펜던스 몰의 북단과 인디펜던스 홀의 남단 사이에 위풍당당하게 위치해 있다. 2000년 박물관 기공식에서 나는 빌 클린턴 대통령의 명연설에 앞서서 "미합중국 시민이 지니는 의미"라는 주제로 연설을 했다. 박물관 개관식은 2003년 7월 4일에 열렸다.

헌법을 시민의 삶 가까이 가져다 놓는다는 위대한 사명에 동참했던 것은 한 명의 미국인으로서 대단한 영광이었다. 로즈 장학생 출신인 조 토셀라 대표이사와 함께 일한 것은 무척 즐거운 경험이었다. 그는 2016년에는 펜실베이니아주 재무장관에 선출되었다.■ 우리의 국가와 우리 국가의 가치, 그리고 우리 국가의 제도에 내가 헌신적인 열정을 바칠 수 있었던 그 기간, 조는 나의 멋진 동반자였다.

대통령들 Presidents

1969년 뉴욕 세계박람회에서 미켈란젤로의 〈피에타〉를 관람하는 무빙워크의 끝까지 다 도착했을 때였다. 그곳에서 아는 사람의 얼굴이 보였는데, 해리 S. 트루먼이었다. 그는 경호원 없이 혼자 서 있었고, 나는 살면서 처음으로 미국 대통령과 악수를 나누었다.

■ 미국은 주지사와 상하원만이 아니라 주 정부 재무장관, 총무장관, 검찰총장 등 다수의 공직이 선출직이다. (역주)

대통령과의 두 번째 악수는 1970년 5월 27일 백악관에서였다. 주식 시장이 급락한 후 나는 백악관이 주최하는 만찬에 다른 금융회사의 CEO 및 경영자들 35명과 함께 초대를 받았다. 두려움에 빠진 투자자들을 진정시킬 방안을 마련하기 위해 열린 만찬이었다(그런 일이 가능할 리가 없다).

"대통령님……"

리처드 M. 닉슨 대통령이 질문을 받고자 했지만, 아무도 나서지 않아서 내가 일어섰다. "대통령님, 국민 대통합을 선거 공약으로 내거셨죠. 그렇다면 지금 세대 간, 인종 간 격차를 줄이기 위해 어떤 노력을 하고 계신지요?" 닉슨 대통령은 으레 친근한 태도를 보이던 월스트리트 경영자 무리로부터 그런 질문을 받고서는 평정심을 잃은 기색이 역력했고 쉽게 답을 하지 못했다. 백악관 스테이트 다이닝룸을 나오면서 우리는 얼굴을 마주 보며 악수를 했다. 썩 기분 좋아 보이는 얼굴은 아니었다.

몇 년 후 나는 린든 B. 존슨 대통령이 뉴욕시에서 30명가량을 초대해 주최한 만찬회에 참석했다. 그는 나와 내 막내아들 앤드루에게 친필 서명을 한 사진을 주었다. 나는 사진을 액자에 담아 앤드루에게 선물로 주었다.

그리고 두 명의 대통령들

국립헌법센터 의장으로 일하면서 나는 내 후임자인 윌리엄 제퍼슨 클린턴, 그다음 후임자인 조지 H. W. 부시와 일할 기회를 얻을 수 있었다. 클린턴 대통령과는 막역하게 지내는 사이가 되었고, 그는 나의 책

『월스트리트 성인의 부자 지침서 Enough:True Measures of Money, Business, and Life』 2010년 개정판에 애정 어린 서문을 써주었다.

내가 만난 대통령들은 모두 몇 가지 공통된 특징이 있었다. 그들은 존재감이 높았고 지적이었으며 언변이 좋았다. 그러면서도 각자의 개성이 뚜렷했다. 트루먼 대통령은 복잡한 건 딱 질색이었다. 닉슨 대통령은 왜인지는 모르겠지만 언제나 긴장한 모습이었다. 존슨 대통령은 자신감이 지나치다 못해, 조금은 거만해 보였다. 클린턴 대통령은 연초 국정연설을 할 때도 일대일 직접 얼굴을 보며 말할 때도 특별한 카리스마가 있었다. (그는 『월스트리트 성인의 부자 지침서』의 서문 저자로서 친필 사인을 한 책을 내 증손자들에게 한 권씩 선물로 주었다). 조지 W. H. 부시 대통령은 거친 텍사스 사나이가 되기를 원했지만 그보다는 부유한 상류층의 모습에 더 가까웠다.

계속 달려가라, 개의치 말고 Press on, regardless

이 좌우명은 성경에 나온 사도 바울의 가르침인 "계속 달려가라"에서 따온 말이다. 이 가르침을 가족 좌우명으로 정하신 분은 내 숙부인 클리프턴 암스트롱 힙킨스 Clifton Armstrong Hipkins 이며, 코네티컷주 그린위치 요트클럽에서 오랫동안 선장으로 일하셨다. 클리프턴 숙부는 도전정신을 잃지 말자는 뜻에서 자신의 보트 이름도 'Press On, Regardless'라고 정했다.

여기서 중요한 것은 힘든 순간만이 아니라 수월할 때도 "계속 달려가라"는 것이다. "개의치 말고"를 덧붙인 것도 그런 뜻에서였다.

프린스턴^{Princeton}

"이방인이여, 그대는 지상에서 가장 고귀한 집에 도착했노라". 소포클레스의 비극 「콜로누스의 오이디푸스」에 나온 이 글귀는 2,000여 년이 지난 후 프린스턴대학교 캠퍼스 고힌워크의 명판에 새겨졌다. 볼 때마다 가슴을 울리는 이 명문銘文은 내 인생에서의 프린스턴의 의미를 압축해서 설명하고 있다. 나는 넉넉한 장학금을 받으며 대학을 다닐 수 있었기에 충실히 학과 공부를 할 수 있었다.

무명 신세를 벗어나다

신입생 때는 웅장한 학생식당의 웨이터를 하기도 했다. 2학년 때 프린스턴 스포츠연맹 학생 매표소의 짐 해링턴 매니저에 의해 매니저 보조가 되며 '학생식당 웨이터'라는 무명 신세에서 벗어날 수 있었고, 1년 후에는 정식 매니저가 되었다(앞의 멘토, 후배, 친구들 편 참조).

매표소 매니저는 막중한 책임이 따르는 자리였고 근무 시간 및 강도도 고됐다. 특히 우리 대학의 타이거스팀이 아이비리그 챔피언십 출전권을 따낸 1950년 풋볼 시즌에는 고생도 그런 고생이 없었다. 할 일이 많아 나는 모든 경기를 킥오프까지 밖에 볼 수 없었다. 다행히 농구 시즌은 그나마 덜 힘들었고, 야구 시즌은 입장권 판매로만 따지면 한결 쉬엄쉬엄한 수준이었다.

D+에서 A+로

나는 매니저 일에 빠져 지냈고, 심지어 책임이 더 큰 일도 서슴없이 맡았다. 하지만 일하는 네 시간을 다 쏟아보니 1948년 첫 하기에는 공부와는 담을 쌓았고 학점이 위험한 수준까지 떨어졌다. 다행히 성적은 학기가 지나면서 나아졌다. 평점이 C였던 학기가 세 번, 평점 D+였던 학기가 한 번이 지난 후에는 두 번의 학기에서는 평점 B를 받았고, 마침내 평점 A까지 올랐으며, 졸업논문에서는 최고점인 A+를 받았다. 흔들리지 않겠다는 초년의 결심을 유지한 결과였다.

대학 시절의 나는 "일과 공부만 하고 노는 것이라고는 모르는" 학생이었다. 그러나 좋은 친구들을 사귀었고, 동창회에도 주기적으로 참석한다. 나는 프린스턴 정기 동창회 주말에 진행되는 화려한 퍼레이드에 매년 참석해 자랑스럽게 행진을 하며, "윤리학과 금융"에 대한 의제가 자주 올라오는 프린스턴의 정례 세미나에도 참석한다.

대학장학재단과 대학원장학재단

2018년 현재까지 보글 브라더스 장학재단Bogle Brothers Scholarships에서 장학금을 받은 학생은 160명이며 계속 늘어나고 있다. 나는 이 젊은 이들과도 많은 시간을 함께 했다. 또한 나는 시민참여 페이스 센터Pace Center for Civic Engagement의 후원자이기도 하다. 2016년에는 내 아들 존 C. 보글 2세John C. Bogle Jr.와 며느리인 린Lynn이 거액을 기부해 시민서비스 프로그램을 위한 존 C. 보글 시민서비스 펠로우십장학재단John C. Bogle Fellowships in Civic Service이 발족되었다. 2017년에는 2022년 졸업 예정인 28명의 신입생들이 재단의 재정적 지원을 받아 시민참여 사업에 여름 인턴으로 참여하게 되었다. 젊은이들이 자기 인생을 개척하도록 도와주는 것이 어찌 기쁘지 않겠는가!

친애하는 모교 프린스턴은 자신의 아들에게 헤아릴 수 없는 영예를 안겨주었다. 나는 국가에 이바지한 공로가 큰 사람에게 수여하는 우드로 윌슨 상을 받았고(1999년), 명예 법학박사 학위도 받았으며(2005년), "가장 영향력이 큰 프린스턴 졸업생 25명" 중 하나에 선정되었다(2008년).

1951년에 불렀던 프린스턴 교가를 다시 불러보려 한다.■

늙은 나소를 찬양하라, 내 아들들이여,
만세, 만세, 만세.
그녀의 아들들은 살아 있는 동안
늙은 나소에게 만세삼창을 외치리라!

퀘이커 교도^{Quakers}

내가 세례를 받은 곳은 성공회 교회이고 가족과 다니는 곳은 장로교 교회이지만(성실한 신도는 아니다), 마음속 깊숙한 곳의 나는 퀘이커 교도이다. 나는 엄격한 퀘이커 교리를 지키기 위해 최선을 다한다. 윌리엄 펜^{William Penn}이 발전시킨 퀘이커교의 기본 가치 중 상당수와(단순성, 경제성, 근검절약, 효율성, 타인에 대한 봉사, 신념), 퀘이커교 창시자인 조지 폭스^{George Fox}의 "진리가 곧 길이다"라는 말은 내 인생과 뱅가드 설계의 바탕이 되어주었다(다만 나는 퀘이커교의 다른 가치, 특히 의견일치 중시나 인내심, 침묵, 겸양 등은 그다지 신봉하지 않는다).

■　프린스턴 교가는 1987년에 성차별 문제를 해소하기 위해 다른 노래로 바뀌었다. 아래에 나소 (Nassau)는 프린스턴의 애칭이다. (역주)

조수들 Staff

내 베테랑 조수인 에밀리 스나이더(33년 근무), 마이클 놀란Michael Nolan, 케이티 융커가 없었다면 지금의 내가 있었을까? 절대 아니다! 그들의 열정적인 참여와 무한한 인내심이 없었다면 뱅가드와 인덱스 혁명의 창시자가 그 두 가지에 대해 쓴 이 책이 세상에 나올 수 있었을까? 가능은 했겠지만, 책으로서의 완성도가 훨씬 떨어졌을 것이고 작업과 시간은 배로 들었을 것이고 재미는 지금보다도 더 없었을 것이다.

가르침과 배움 Teaching and learning

잘 사는 비결이 무엇인지 질문을 받을 때면 나는 이렇게 대답한다. "첫째 규칙은 아침에 침대에서 일어나는 겁니다. 일어나지 않으면 생길 일도 생기지 않습니다. 다음 규칙으로, 매일 무언가를 가르치고 무언가를 배워야 합니다. 그리고 이제껏 보지 못한 가치 있는 정신을 열정적으로 찬양하세요. 그러고 나면 밤에 잘도 잘 옵니다. 장담합니다. 다음 날 잠에서 깨면 같은 규칙을 반복하세요".

테니슨 Tennyson

앨프리드 테니슨Alfred Tennyson 경의 시 "율리시스Ulysses"(1842)의 뒷부분은 율리시스가 마지막 모험을 떠나기 전 선원들이 배를 쓸고 닦는 모습으로 시작한다.

......

오라, 동지들이여.

새로운 세계를 찾기에 너무 늦지는 않았도다.

출범하자, 줄지어 앉아 울려 퍼지는 파도를 저어가자.

죽을 때까지, 해지는 곳 너머를 항해하는 것,

서쪽의 모든 별들로 흠뻑 젖고자 하는 나의 목표를 위해.

……

많은 것을 잃었지만, 많은 것이 남았다.

우리가 지금은 지난날 하늘과 땅을 뒤흔들던 힘은 없지만,

지금의 우리는 우리이다.

한결같았던 영웅의 기백.

세월과 운명에 쇠약해졌으나, 의지만큼은 강하다.

투쟁하고, 탐구하고, 알아내고, 결코 굴하지 않으리라.

T. 로 프라이스 T. Rowe Price

전문적인 운용 능력, 과하지 않은(또는 전혀 하지 않는) 마케팅, 그리고 훌륭한 사람들까지 T. 로 프라이스는 도지 앤 콕스 Dodge and Cox, 그리고 디멘셔널 펀드 자문사 Dimensional Fund Advisers 와 더불어 내가 언제나 존경해 마지 않는 투자 운용사였다. 내 보좌관이었고 뱅가드 경영부사장을 지낸 제임스 S. (짐) 리프 James S. (Jim) Riepe 가 1980년에 뱅가드를 떠나 T. 로 프라이스로 옮겨갔을 때는 점찍었던 후계자를 잃어서 크게 낙담하기도 했었다. 하지만 짐의 입장에서는 완벽한 집을 찾은 것이었고, 내 생각이 옳았다.

다만 T. 로 프라이스로 인해 내가 조금 난처한 입장이 되기는 했다. 1994년에 뱅가드 경쟁사들에 대한 정보를 수집하는 차원에서 나는 T.

로 프라이스 주식에 소액을 투자했다. 이 회사는 프라이스 뮤추얼펀드의 투자 운용사로서 거래소에 상장돼 있었다. 나는 주당 42달러에 100주를 (4,200달러) 샀다.

소액 투자에서 위대한 투자로

이후 매년 T. 로 프라이스가 보내는 화려하고 내용도 흥미로운 연차 보고서를 받기는 했지만 주가에는 별로 신경을 쓰지 않았다. 그런데 맙소사, 그건 위대한 투자가 되어 있었다. 그 100주는 다섯 차례의 액면 분할을 거쳤고, 2018년 현재 내가 보유한 주식은 3,200주이다. 2018년 중순 프라이스의 주가는 121달러이고, 1994년에 대수롭지 않게 투자했던 4,200달러는 38만 4,000달러로 불어나 있다. 연간 배당금만 해도 초기 투자액의 두 배가 넘는 8,960달러이다. 뱅가드의 주요 경쟁사에 더 많은 돈을 투자했던 것인가? 그 부분에서 내 입장이 "난처"하다는 것이다.

이익의 대부분을 운용사 주주들이 아니라 펀드 주주들에게 돌려주는 뮤추얼펀드 회사의 창업자인 나로서는 T. 로 프라이스나 다른 뮤추얼펀드 회사들이 막대한 순이익을 버는 것을 보면 혀가 내둘러진다. 그들의 순이익은 운용과 마케팅을 잘해서이기도 하지만, 그것보다는 위대한 강세장의 주가 상승과 뮤추얼펀드를 운용하면서 얻는 막대한 규모의 경제에서 비롯되는 부분이 훨씬 크다. 하지만 규모의 경제에서 나오는 이익을 제일 많이 가져가는 것은 펀드운용사와 매니저들이고, 운용진과 이사들이 신인의무의 도리를 다해야 하는 뮤추얼펀드 주주들에게 돌아가는 이익은 쥐꼬리 수준도 되지 않는다.

일Work

나는 신문 배달, 매장 점원, 우편배달, 웨이터에 이르기까지 아홉 살 때부터 온갖 일을 다 했다. 고등학교와 대학을 다닐 때도 웨이터를 하면서 생활비를 벌었으며, 여름방학과 휴가철에도 쉬지 않고 일했다. 대학을 졸업하고 나서는 뮤추얼펀드 회사에 들어가 경력을 쌓았다.

하지만 긴 사회생활에서 내가 정말로 "일"이라고 생각하면서 했던 일은 딱 하나, 뉴저지주 시거트 소방서에 딸린 볼링장에서 핀을 정리하는 일이었다. 그 일을 빼고 내가 했던 모든 일은 재미있었고 생산적이었고 깊은 충족감을 주었으며, 심지어는 영적인 만족감까지 주었다.

19세기 영국 평론가이며 역사가인 토머스 칼라일Thomas Carlyle은 일의 즐거움을 우아한 문장으로 표현한다.

자기 일을 찾은 사람은 축복을 받은 것이다. 그에게 다른 축복을 찾으라 강요하지 마라…… 일 속에 영원한 숭고함이 있고 신성함마저 있다.

린마누엘 미란다Lin-Manuel Miranda가 알렉산더 해밀턴의 일대기를 다룬 브로드웨이 흥행 뮤지컬 〈해밀턴Hamilton〉에서 해밀턴이 일에서 성공하기 위해 정한 기준은 다음과 같이 묘사한다.

아버지가 없는 이 건국의 아버지는
더 열심히 일하고, 더 똑똑하게 굴고
자발적으로 시작하는 사람이 뇌어 더 멀리 나아갔다.

미란다는 미국 공영라디오인 NPR에 출연했을 때도 비슷한 말을 했다. "그의 글에 담긴 힘에서도 잘 드러나듯이, 그가 구현하는 언어의 능력은 차이를 만들어낸다".[■]

해밀턴의 정신이 칼라일의 정신으로 이어지고, 익숙한 한편의 찬송가로 이어져 숭앙받게 되었는지도 모른다.

어둔 밤 쉬 되리니 네 직분 지켜서
찬 이슬 맺힐 때에 일찍 일어나
해 돋는 아침부터 힘써서 일하라
일할 수 없는 밤이 속히 오리라
어둔 밤 쉬 되리니 네 직분 지켜서
일할 때 일하면서 놀지 말아라
낮에는 수고하나 쉴 때도 오겠네
일할 수 없는 밤이 속히 오리라

당신과 나, 그리고 우주 You and me and the universe

내 마지막 성찰은 친애하는 독자인 여러분, 나, 그리고 우리의 행성 지구상에서 사는 모든 인간에게 해당하는 존재론적 이야기이다.

우리는 우리 자신을 지구상에서 사는 70억 인구 중 하나에 불과한 작은 존재로서 생각한다. 그렇기에 우리는 생의 아름다움을 즐긴다. 하

[■]   www.npr.org/2017/12/26/572622911/lin-manuel-miranda-on-disney-mistapes-and-why-he-wont-try-to-top-hamilton.

지만 우리는 시간적으로도 공간적으로도 잠깐의 순간만 살다가 떠난다. 그리고 우리의 존재는 그것보다도 훨씬 더 하찮다.

우리의 지구는 태양계에 있는 행성일 뿐이고, 태양계는 우리은하의 일부분일 뿐이다. 거대한 우리은하는 지름이 10만 광년이지만, 이 거대한 은하도 우주에 있는 최소 200억 개에 달하는 은하 중 하나이고, 은하 하나마다 1,000억 개가 넘는 별이 있다. 그러니 어떤 수학의 대가에게 물어봐도 인간 한 명의 상대적 중요성을 측정하기는 불가능할 것이다!

이 거대한 우주의 계획에서 우리 자신이 얼마나 하찮은 존재인지를 곱씹어봤자 우리의 삶에는 그다지 도움이 되지 않을지도 모른다. 이 지구에서만도 할 일은 차고도 넘치므로 최선을 다해 지구에서 잘 살아야 한다. 우리의 행성 지구를 구하기 위해 너무 늦기 전에 행동을 시작해야 한다. 우리가 해야 할 일은 생산적인 인생을 살고, 가족을 부양하고, 공동체에 공헌하고, 국가와 세계에 이바지하는 것이다.

우리 모두는 자신이 될 수 있는 최선의 존재가 되려고 노력해야 하며, 살아가는 동안 타인을, 특히 소외당하는 계층을 도와야 한다. 우리가 무언가에 내민 도움의 손길을 중단하는 순간은, 그것이 그 도움의 손길로 더 좋아진 것이 확실해질 때이다. 우리는 짧은 순간만 이곳에 머물다 가지만, 그 짧은 순간에도 최선을 다하는 것이 우리의 의무가 아니겠는가?

"한 사람 한 사람이 차이를 만들 수 있다". 우리는 이 말을 하루도 빼먹지 않고 명심해야 한다. 이 교훈은 우리의 자아에 가장 잘 들어맞는 말이기도 하다. 완벽하지 못한 삶을 사는 내내, 나는 그 차이를 만들려 최선을 다했고, 어쩌면 그렇기 때문에 내가 장수할 수 있었는지도 모른다. 내 사명은 부자자의 이익을 드높이고 1974년 뱅가드를 세우면서 정한 설립 가치를 지킨다는 것이었다. 나는 지구상에서의 90년 세월이라는 높은 고지에 올라 지나온 길을 되돌아보았고, 내 사명이 무너지지 않을 것이라는 확신이 들었다.

흔들리지 마라

나는 성공적인 투자를 위한 절대 규칙 중 하나로서 "흔들리지 마라"라는 말을 자주 사용했다. 우리는 주가의 일별 변동에 일희일비하지 말아야 하며, 경제의 장기적 성장에 눈을 집중해야 한다.

더 나아가. 이번 회고록을 쓰면서 나는 "흔들리지 마라"에 더 포괄적인 의미를 담게 되었다. 우리는 지구상에서 잠깐만 존재하다가 떠난다. 그렇지만 그 짧은 순간에도 필연적으로 맞부딪힐 인생의 고난과 고비에 맞서 싸우기 위해서라도, 그리고 생산적이고 영예로운 삶을 누리다 떠나기 위해서라도, 우리는 흔들리지 말아야 한다.

찾아보기

미첼 밀리어스 154, 234, 333

스테이 더 코스

존 보글의 흔들림 없는 투자

초판 인쇄 2023년 10월 20일
초판 발행 2023년 11월 3일

지은이 존 보글
옮긴이 조성숙

책임편집 심재헌
편집 김승욱 박영서
디자인 데일리루틴
마케팅 정민호 박치우 한민아 이민경 박진희 정경주 정유선 김수인
브랜딩 함유지 함근아 고보미 박민재 김희숙 박다솔 조다현 정승민 배진성
제작 강신은 김동욱 임현식
제작처 천광인쇄사(인쇄) 신안문화사(제본)

발행인 김승욱
펴낸곳 이콘출판(주)
출판등록 2003년 3월 12일 제406-2003-059호

주소 10881 경기도 파주시 회동길 455-3
전자우편 book@econbook.com
전화 031-8071-8677(편집부) 031-955-2689(마케팅부)
팩스 031-8071-8672

ISBN 979-11-89318-49-9 03320